KB102501

삶의 질문에 답하다, 책

삶의 질문에 답하다, 책

: 힘과 위로를 주는 독서치료

2024년 7월 19일 처음 펴냄

지은이 | 이동희, 차은주, 우진옥, 신영지, 한준명, 이효순, 황명희, 김윤아
펴낸이 | 김영호
펴낸곳 | 도서출판 동연
등　록 | 제1-1383호(1992년 6월 12일)
주　소 | 서울시 마포구 월드컵로 163-3
전　화 | (02) 335-2630
팩　스 | (02) 335-2640
이메일 | yh4321@gmail.com
인스타그램 | https://www.instagram.com/dongyeon_press

ISBN 978-89-6447-010-7 03180

삶의 질문에 답하다, 冊_책

힘과 위로를 주는 독서치료

이동희·차은주·우진옥·신영지·한준명·이효순·황명희·김윤아 함께 지음

동연

추천사

김현희(한국독서치료학회 초대 회장)

살아가면서 나 자신과 외부 세계에 대한 물음에 답을 찾는 방법은 다양하다. 요즘은 인터넷이나 AI를 통해 쉽고도 빠르게 의문을 풀어보기도 한다. 하지만 가장 고전적이면서 가장 오랫동안 선현들에게서 인생의 답을 찾는 방법은 아마도 책을 통해서일 것이다.

책을 읽은 후 깊이 있게 얘기를 나누고 치유적 글을 쓰면서 자기 자신을 찾아가며, 당면한 문제를 해결하고 치유하기 위해 우리나라에 독서치료가 소개된 것이 벌써 60년 전이다. 본격적으로 독서치료 관련 학회가 만들어진 것도 20년이 넘었다. 그동안 독서치료와 문학치료, 시치료 관련 이론서와 사례 및 프로그램을 다룬 책들은 폭발적이라고 할 수는 없겠으나 꾸준히 발간되어 온 편이다.

독서치료를 위해 주제별로 책을 소개하고 활동을 다룬『독서치료의 실제』는 초등학교와 중·고등학교 교사들에게 꾸준히 사랑받아 왔다. 물론 연령별 추천 도서 목록이 많았고, 한국도서관협회에서 정리한 것으로 문제 유형별로 아동 청소년과 성인을 위한 자료 목록집이 있었다. 본격적으로 청소년을 위해 주제별 설명과 하위 주제별 자료를 소개하고 관련 활동 및 발문이 정리된 것으로는『청소년과 함께하는 상호작용 독서치료』도 있다. 요즘 들어 부쩍 어른을 위해 그림책으로 마음을 치유하는 경험을 관련 질문과 함께 소개하는 책이 많이 나오고 있다. 한국서점인협의회에서는 청소년 이상을 대상으로 다양한 장르의 책을 간단한 줄거리와 함께 처방해 주는『종이약국』을 출간하기도 했다.

인터넷 보급과 SNS 사용으로 긴 호흡의 글이 점점 더 외면당하는 시대가 되었다. 시대의 흐름을 반영하듯 그림책과 시를 매개로 독서심리상담이나 독서치료를 진행하는 경우가 부쩍 많아졌다. 그중 『삶의 질문에 답하다, 책』은 그림책과 시뿐 아니라 다양한 장르를 포함하여 문학작품을 소개하고 있다는 데 장점이 있다. 책을 주제별로, 나, 관계, 사회, 다양성, 건강, 죽음이라는 여섯 가지 이슈로 나누어 독자의 나이와 장르를 모두 아우르고 있다.

각 이슈에는 하위 주제로 세분화하여 총 250여 권이라는 방대한 분량의 책을 다룬다. 글마다 줄거리를 요약하고, 작가 이야기와 다양한 문제 해결책을 담았다. 그 책을 읽으면 좋을 대상의 범주도 친절하게 추천해 놓았다. 구체적인 질문과 활동 대신에 포괄적으로 독후활동을 안내하여 진행자의 유연성과 창의적인 아이디어로 채워질 여백도 남겨두었다.

큰 이슈와 이슈 사이에 tip을 제시하고 있는데, 이슈에 맞는 사례를 소개한다. 책으로 만났던 내담자와의 구체적인 활동 그리고 변화를 보여줌으로써 현장에서 독서치료를 실시할 때 큰 도움을 받을 수 있다.

이 책의 공동 저자들은 코로나 이전부터 오랜 기간 모임을 가지며 토의와 연구를 거듭해 왔다. 저자들의 다양한 의견을 수렴하는 과정조차 쉽지는 않았을 것이다. 그런 지난한 과정을 거친 노고의 결실이 드디어 한 권의 책으로 나오게 되었다. 진심으로 축하한다.

추천사

구자경(평택대 상담대학원 교수)

저자들은 이 책을 저술할 때 제일 먼저 우리의 삶의 고민을 어떻게 분류할 것인지 결정하느라 매우 진지한 대화를 나누었을 것 같다. 저자들은 삶의 관심 분야를 '나, 관계, 사회, 다양성, 건강, 죽음'이라는 여섯 가지 영역으로 분류하였고 각 영역에는 관련된 세부 주제들을 포함하였다. 저자들은 지나치지도 부족하지도 않게 책 내용을 이야기하고 읽은 소감을 넌지시 들려주며 책에 대한 흥미를 끌어낸다. 그리고 책을 읽은 후에 생각해 볼 만한 질문을 주거나, 우리가 해보면 좋을 성찰 활동을 제안한다.

삶의 중요한 여섯 가지 영역에서 소개된 책들을 한꺼번에 다 살펴보는 것은 무리한 욕심일 수 있다.

이 책에서 소개된 책들을 한 권씩 느리고 여유롭게 읽으며 나눔과 글쓰기를 한다면 우리의 마음이 풍성한 이야기와 깨달음으로 고요히 채워질 것 같다. 소개된 책들을 직접 읽어보지 않더라도 저자들의 책 소개 글을 천천히 읽으며 소개된 책의 그림과 내용을 마음속에 그려보는 것만으로도 목마를 때 물 한 모금 마시는 느낌이 들 것 같다. 독서치료 혹은 문학치료 현장에서 누구에게 어떤 책을 읽으며 어떤 활동을 할 것인가에 대한 책임은 전적으로 우리 각자에게 있지만 저자들 덕분에 우리는 독서치료와 문학치료 현장에서 활용할 수 있는 책들을 선별하고, 책으로 어떠한 치유적 활동을 할 수 있을까에 대한 고민과 부담을 어느 정도 덜 수 있게 되었다.

추천사

최인자(가톨릭대학교 교수, 현 한국독서치료학회장)

우리의 삶은 온갖 질문들의 연속이다. 질문에는 삶의 고비마다 겪는 우리의 어려움, 곤경 그리고 욕망이 새겨져 있다. 질문이 선명하면 삶의 문제도 명확해지고 내가 무엇을 선택할지 혹은 버릴지에 대한 생각도 명료해진다. 질문은 나와 세계를 새롭게 보는 빛이 되어 변화를 이끌기도 한다. 그러나 질문은 사실 불편하고, 버겁기도 하다. 그래서 외면하고 자꾸 미루어 두려는 것이 바로 질문이기도 하다. 어쩌면 그것이 책이 필요한 이유인지도 모르겠다. 책은 삶의 질문을 정면으로 응시하기 때문이다. 이 책은 세상의 책들이 던진 질문을 깊이 헤아려 풀어줌으로써 독자들에게도 삶의 어려움을 새롭게 살피도록 해준다.

이 책의 저자들은 삶의 질문들을 별자리처럼 만들어 놓고, 다양한 작가들이 던진 답을 정성스럽게 배치해 두었다. 이 책은 우리가 던지는 삶의 갖가지 질문을 공감하고, 품어주며, 정성스럽게 그 답을 찾아 자신들이 읽은 책과 연결해 준다. 그래서인지 책을 읽다 보면 정겨운 친구와 만난 듯 친밀감을 느끼며 다정하게 위로받는 느낌을 받게 된다. 책이 다루는 질문은 매우 웅숭깊다. 진로 탐색이나 경제적 자립처럼 실용적인 질문도 있고, 가족이나 이웃과 함께 살아가기와 같은 삶의 질문도 있다. 또, 자기실현이나 죽음과 같은 실존적인 질문이 있는가 하면 사회적 연대나 문화적 다양성 보존과 같은 사회적 질문도 있다. 이러한 질문의 원근법 덕분에 책을 읽어갈수록 삶의 문제를 조망하는 안목과 관점 역시 성숙해지게 된다.

이 책의 특별함은 독자들이 다른 작가의 책을 읽음으로써 자기 삶의 문제를 해결할 수 있도록 돕고 있다는 점이다. 다른 작가가 발견한 답을 성급하게 알려주기보다는 독자가 스스로 책을 통해 혹은 책에서 한 걸음 더 나아가 해답을 찾을 수 있도록 그 방법을 찬찬히 일러주고 있다. 그래서인지 책을 읽은 후 독자들이 자기 삶에서 답을 찾아 스스로 작가가 될 것만 같다. 특히, 이 책에는 소개되는 각각의 책에 적합한 독자가 누구인지, 다루는 질문은 어떤 주제어로 되어 있는지 알려주는 정교한 주석이 있다. 그래서 관심사에 따라 찾아 읽고, 또 비교하고 탐구하기에 수월하다. 이 책을 통해 전 연령대의 독자가 자신의 삶을 새롭게 비추는 질문과 답을 만날 수 있을 것으로 기대한다.

머리말

어떤 책을 읽으면 좋을까요?

아리스토텔레스는 『시학』에서 '카타르시스'에 대해 말한다. 문학이 사람에게 치료를 가능하게 하는 정서를 불러일으킨다는 것이다. 독자는 책을 읽는 과정에서 나를 바라보기도 하고 치유 받기도 하는 경험을 한다. 이때 자신이 어떤 책을 읽고 싶은지를 안다면 책을 읽을 때의 다양한 변화를 예측할 수 있을 것이다. 지금 무엇을 읽고 싶은지 안다는 것은 그 사람이 자신의 당면한 현재를 점검할 수 있는 출발선에 서 있다는 의미일 수 있다. 그렇다면 우리는 이 출발선에 서기 위해서 지금 여기, 내가 무엇을 느끼고 원하는지 살펴야 할 것이다.

독서치료와 문학치료는 문학작품과 책으로 현장에서 많은 사람을 만나는 효과적인 상담의 방법이다. 대학이나 여러 교육기관에서 독서치료에 대해서 강의할 때면 "어떤 책을 읽으면 좋을까요?"라는 질문을 자주 받게 된다. 그럴 때마다 독자에게 필요한 책을 안내하는 책이 필요함을 절실히 느꼈다. 같은 고민을 하며 독서치료사와 문학치료사로서 각자의 영역에서 책의 치유적인 힘을 믿고 활발하게 활동하고 있는 연구자들과 함께 모여 본격적인 작업을 시작했다.

우리 삶을 책으로 분류하자

먼저 질문한 사람의 현재 관심사 또는 그동안 내 마음속에 담고 있는 이야기를 알아야 했다. 이를 위해 '상황별 책 읽기'라는 화두를 놓고 연구자들과 2년이 넘는 시간 동안 독자의 관심사에 따라 상황별로 책을 분류했다. 그리고 '어떤 책을 읽을까?'라는 질문에 대한 답을 찾기 위해 우리의 현재 관심사를 알고 그것을 반영한 책을 찾았다.

독자가 '어떤 책을 읽고 싶어 하는지'를 아는 것이 첫 번째 과제이다. 우선 독자의 연령을 '아동, 청소년, 2030, 중년, 노년'으로 나누고, 다음으로 독자가 생각하는 삶의 관심 분야를 '나, 관계, 사회, 다양성, 건강, 죽음'이라는 여섯 가지 영역으로 분류했다. 그리고 영역에서 파생되는 문제를 주제로 설정하며 이에 따른 다양한 인생 화두를 나열했다. 영역과 주제 그리고 인생 화두를 연결하면서 독자가 "어떤 책을 읽을 것인가"에 대한 답을 찾아 책을 선별하고 질문의 영역에 따라 유사한 내용으로 책을 묶었다.

나와 세상에 던지는 6가지 질문

제1장은 '나'에 대한 내용으로 삶의 의미, 자아실현, 감정 찾기, 자아존중감, 꿈과 성장의 이야기가 있는 책이다.

제2장은 '관계'에 대한 내용으로 타인과 함께하는 다양한 방법, 관계에서 오는 상처와 치유 그리고 성장에 관한 이야기가 있는 책이다.

제3장은 '사회'에 대한 내용으로 진로와 직업, 생태와 환경 그리고 경제 등의 인생 이야기가 있는 책이다.

제4장은 '다양성'에 대한 내용으로 장애, 다문화, 젠더, 소수자 등의 특별한 우리의 모습을 담은 책이다.

제5장은 '건강'에 대한 내용으로 아픈 마음과 사랑하는 사람의 질병 그리고 질병에서 오는 깨달음을 이야기하는 책이다.

제6장은 '죽음'에 대한 내용으로 삶 속에서 죽음 바라보기, 주변의 죽음에 대한 슬픔과 애도를 담고 있는 책이다.

이 책은 어떤 내용의 책을 어떤 사람이 어떻게 읽을 것인가로 소개한다. 먼저 책의 줄거리를 요약하고, 어떤 사람들에게 이 책이 유용한지를 언급하고, 마지막으로 책을 읽으면서 활용할 수 있는 질문이나 활동을 제시하였다. 그리고 각 장의 마지막 부분에 "책, 질문에 답하다 tip"을 배치하여 책을 통해 답을 찾아가는 방법에 대해 좀 더 자세하게 설명하여 독자가 실제로 활용해 볼 수 있도록 하였다.

수많은 이야기 속에서 자신의 관심사로 책을 찾고 제시된 방법에 따라 책을 읽다 보면 단순히 책을 읽는 데 그치지 않고 적극적으로 자신을 찾고 삶의 질문에 답해 나갈 수 있을 것이다.

삶의 질문에 답하다, 책

책은 살아가는 동안 때때로 상처받고 아파하며 고민하는 우리 모두를 위한 것이다. 자신의 마음을 가만히 들여다보고, 내가 원하는 책을 찾았다면 이제는 책을 읽을 차례이다. 온전히 나 자신으로, 관계 속에서 연대를 맺으며, 건강한 사회의 일원으로서, 나와 다른 사람을 알아가는 데 이 책이 조금이나마 도움이 되었으면 좋겠다.

저자를 대표하여
이동희

차례

II부 | 책, 관계의 질문에 답하다

IV부 ᅵ 책, 다양성의 질문에 답하다

| 1부 |

책,
나의 질문에 답하다

Part 1.

가족 이야기
: 다 안다고 착각했어요

『엄마 까투리』

권정생 글, 김세현 그림, 낮은산, 2021, 44쪽

온 산에 불이 났어요. 엄마 까투리는 너무 뜨거워 달아나고 싶었지만, 갓 태어난 꺼병이(새끼 꿩) 아홉 마리에게 불길이 덮치지 못하도록 새끼들을 자신의 날개 밑으로 숨겨 꼭 안고 꼼짝하지 않았답니다. 그래서 불에 까맣게 탄 엄마의 품속에서 꺼병이 아홉 마리는 무사했지요. 시간이 흘러 꺼병이들은 커다랗게 자랐고 엄마 까투리는 점점 모습이 변해 부서져 버렸답니다. 밤이 되면 꺼병이들은 엄마 냄새가 남아 있는 그곳에 함께 모여 잠이 들었습니다.

작가는 이 이야기가 어머니의 사랑이 얼마나 깊은지 일깨워 주기에 충분하다고 말합니다. 화마 속에서 자식을 지키는 엄마 까투리의 모습은 어머니의 사랑이 무엇인지 알려줍니다. 특히 이 책의 그림은 절박한 순간의 안타까움과 자연의 순리에 따라 성장해 가는 꺼병이들의 모습을 담아내어 감동을 더합니다.

엄마라는 말은 듣기만 해도 가슴 한 편이 푸근하고 따뜻해집니다. 이 책을 읽고, "가장 기억에 남았던 장면과 글이 있었나요?", "왜 그 장면과 글이 가장 기억에 남았나요?", "책에 등장하는 인물 중에서 나의 마음을 전달하고 싶은 인물이 있나요?", "그 인물에게 당신의 어떤 마음을 전달하고 싶은가요?" 이렇게 질문을 따라 내 생각을 말해 보세요. 내 안에 나를 만든 그 사랑이 얼마나 위대한지 다시 한번 느끼게 될 거예요.

#꺼병이아홉마리 #엄마냄새 #어머니의사랑 #엄마의위대함

『거짓말』

카트린 그리브 글, 프레데리크 베르트랑 그림, 권지현 옮김, 씨드북, 2016, 44쪽

평범한 아침, 엄마는 부엌에서 식사 준비를 합니다. 다 함께 모여 밥을 먹는데 아이의 입에서 거짓말이 툭 튀어나옵니다. 그때부터 거짓말은 빨간 점이 되어 아이를 따라다닙니다. 거실에서 책을 읽을 때도, 방에 혼자 있을 때도, 다음날 잠에서 깨었을 때도 빨간 점은 아이와 함께 있습니다. 바라보지 않으려고 애를 써도 그 자리에 있는 걸 알 수 있습니다. 빨간 점은 점점 커지더니 이제는 개수도 많아집니다. 빨간 점은 어떻게 되었을까요?

거짓말하는 걸 좋아서 하는 사람은 없겠지요. 그럼에도 거짓말을 해보지 않은 사람도 없을 겁니다. 거짓말한 게 금방 들통나 해프닝으로 끝나기도 하지만, 그로 인해 다음 상황이 계속 어려워지기도 합니다. 거짓말을 하는 사람도, 그것을 지켜보는 사람도 마음이 어렵기는 마찬가지죠.

이 책은 왜 거짓말을 빨간 점으로 표현하고 있을까요? 그렇다면 내가 생각하는 빨간 점은 무엇일까요? 거짓말을 했을 때 나의 빨간 점은 어떻게 되었나요? '거짓말'로 짧은 글을 지어봅시다. 어쩌면 위 질문들에 대한 답이 저절로 나올지도 몰라요.

#빨간거짓말 #빨간점 #솔직하게말할수있는용기

『조랑말과 나』

홍그림 글 · 그림, 이야기꽃, 2016, 44쪽

나에게는 조랑말이 있습니다. 조랑말과 나는 어디든 항상 함께 다닙니다. 나는 조랑말과 함께 여행을 떠나지요. 여행을 다니다 보면 이상한 녀석들이 나타납니다. 이 녀석들은 아무 이유 없이 조랑말을 망가뜨립니다. 나는 망가진 조랑말을 어떻게 했을까요? 이상한 녀석들은 왜 조랑말을 망가뜨릴까요? 나의 여행은 계속될 수 있을까요?

우리의 하루 중에는 예측할 수 없는 일 때문에 당황하거나 그 자리에 주저앉아 울고 싶어질 때가 한번쯤은 있습니다. 직장에서는 상사나 후배 때문에, 가정에서는 아이나 부부관계로, 학생은 친구나 선생님과의 관계 속에서 말이죠. 혹은 전혀 모르는 사람과의 우연한 만남 속에서도 우리는 위로를 얻기도 하고 상처를 받기도 합니다. 위로보다는 상처가 더 오래 그리고 더 깊게 우리 안에 남게 되지요. 그럴 때 우리는 어떻게 해야 할까요? 이 짧은 그림책이 우리에게 묻습니다.

나에게 조랑말은 무엇인가요? 그리고 내 삶의 이상한 녀석들이 나타난다면 어떻게 하시겠습니까? 조랑말과 함께 여행을 떠나는 아이의 모습에서 위로를 얻으시길 바라며 질문에 대한 대답도 찾아보세요.

#조랑말과함께여행 #망가진조랑말 #나에게조랑말은 #상처와위로

『이상한 엄마』

백희나 글·그림, 책읽는곰, 2016, 40쪽

"이런, 이런…. 흰 구름에 먹을 쏟아버렸네. 이를 어쩌지?" 서울에는 그 날 비가 엄청나게 쏟아졌습니다. 회사에서 일하고 있는 엄마에게 전화 한 통이 걸려 옵니다. 아들 호호가 열이 심해서 조퇴했다는 연락입니다. 이러지도 저러지도 못하는 엄마는 호호를 부탁하기 위해 여기저기 전화를 해보지만, 연락이 닿지 않습니다. 그러던 중 한 통의 전화가 연결되고 다급한 엄마는 우선 아이를 부탁합니다. 전화를 받은 사람은 누구였을까요? 아파서 집으로 돌아온 호호는 어떻게 되었을까요?

일하는 엄마들에게 이런 상황은 참 많이 난감하고 힘이 듭니다. 아이를 생각하면 일을 계속하는 게 좋을지 그만두는 게 좋을지 고민에 빠지게 되는 상황에 놓이기도 하지요. 도움을 요청할 때 기꺼이 손을 잡아주는 존재가 있다는 생각만으로도 든든해집니다. 이러한 우리에게 조금은 어설프고 엉뚱한 구석이 있지만, 이상한 엄마는 우리의 바람이기도 한 것 같습니다.

여러분은 이런 상황에서 도움을 요청할 수 있는 분이 있나요? 있다면 오늘 안부 전화 한 통 해보시는 건 어떨까요? 도움을 요청할 수 있는 곳이 없어 발만 동동 구르셨나요? 그렇다면 그 당시 어려웠던 마음을 아이와 함께 나누며 서로에게 위로가 되어주는 것도 좋겠습니다.

#일과육아 #일하는엄마 #워킹맘

『올리비아의 두근두근 크리스마스』

이안 팔코너 글·그림, 김소연 옮김, 주니어김영사, 2014, 42쪽

크리스마스를 하루 앞둔 날이었어요. 올리비아와 가족들은 오전 내내 크리스마스를 준비하기 위한 쇼핑을 하고 집으로 돌아왔지요. 올리비아와 가족들은 지쳤어요. 하지만 크리스마스를 위해서는 아직 해야 할 일이 많이 남아 있었어요. 동생에게 점심을 먹이면서도 올리비아는 산타할아버지가 들어오실 굴뚝 걱정뿐이었습니다. 엄마는 이렇게 산타할아버지만을 기다리는 올리비아에게 할 일을 계속 만들어 줍니다.

올리비아는 산타 할아버지를 만났을까요? 오래도록 아이들에게는 풀지 못한 숙제가 있지요. 산타 할아버지는 노래에 나오는 것처럼 착한 아이한테만 선물을 주시는지? 우리 집에는 굴뚝이 없는데 어떻게 우리 집에 오시는지? 그렇다면 정말로 산타 할아버지는 계시는지? 이와 같은 질문을 한번쯤 받아보지 않은 부모는 없을 것입니다. 물론 이런 질문이 너무 유치하다고 하는 아이들도 있기는 하지만요. 이러한 아이들의 호기심 속에는 산타 할아버지가 오시기를 바라는 간절한 마음이 담겨 있겠지요.

거리에서 캐럴이 들려오는 12월이 되면 크리스마스를 기다리는 아이들과 함께 많은 이야기를 나누어 볼 수 있게 해주는 책입니다. 함께 크리스마스 계획도 세워보고, 산타 할아버지를 기다리는 아이들의 마음에 귀 기울여보는 시간을 만들어 보길 바랍니다.

#올리비아의크리스마스 #두근두근크리스마스 #크리스마스그림책 #칼데코상수상그림책

『세계를 건너 너에게 갈게』

이꽃님, 문학동네, 2018, 224쪽

15살의 은유는 재혼을 앞둔 아빠와 떠난 여행에서 1년 뒤의 자신에게 편지를 씁니다. 느리게 가는 우체통에 넣은 편지는 당황스럽게도 34년을 거슬러 나와 같은 이름을 가진 과거의 열 살 아이에게 배달됩니다. 현재의 시간은 몇 주, 과거의 시간은 몇 년을 흐르며 이 둘의 편지는 계속됩니다. 친밀함이 쌓여갈수록 이들은 고민을 나누며 공감대를 형성합니다. 친엄마에 대해 궁금함이 많은 은유를 대신해 과거의 은유가 본격적으로 친엄마 찾기에 돌입합니다. 이내 그 모든 의문이 퍼즐 조각처럼 맞춰지고 이들의 만남이 우연이 아니었음을 알게 됩니다.

마음속에 있는 말들을 다 할 수 있다면 얼마나 좋을까요? 때로는 너무 조심스러워서 혹은 상처받을까 봐 하지 못했던 말들도 있습니다. 이 책은 아무에게도 털어놓지 못했던 이야기를 우연히 알게 된 과거의 아이와 소통하며 그려내고 있습니다. 타인에게 나의 이야기를 객관적으로 하며 다른 사람의 입장이 되어보기도 하고 나의 이야기를 허심탄회하게 털어놓기도 하지요. 우리도 때론 그런 상대가 필요하지 않을까요?

가족으로 인해 힘이 든다면 이 책을 통해 내가 보지 못했던 가족의 모습을 한번 떠올려 보세요. 말보다는 글이 생각을 정리하기에 더 좋기도 하지요. 상대에게 어울리는 편지지를 골라 손 편지를 쓰면서 마음을 다독여 보세요. 나에게 쓰는 편지도 좋습니다. 지금 내가 쓰고 싶은 말과 듣고 싶은 말을 모두 적어본다면 지금 내가 원하는 것이 무엇인지 조금 더 분명하게 알 수 있을 것입니다.

#느리게가는우체통 #마음을전하는편지 #가족간의단절과소통 #제8회문학동네청소년문학상대상

삶의 의미 찾기
: 내 인생의 퍼즐을 맞춰요

『나의 구석』

조오 글·그림, 웅진주니어, 2020, 64쪽

천장이 높은 텅 빈 방에 구석을 바라보고 있는 까맣고 작은 새 한 마리가 있습니다. 새는 구석으로 가서 기대어도 보고 누워도 봅니다. 그러다가 이내 생각이 바뀐 듯 물건을 하나씩 가져와 자신만의 공간을 만들기 시작합니다. 그러고는 그곳에서 책도 읽고 화분에 식물도 키워 봅니다. 하지만 여전히 무언가 허전합니다. 이번에는 노란색으로 작은 창문을 그려봅니다. 창문은 점점 커지고 모양도 다양해져 어느덧 벽면을 가득 채웁니다. 하지만 여전히 허전한 마음은 채워지지 않습니다. 이제 새는 이 허전함을 어떻게 채워 나갈까요?

내가 원하는 것이 무엇인지 생각해 볼 여유도 없이 하루하루를 바쁘게만 혹은 주어진 대로만 살아가고 있다면 이 책을 읽으며 차 한잔 마시기를 권해봅니다. 바삐 움직이며 자신만의 구석에 온기를 만들어 가는 새의 모습을 보면 미소가 지어지고 다음 이야기가 궁금해질 겁니다.

책 속의 새처럼 나도 나만의 구석을 만들어 본다면 그 구석은 나에게 어떤 의미인가요? 또 그곳을 어떻게 꾸미고 싶은가요? 내가 원하는 것들로 채워본 그곳에서 자신이 지금 가장 원하는 것이 무엇인지 나의 마음속 이야기를 들어본다면 재미있는 경험이 될 것입니다.

#나의그늘 #까맣고작은새 #자신만의공간 #내가좋아하는것

『너울너울 신바닥이』

신동흔 글, 홍지혜 그림, 한솔수북, 2013, 32쪽

이 책은 전해오던 옛이야기를 채록하여 새롭게 풀어놓은 책입니다. 어느 날 지나가던 스님이 신바닥이를 보고 호랑이한테 물려가 죽을 팔자라고 합니다. 충격적인 말을 들은 신바닥이는 어린 나이에 가족과 생이별하고 낯선 스님을 따라갑니다. 신바닥이와 헤어지는 길에 스님은 선물로 파란 부채와 두루마기를 줍니다. 혼자가 된 신바닥이는 거지처럼 떠돌다 부잣집 머슴이 되었어요. 하루는 신바닥이가 스님이 준 옷을 입고 부채를 부쳤더니 둥둥 하늘로 올라가 멋진 사람이 되었죠. 그 이후 신바닥이는 아주 멋진 삶을 살았답니다.

현재 자신의 환경이 답답하게 느껴지거나 미래가 보이지 않아 좌절하고 있나요? 그렇다면 주인공의 움직임을 따라가면서 공감과 치유의 경험을 할 수 있습니다.

혼자가 된 떠돌이 신세의 신바닥이와 스님이 준 부채와 옷을 입은 신바닥이의 모습을 두 장면으로 나누어 그림으로 그리고 차이점을 설명해 봅시다.

#신바닥이 #떠돌이옛이야기 #운명극복담 #동기부여와공감을주는책

『누구나 혼자이지 않은 사람은 없다』

김재진, 꿈꾸는서재, 2018, 192쪽

이 책은 이별과 아픔, 외로움을 주제로 한 시집입니다. 짧은 문장 안에 우리의 삶을 위로하는 토닥임이 있고, 스스로 파고드는 외로움에 손 내밀어 주는 시인의 고백이 있습니다. 시집을 읽다 보면 상처보다 그리움이 더 큰 시인의 마음을 올곧이 느낄 수 있습니다. 시인은 사랑하려거든 지금 사랑하고, 행복하고 싶다면 지금 행복해하라고 말하며 문 앞에 있는 이별에 담담해지라고 속삭여 줍니다.

때론 백 마디 말보다 짧은 문장 하나가 마음에 더 깊은 울림을 줍니다. 사람에게 상처받아 마음이 힘들다면 이 시집을 읽어보세요. 단번에 읽기보다는 천천히 되새김질하며 읽어 나가다 보면 사랑과 이별, 행복 그리고 관계 속에서 보이지 않던 가치들이 생각날 것입니다.

시를 읽으며 생각나는 사람이 있다면 그에게 혹은 나에게 어떤 이야기를 해주고 싶은지 떠올려 보세요. 모두가 내 편이 아닌 것 같지만 누구나 혼자라고 생각한다면, 그래서 이겨내고 싶다면 시의 글귀 안에서 당신에게 주는 위로를 만날 수 있습니다. 마음에 남는 문장은 적어 보며 낮게 낭독해 보세요. 나의 글씨로 표현되는 책 안의 이야기가 더 깊이 마음에 와닿을 것입니다.

#위로를주는시집 #담담한이별 #외로움이겨내기 #상처보다그리움

『달러구트 꿈 백화점』

이미예, 팩토리나인, 2020, 300쪽

앞만 보고 달려가거나 반대로 과거에만 연연하여 사는 삶은 불완전하기에 시간의 신은 현재에 꿈을 맡겼습니다. 사람들은 숙면을 취하든 꿈을 꾸든 자면서 어제를 정리하고 내일을 준비합니다. '달러구트 꿈 백화점'에서 사람들은 현실의 불안과 바람을 꿈속에서라도 이루려고 꿈을 사갑니다. 미래를 알 수 있는 예지몽은 누가 살 수 있을까요? 트라우마 꿈은 어떤 효과를 줄까요? 악상이 떠오르지 않아 죽을 만큼 괴로운 음악가는 어떤 꿈을 꾸어야 심금을 울리는 작곡을 할 수 있을까요? 왜 꿈 제작자들은 음침하고 아찔한 꿈을 제작할까요? 최고의 꿈 그랑프리를 수상한 제작자의 "절벽 아래를 보지 말고 절벽을 무수히 딛고 날아오르는 무언가를 찾는 데 집중하라"는 말은 묵직한 감동을 줍니다.

공부에 지친 청소년들이나 일상에 짓눌린 모든 이에게 이 책을 추천합니다. 우리는 흔히 나의 사고와 판단을 중시하는 의식 세계에 살고 있다고 생각합니다. 그러나 프로이트는 무의식이 시간과 공간을 초월하여 깊은 내면에 자리 잡고 사람을 더 지배한다고 말합니다. 그만큼 꿈의 세계와 현실은 연관되어 있다는 것이지요.

어제의 후회로 괴로운가요? 현실의 무게에 짓눌리나요? 미래에 대한 불안으로 초조한가요? 삶에 만족하지 못할 때 변화를 시도하라거나 있는 그대로의 삶에 자족하라는 말은 그저 평범할 수도 있지만, 등장인물들이 꿈을 재해석하며 헤쳐 나가는 모습은 되새겨 볼 만하고 나의 삶이 긍정적으로 바뀌는 계기가 되어줄 수 있습니다. 삶의 가치는 우리가 해석하고 받아들이는 과정에서 되살아나기도 하니까요.

#꿈과위로 #무의식의실현 #꿈과현실 #힐링판타지 #감동을주는꿈

『메모로 나를 경영하라』

오경수, 상상미디어, 2015, 272쪽

간단한 메모가 과연 디지털 시대에 얼마나 도움이 될 수 있을까요? 주인공은 어릴 때부터 부모님의 영향을 받아 일기 쓰기와 메모를 하는 습관을 지녔습니다. 이런 메모 습관은 성장기는 물론이고 대기업에 근무할 때도 메모 경영으로 차별화된 능력을 발휘했습니다. 주인공은 최근까지 신문 스크랩과 생활 주변에서 얻은 지식을 지식 곳간을 통해 지인들과 나누며 살고 있습니다. 성공하는 삶을 원하시나요? 또 자신만의 비결을 찾고 있다면 메모하는 습관은 많은 도움이 될 수 있습니다. 나아가 메모는 시간과 영역을 아우르며 적용될 수 있습니다.

디지털 시대에 뒤처진다고 생각하거나 미래가 답답해 새로운 도전이 필요한가요? 자신의 삶을 현재보다 한 단계 더 높이고 싶거나 전략적인 도움을 받고 싶다면, 이 책을 읽으면서 동기 부여와 아이디어에 대한 도움을 받을 수 있습니다.

정보를 정리하는 현재 자신의 방법을 생각해 보고, 포스트잇을 활용해 메모의 장점을 나열해 보세요. 자신에게 적합한 메모 방식을 말해 보고, 어떻게 활용할 것인지도 설명해 보세요.

#메모경영 #메모계획 #메모의힘 #디지털시대의아날로그전략

『세상에서 제일 달고나』

황선미 글, 박정섭 그림, 주니어김영사, 2020, 112쪽

올해 초등학교에 입학한 새봄이에게는 매일 학교에 가는 것, 학교에서 친구를 사귀는 것, 학교 급식을 먹는 것, 이렇게 세 가지 꿈이 있습니다. 하지만 마스크 때문에 친구들의 얼굴을 알아볼 수 없습니다. 어느 날 문구점에서 만난 아이가 '세상에서 제일 달고나' 막대사탕을 건네줍니다. 다음날 학교에 가니 새봄이의 반에는 육십 살도 넘어 보이는 할머니 학생이 있습니다. 공기놀이도 잘하고 새봄이처럼 달고나도 좋아하는 할머니는 왜 학교에 오게 되었을까요?

누구에게나 새로운 환경 그리고 변화에 대한 막연한 두려움이 있기 마련입니다. 초등학교 입학을 앞두고 막연한 두려움을 느끼는 친구들이 있다면 이 책이 용기를 줄 것입니다. 나의 꿈이 무엇인지 잊고 지내 온 어른들에게도 추천합니다.

일상이던 일들이 꿈이 되어버린 현실에서 당신의 꿈은 무엇이었는지 떠올려 볼까요? 지금 우리 아이들이 가장 바라는 것은 무엇일까요? 6컷 만화로 그려보아도 좋을 거예요.

#코로나19 #사회적거리두기 #새봄이의꿈 #새로운시작이두려운

『인생이라는 멋진, 거짓말』

이나미, 샘앤파커스, 2021, 244쪽

어릴 때부터 자신이 원하는 삶을 알고 그대로 사는 사람이 얼마나 될까요? 저자는 어릴 때 피아니스트를 꿈꾸며 콩쿠르에 나갔지만 떨어지기도 했고, 작가로 데뷔했지만 "그것도 소설이라고 썼냐?"라는 어머니의 핀잔을 듣기도 했습니다. 이후 의대에 진학해 서울대학교 교수로, 의사로 오랜 시간 환자들을 보아오면서 담담하게 느낀 자신의 이야기들을 이 책에서 풀어놓았습니다.

열정과 애정의 시간을 지나 예순 살이 되어 그동안 살았던 삶을 돌아보니 행복했던 순간도, 죽을 것처럼 힘들었던 순간도 찰나에 지나지 않았다고 작가는 이야기합니다. 그래서 지금 보이는 것들이 후회로 남기도 하고, 안도감에 마음을 내려놓기도 한다고 말입니다. 작가의 이야기를 읽다 보면 지금 이 순간이 얼마나 중요한지 자연스럽게 깨닫게됩니다.

가장 바쁜 시기를 지나 조금 여유가 생겼을 때 돌아본 자기 모습에 남는 것이 없고 허무하다는 생각이 들 때, 이 책을 한번 읽어보세요. 인생이라는 게 무엇인지, 그것이 내게 어떻게 다가왔고 어떻게 머무르고 있는지 알 수 있을 것입니다.

중년에서 노년으로 가는 길목에서 나이 듦에 대한 자연스러운 현상과 다양한 감정들에 공감하는 저자의 시선을 따라가 보세요. 어른들과 소통하기를 고민하는 분들, 홀로 서려고 하는 분들, 가족과의 관계를 돌아보고자 하는 분들에게 따뜻한 위로를 전해줄 것입니다.

#홀로서는법 #내뜻대로되지않는 #삶을돌아보면 #나이듦의자연스러움

『제주에서 혼자 살고 술은 약해요』

이원하, 문학동네, 2020, 160쪽

우리 사회의 청년들은 수년간 N포 세대라는 별칭을 얻었습니다. 끝없이 노력하고 경쟁하지만, 여전히 불안하고 불안정합니다. 그런데 다른 한편에서 청년들은 전세금을 털어 세계 여행을 떠나거나 과감히 직장에 사표를 던지고 주저 없이 낯선 환경에서 새로운 경험을 시도합니다. 제주에서 한 달 살기 열풍은 이러한 청년들의 바람을 대표하는 것 같습니다.

도시인들에게 제주는 다른 삶을 허용합니다. 도시를 떠나 제주에서 사람들은 글을 쓰고, 사람을 만나고, 산책을 합니다. 심지어 아무것도 하지 않아도 됩니다. 제주에서는 술에 적당히 취해 자기 속내를 털어놓을 수도 있습니다. 술이 약해도 됩니다. 그러나 시인은 자신이 떠나온 삶에 대해 끝없이 묻고 성찰합니다. 제주에서 삶에 대한 해답을 내렸으니, 도시로 돌아가도 행복한 삶을 살 수 있을 것 같습니다. 2018년 신춘문예 당선 시인답게 이 책 곳곳에는 아름다운 시구가 보석처럼 빛나며 독자의 마음을 끌어당깁니다.

현실에서 지치고 힘들 때 이 시집의 어디를 펼쳐 읽어도 좋습니다. 우리 안에 제주는 어디에 있을까요? 현실에 억눌리지 않고, 기죽지 않고, 그냥 나답게 사는 방법은 무엇일까요? 내가 꿈꾸었던 행복한 삶이란 무엇이었을까요? 굳이 떠나지 않고도 현실에서 행복감을 찾을 방법은 무엇일까요? 지금의 내가 어디서도 행복할 수 있는 다양한 이야기를 각자의 경험을 통해 나눠보면 좋겠습니다.

#제주에서혼자사는시인 #제주에서한달살기 #나답게사는방법 #2018년신춘문예당선시인

『죽음의 수용소에서』

빅터 프랭클, 이시형 옮김, 청아출판사, 2020 개정판, 224쪽

예기치 않은 충격적 사건이 닥치면 사람들은 무감각해진다고 합니다. 살을 에는 추위와 굶주림과 수면 부족도 모자라 언제 가스실에 끌려갈지 모르는 공포 속에서도 살아남은 사람들은 어떤 자세로 삶을 견디어 냈을까요? 이 책은 저자가 나치 하에서 실제로 겪은 고통을 쓴 자전적 에세이입니다. 발가벗겨진 몸뚱이 외에 더 이상 잃을 것이 없는 극한 상황에서 인간은 '어떻게 하면 저 무서운 개를 피하나', '어떻게 하면 음식을 먹을 수 있을까' 이 두 가지 생각밖에 안 한다고 합니다. 그 속에서도 저자는 자신의 길을 선택할 수 있는 자유, 즉 자신의 태도를 결정할 수 있는 마지막 남은 자유를 선택하는 사람들을 보았습니다. 저자는 미래에 대한 기대가 삶의 의지를 불러일으킨다는 의미에서, 인간에게 존재하는 자유 의지를 강조하는 '로고스'와 치료를 뜻하는 '테라피'가 합쳐진 '로고테라피' 이론을 세웠습니다.

자신이 해야 할 일이 있다는 것을 알고 있는 사람들이 끝내 살아남은 것처럼, 삶의 위기에 빠진 사람들이라도 그 시련이 주는 의미를 알게 되면 더 이상 시련일 수 없을 것입니다.

앞뒤 사방이 꽉 막힌 상황일지라도 실낱같은 희망을 볼 수 있습니다. 선택할 수 있는 자유가 있음에 감사하며 삶의 의미를 찾을 때 어둠의 끝이 보일 것입니다.

#홀로코스트 #삶이고통으로다가올 때 #로고테라피 #비극속에서의낙관 #절망을딛는힘

『행복한 두더지』

김명석 글·그림, 비룡소, 2012, 60쪽

신체적인 약점과 소심한 성격 탓에 지하로 숨어버린 두더지가 있습니다. 두더지는 차를 마시거나 텔레비전을 보며 점점 혼자 있는 것에 익숙해집니다. 하지만 외로움은 어쩔 수가 없지요. 두더지는 우울한 마음을 떨치려고 책을 읽습니다. 그리고 그곳에 나오는 멋진 집처럼 자기 집도 근사하게 꾸며보기로 합니다. 따뜻한 물이 나오는 욕실, 아름다운 꽃, 근사한 거실, 맛있는 음식. 하지만 두더지의 마음은 여전히 채워지지 않습니다. 그러던 어느 날 두더지의 집에 도움이 필요한 손님들이 찾아오기 시작합니다. 두더지는 손님들에게 욕실을, 거실을, 음식을 내어줍니다. 두더지는 행복해졌을까요?

　나의 두려움이나 연약함으로 인해 나답게 혹은 내가 원하는 모습으로 살고 있지 못하다고 생각하나요? 그렇다면 두더지가 어떻게 또 무엇으로 자신이 원하는 것을 찾아가는지 따라가 보세요. 조금은 더 행복해진 두더지를 만날 수 있습니다.

　행복이란 무엇일까요? 두더지는 언제 행복하다고 느끼는 걸까요? 더불어 '행복한 나'라고 한다면 언제, 어디에서, 무엇을 하는 모습이 떠오르나요? 나는 지금 '행복한 나'의 모습에 얼마나 가깝게 와 있나요? 아직 거리가 좀 느껴진다면 어떻게 하면 '행복한 나'와 가까워질 수 있을지 두더지를 보며 해답을 찾아가기를 바랍니다.

#지하로숨은두더지 #두더지의행복 #더불어행복한그램책

『우체부 아저씨와 크리스마스』

앨런 앨버그 글, 자넷 앨버그 그림, 김상욱 옮김, 미래아이, 2019, 32쪽

크리스마스 전날, 싱글벙글 우체부 아저씨의 배달 가방이 선물로 불룩했어요. 아저씨는 자전거를 타고 배달을 떠납니다. 먼저 곰 네 마리 집에 가서 금발 머리 자매가 보낸 크리스마스카드를 전해주었어요. 그리고 빨간 모자 아저씨의 집과 병원, 무서운 늑대 소굴에도 가야 했어요. 아저씨의 마지막 배달 장소인 산타 할아버지와 요정 친구의 작업장에 드디어 도착해 산타 할아버지에게 온 우편물을 전해주었어요. 그런데 산타 할아버지가 아저씨한테 선물을 주는 것이었어요. 선물을 전해주기만 하던 아저씨는 선물을 받자 너무 행복했어요. 눈이 펑펑 내리고 길은 미끄러워도 아저씨는 힘들지 않았어요.

여러분은 어떤 일이 멋지다고 생각하나요? 혹은 장래 어떤 직업을 꿈꾸고 있나요? 장래에 하고 싶은 일을 아직 정하지 못했거나 준비 중인 아동이나 청소년이 이 책을 읽으면 도움이 될 수 있습니다.

책을 읽고 우체부 아저씨가 전해준 편지와 선물을 보고 만약 크리스마스라면 누구에게 어떤 선물을 보내고 싶은지 생각해 보세요. 또한 많은 직업 중에서 우체부 아저씨만의 멋진 점을 찾아 칭찬 스티커를 만들어 발표해 봅니다.

#크리스마스그림책 #싱글벙글우체부아저씨 #우체부의배달가방 #꿈꾸는직업

『매일매일 행복해』

프란체스카 피로네 글·그림, 오현지 옮김, 피카주니어, 2022, 56쪽

정말 친근한 모습의 연필로 스케치한 듯한 돼지 한 마리가 우리를 맞이해 주는 책입니다. 책 속의 돼지를 따라가다 보면, 제목에 나와 있듯이 우리가 매일 매일 행복해질 방법을 알려줍니다. 돼지가 알려주는 방법에 특별한 비밀이 숨어 있기라도 한 걸까요? 그래 보이지는 않습니다. 너무 당연해서 아니면 아주 사소하다고 생각해서 그냥 지나쳤던 것들 그리고 내 손길이 필요한 순간들을 이야기하고 있습니다.

행복이란 무엇일까요? 살아가면서 우리가 서로 많이 주고받는 말이지만 행복은 어딘지 모르게 추상적일 때가 많은 것 같습니다. 진정한 행복은 무지개 너머에, 저 멀리에만 있는 걸까요? 이 책은 가까운 내 주변을 찬찬히 둘러보게 해줍니다. 소소한 것에서 그리고 너무 당연하게 24시간 마시고 있는 공기 속에서 행복을 찾아본 적이 있나요?

오늘 하루 중 나의 행복을 위해서 한 일은 무엇이 있나요? 또 내가 생각하는 행복은 무엇인가요? 하루 종일 무언가에 떠밀려 늘 그렇듯이 하루를 보냈다면, 이 책과 함께 하루를 마무리해 보세요. 그리고 책 속에서 나를 미소 짓게 하는 장면 하나를 찾게 된다면, 오늘 하루 행복한 미소로 마무리할 수 있을 거예요.

#연필로스케치한그림책 #그림이예쁜 #소소한행복 #관심과배려

『낭만 환자를 만나다』

송상아, 포널스, 2022, 344쪽

많은 직업 중에 간호사는 특별합니다. 사람의 질병이나 생명을 마지막까지 돌보는 일을 하기 때문입니다. 주인공은 간호사로 병원에 근무하는데, 특히 더 힘들다는 혈액종양내과에서 일하지만, 긍정적인 관점으로 마음을 다해서 환자를 돌보는 태도를 보여줍니다. 이런 모습은 힘든 처지에 있는 환자나 환자의 가족 그리고 의료진에게도 공감을 일으킵니다. 이렇게 다양한 환자들의 고통과 각각의 숨은 사연은 잔잔한 감동을 줍니다. 특히 세대와 세대를 넘어서고 병의 경중도 상관없습니다. 오히려 자신들이 환자에게 더 배우고 있다는 겸손과 긍정적인 자세는 우리의 마음을 따뜻하게 해줍니다.

간호사나 관련 직업에 관심이 있는 사람 혹은 병원에서 치료 중인 환자나 그 가족 그리고 의료진들이 읽으면 큰 도움이 될 수 있습니다.

책을 읽으면서 간호사나 의료진 그리고 각기 다른 처지에 놓인 환자들 간의 서로 다른 입장의 차이를 알 수 있습니다. 간호사와 환자의 역할을 바꿔서 역할극을 해보고, 각자가 다른 처지에서 느낌을 설명하고 더 나은 관계를 위해 개선할 점을 이야기해 봅시다.

#간호사의에세이 #특별한간호사 #의료진과환자의입장차이 #간호사하길참잘했다

『행복의 기원』

서은국, 21세기북스, 2016, 208쪽

행복심리학자인 저자가 냉정한 분석으로 행복을 이야기한 '차가운 책' 입니다. 우리는 왜 행복해지려고 하는지에 대한 질문으로 시작해 행복의 다양한 형태와 민낯을 보여주지요. 진화론적 관점에서 접근하여 인간은 생존을 위해 행복을 도구로 사용한다고 이야기하며 큰 기쁨이 아니라 여러 번의 기쁨이 중요하다고 강조합니다. 소소한 즐거움이 쌓여 행복의 현상이 견고해진다는 것이지요. 행복이 추상적 개념이 아니라 성취 가능하며 내 곁에 가까이 와 있다는 안도감이 들기도 합니다.

행복은 감정입니다. 그러기에 개인적일 수밖에 없지요. 우리는 행복과 더불어 그 이면의 불안과 우울, 불행과도 만납니다. 선택권이 내게 있다면 어떤 단어를 고르고 싶을까요? 나를 마주하고 있는 행복과 불행이 도대체 무엇인지 궁금하다면 이 책을 읽어보세요. 인간의 본질을 탐색하며 우리가 겪는 행복의 추구가 왜 본능적인지 알 수 있는 계기가 될 것입니다. 또 이것이 감정을 앞세워 인간의 목표라고 말하는 다른 철학자들과 어떻게 다른지도 발견할 수 있습니다.

거창한 것만이 우리 삶에 행복을 가져다주지는 않습니다. 행복해지고 싶은 생각이 든다면 일상의 기쁨부터 찾아보기로 해요. 마인드맵으로 나의 행복을 결정짓는 것들을 그려보세요. 그 순간 나의 감정을 표현해 보아도 좋습니다. 부와 성공 같은 좋은 조건들을 좇기 위한 과정이 아닌 지금의 내 모습을 표현해 본다면 나만의 행복 지도가 그려지지 않을까요?

#행복심리학 #나만의행복지도 #왜행복해지려하는가 #인간의행복은어디서오는가

『기분이 태도가 되지 않으려면』
나겨울, RISE(떠오름), 2020, 224쪽

인스타그램과 문자로 '텍스트테라피'를 진행해 온 저자가 자신의 경험과 상담을 바탕으로 감정을 대하는 방법에 대해 들려주고 싶은 이야기를 담은 책입니다. 저자는 자신의 감정을 돌아봄으로써 나를 찾아보고, 정말 내가 원하는 것이 무엇인지 알아가며, 나를 사랑하는 방법을 터득하기를 바라고 있는데요. 사람 사이의 관계를 멀지도 가깝지도 않게 유지하는 것은 쉽지 않으며, 인간관계에 회의를 느끼는 시기는 누구에게나 온다고 말해줍니다. 책을 가만히 읽다가 보면 타인과의 관계에서 겪는 어려움을 나만 느끼는 것은 아니라는 위로를 받기도 하는데요. 그런 상황에서는 현상에 머무르지 말고 한 발짝 떨어져서 관계를 돌아보라는 현실적인 조언도 담겨 있습니다.

지금 나의 힘든 마음을 쏟아내고 위로받고 싶지만, 주위에 아무도 없다면 이 책을 한번 읽어보세요. 지금 나의 상황을 닮은 영화나 내 마음을 알아주는 노래가 울림을 주는 것처럼 책 안에서 나에게만 주는 작은 메시지를 발견할 수 있을 거예요.

지금 느끼는 감정을 '슬픔'이라는 단어로 표현할 수 있다면 책에서 나의 마음과 닮은 문장을 찾아보세요. 슬픔의 사전적인 정의는 '정신적 고통이 계속되는 일'이지만, 때로는 저자의 말처럼 마음껏 쏟아버리고 흘려보내면 그만이라고 생각되기도 하니까요. 따뜻한 손과 눈빛보다 마음을 울리는 위로를 책 안에서 만날 수 있을 것입니다.

#나를사랑하는방법 #좋은사람이되지않아도 #마음껏쏟아내고흘려보내기 #텍스트테라피

『오리 돌멩이 오리』

이안 시, 정진호 그림, 문학동네, 2020, 128쪽

이안의 시는 둥급니다. 오리 궁둥이처럼 무디고 더딥니다. 돌멩이처럼 단단하지만, 한없이 매끄럽고 부드럽습니다. 사방에서 '돌 돌 돌 돌' 돕니다. 오리가 돌멩이인지, 돌멩이가 오리인지, 흐르는 강물마저 '돌 돌 돌 돌' 부드러운 소리를 내며 흐릅니다. 이 경쾌한 둥긂, 세상을 긍정하고 행복하게 바라볼 수 있는 통찰력은 각이 진 세월의 슬픔을 오래 견뎌낸 뒤에 탄생한 것이기에 눈물겹지만 역시 우리를 미소 짓게 합니다.

동시집 『글자동물원』으로 수많은 독자를 만난 시인은 여전히 마을 어귀를 산책하며 자연과 사람들을 만나고 그 안에 존재하는 삶의 보편적 이치를 발견합니다. 그 깊이가 역시 범상치 않습니다. 일상에서 사물과 자연을 가만히 바라보고 마음속을 천천히 들여다보는 동시들이 위안을 줄 것입니다.

어린아이는 어린아이대로, 어른들은 어른들대로 시인이 관찰한 세상과 그에 대한 성찰을 자기 삶과 비교하며 읽는 즐거움이 있습니다. 아이와 부모가 한 편씩 시를 베껴 쓰고 이야기를 나누어도 좋고, 어른들의 글 읽기 모임에서 읽은 시 중 몇 편을 추천하여 낭송하고 이야기를 나누는 것도 좋은 방법입니다. 시 속에서 시인이 관찰하는 자연과 사물이 무엇인지, 그것을 통해서 어떤 성찰에 도달하고 있는지 이야기를 나누고, 자신이 자연과 사물에서 발견했던 성찰의 경험을 나누어 보시기 바랍니다.

#이안시인의동시집 #화이트레이븐즈선정도서 #글자동물원 #경쾌한둥긂 #사물에대한관찰

Part 3.

자아 실현하기
: 어디쯤에 와 있을까요?

『두 갈래 길』

라울 니에토 구리디 글·그림, 지연리 옮김, 살림출판사, 2019, 40쪽

인생은 길과 같다는 이야기로 시작하며 남녀가 핑크와 남색으로 대비되는 길을 따라 걸어갑니다. 길 위에 잠시 멈춰 고민에 잠길 때도 있고, 때로는 장애물이 나타나기도 합니다. 길 위에는 신기한 것도, 두려운 것도 많지요. 가끔은 굉장히 빨리 지나가지만, 반대로 느릴 때도 있습니다. 이렇게 길을 따라가다 보면 그림 속 여백이 주는 편안함과 더불어 인생을 길에 비유하고 있는 한 편의 시와 같은 이야기들을 만날 수 있습니다.

우리는 하루에도 몇 번씩 두 갈래 길에 서는 경험을 하게 됩니다. 내 선택이 잘못된 건 아닐까, 이 말은 하지 말 걸 그랬어 등등. 이렇듯 인생의 길 위에서 그 순간들이 그저 막막하고 어찌할 바를 몰라 불안한 우리에게 괜찮다고 위로를 건네고 있는 듯합니다.

한 장씩 넘길 때마다 나오는 이야기를 따라가 보세요. 그리고 잠시 펼쳐두고 싶은 페이지를 찾아보세요. 나는 지금 어떤 길 위에 있는지 가늠해 볼 수 있을 것입니다. 그리고 마지막 페이지에 적고 싶은 이야기를 만들어 보세요. 막연하기만 한 인생이란 길 위에 작은 등대하나 세우는 기분으로 말입니다.

#선택의순간 #예측할수없는인생 #볼로냐라가치상수상그림책

『맹탐정 고민 상담소』

이선주, 문학동네, 2019, 216쪽

맹승지는 자칭 추리력과 관찰력이 뛰어난 명탐정 아닌 맹탐정이라는 중1 여학생입니다. 승지는 친구의 핸드폰 분실 사건을 해결해 가는 과정에서 고민을 나누면서 누구나 아픔이 있음을 알게 됩니다. 책은 크게 사건을 해결하는 이야기와 그 과정에서 자아를 확립해 가는 두 개의 축으로 구성되어 있습니다. 숨도 못 쉬게 핸드폰을 울리며 아이를 간섭하는 엄마, 자신이 미리 겪어보았기에 도시로 나가서 공부하면 열등감만 더할 것이라는 또 다른 엄마를 보며 청소년들은 현재의 행복과 미래의 행복을 저울질합니다. 또 사법고시 합격이라는 꽃을 피우지 못해 자아를 찾지 못했다는 아빠가 가족의 품으로 돌아오는 것을 보며 진정한 자아실현이 무엇인지 돌아보게 합니다.

　인생은 멀리서 보면 잔잔해 보이지만 가까이서 보면 끊임없이 파도가 일렁이는 바다와 같다고 합니다. 자아를 찾아가는 격동기에 있는 청소년들에게 "너만 아픈 게 아니야"라고 말해준다면 인생이라는 거친 파고를 넘으며 외롭지 않을 것입니다.

　말하지 못할 어떤 아픔이 있나요? 또래 친구는 청소년에게 절대적 존재이지요. 책 속 인물들의 갖가지 고민을 보면서 나만 힘든 게 아니라는 위로를 받을 것입니다. 그들이 난관 속에서도 친구들과 함께 단단해짐을 보면서 먼저 주변 친구에게 손 내밀어 보세요. 함께할 때 든든한 울타리가 되어줄 것입니다.

#청소년자아찾기 #자아실현 #청소년고민상담 #누구나아프다

『왜 주인공은 모두 길을 떠날까?』

신동훈 글, 샘터, 2014, 214쪽

손에 잡으면 편안한 크기의 책으로, 떠남은 또 다른 시작이 되는 길이라는 떠나기에 대한 이야기입니다. 누구에게나 새로운 길을 떠난다는 것은 양면적이어서 가슴 두근거리기도 하고 두렵기도 할 것입니다. 이책은 이야기를 통해 걱정보다는 용기를 줍니다. 다양한 이야기 속 주인공을 통해 마음이나 생각에 그쳐 직접 행동으로 옮기기 어려운 상황을 보여주고, 갈등과 주저함보다는 위로와 용기, 지혜를 제시합니다. 과연 여러분은 이야기에서 어떤 주인공을 선택할까요? 책 속 이야기를 따라가다 보면 새로운 도전과 길 찾기에 한발 다가설 것입니다.

새로운 길을 떠나고 싶은데 망설이고 있나요? 현재 갈등하고 있거나 새로운 도전이 필요한 성장기인가요? 이 책은 이제 새로운 길을 선택해야 하는 누구에게라도 새로운 자신을 만나고 내 안의 가능성을 발견할 수 있는 계기가 되어줄 것입니다.

책을 읽고 길을 떠난 주인공들을 생각해 보고 그중 한 명을 선택해서 길을 떠나기 전과 후의 차이를 살펴봅시다. 그리고 무엇이 달라지고 어떻게 변했는지 이야기해 봅시다. 그리고 자신의 길 떠나기 지도를 만들어 생각을 나누어봅시다.

#이야기로길떠나기 #머문이와떠난이 #나자신으로살기 #도전과길찾기 #길떠나기지도

『유리아이』

베아트리체 알레마냐 글 · 그림, 최혜진 옮김, 이마주, 2021, 54쪽

온몸이 투명한 유리로 된 아이가 있습니다. 커다란 눈과 작은 손을 가진 유리아이는 빛나고 아름다워서 사람들의 관심을 받았지요. 그러나 투명한 탓에 유리아이의 생각은 사람들에게 모두 보였고, 부정적인 생각이 비칠 때마다 평가하는 사람들의 말과 행동으로 상처도 받았습니다. 집을 떠나 다른 세상에 가도 유리아이를 바라보는 사람들의 시선은 똑같았지요. 결국 유리아이는 다시 집으로 돌아옵니다. 있는 그대로의 모습으로, 하지만 이전보다 단단해진 마음으로.

유리아이의 모습을 마음속으로 그려보세요. 무엇이 유리아이를 가장 힘들게 했을까요? 함께 살아가는 사회라는 이유만으로 다른 사람들의 시선에 휩쓸리며 그들의 말과 행동에 크게 동요된다면 이 책을 한번 읽어보세요. 사람들의 시선보다 내 안의 목소리에 귀를 기울이게 될 것입니다.

등장인물 중에서 공감이 가는 사람을 찾으셨나요? 그중에 혹시 나의 모습이 있나요? 그렇다면 나는 무엇을 감추고 무엇을 보여주는지 한번 생각해 보세요. 문제가 생겼을 때 피하는 것 말고 다른 방법이 필요하다면 유리아이의 마음 변화를 보며 답을 찾을 수 있을지도 모르니까요.

#다름에대한그림책 #타인의시선 #단단해진마음 #내안의목소리

『당신의 마음에 이름을 붙인다면』

마리아 이바시키나 글·그림, 김지은 옮김, 책읽는곰, 2022, 48쪽

마음은 보이지 않습니다. 감정도 보이지 않습니다. 다만 이것이 마음을 타고 흘러나와 나의 표정과 몸짓으로 표현되지요. 저자는 이러한 감정에 집중하며 익숙한 순간에 이름을 붙이라고 말합니다. 이름을 붙이고 글로 남겨두면 그 순간은 나에게 의미 있는 순간이 된다고 말이지요. 그러고 보면, 감정은 지금 내가 느끼는 것이고 언제라도 바뀔 수 있지만, 내가 남겨두는 기록은 그 순간을 올곧이 그때의 마음으로 머물게 해주기도 합니다. 이 책은 각 나라의 고유 언어로 그 나라만의 감정을 담은 단어를 찾아 자세하게 설명해 주고 있습니다. 그림에서 느껴지는 부드러운 색채감과 다양한 그림의 특징이 참 매력적이기도 하지요.

반복된 일상과 매일의 무료함에 무기력함을 느끼고 있지는 않은가요? 지금 당장 상황을 바꿀 수 없다면 마음가짐을 바꿔보는 것은 어떨까요? 내가 느끼는 감정의 시간을 한번 '순간 포착'해 보는 것으로 말입니다. 그리고 그 시간과 감정에 내가 가장 잘 어울리는 단어를 찾아 이름을 붙여보세요. 어떤 이름인가요?

책 안에는 굉장히 많은 언어가 나옵니다. 소리 내어 그 단어들을 읽어보세요. 그리고 지금 나의 마음을 잘 표현한 그림과 단어들을 책 안에서 찾아보세요. 하나둘 찾다 보면 떠오르는 기억들이 오늘 잠깐의 시간을 멈추고 나를 그 시간으로 안내해 줄 거예요.

#마음의그림책 #내마음에이름표가필요한순간 #17개나라의감정을담은단어 #감정의순간포착

『걸어요』

문도연 글·그림, 이야기꽃, 2022, 44쪽

푸른 들판을 가로지르는 노란 길 위를 한 여자가 걸어갑니다. 밀짚모자를 쓰고 배낭을 메고 양손에는 지팡이를 짚고서 갑니다. 그렇게 뚜벅뚜벅 걷던 여자 앞에 하얀 개 한 마리가 인사를 하며 다가옵니다. 그러더니 마찬가지로 지팡이까지 짚고서 여자와 함께 걸어가기 시작합니다. 그렇게 드넓은 들판을, 끝날 것 같지 않은 길을 여자와 개가 함께 걸어갑니다. 개울을 만나 돌다리를 건너기도 하고, 비를 만나 비에 젖기도 하지만 뚜벅뚜벅 타박타박 걸어갑니다.

드넓은 자연을 뚜벅뚜벅 걸어가는 여자의 모습이 우리의 하루하루를 대변해 주는 듯합니다. 어떤 날은 친구를 만나기도 하고, 어떤 날은 비바람을 만나기도 하면서…. 새해가 되면 나누는 덕담 중에 "꽃길만 걸어요"라는 말이 있지요. 정말 가능한 일일까요? 설사 그게 가능할지라도, 그 길이 정말 우리가 원하던 길이 맞을까요? 그래도 한번쯤은 꽃길만 걷고 싶은 욕심이 생기는 건 어쩔 수 없는 것 같습니다.

여자가 걸어가는 길에서 만나는 자연이 참 아름답게 그려져 있습니다. 위로를 건네는 듯하지요. 어떤 장면에서 여러분은 위로받으셨나요? 어떤 한 장의 그림에서 위로받을 수 있었다면, 그것만으로도 이 책과 함께한 시간이 지친 나에게 주는 선물 같은 시간이 될 수 있을 겁니다.

#눈이시원해지는그림책 #꽃길만걸어요 #길에서만나는위로

Part 4.

마음 들여다보기
: 내 마음은 무슨 색일까요?

『날 안아 줘』

시모나 치라올로 글·그림, 이현정 옮김, 재능교육, 2015, 32쪽

작고 귀여운 선인장 펠리페가 원하는 건 누군가가 자신을 안아 주는 것입니다. 선인장 가족들은 펠리페가 엉뚱한 것에만 신경을 쓴다며 착하고 품위 있는 선인장이 되는 법만을 펠리페에게 알려줍니다. 펠리페가 외로움에 지쳐갈 때쯤, 자신과 마찬가지로 외로워하는 누군가가 있다는 사실을 알게 됩니다. 그리고 펠리페는 자신이 원했듯이 그를 꼭 안아 줍니다.

내 옆에 나의 마음을 알고 토닥이는 이가 있다면 얼마나 좋을까요. 이 책은 위로받고 싶은 사람에게 이야기합니다. 다른 사람들도 나와 같이 위로받고 싶어 하며, 그 마음을 알아주면 내 마음도 채워진다고 말이에요.

책을 읽고 작고 귀여운 선인장 펠리페의 '가시'처럼 나를 외롭게 하는 '가시'가 있는지 살펴보세요. 당신에게 '가시'가 있다면, 그 '가시'가 무엇인지 이야기해 보면 어떨까요? 그리고 당신의 '가시'에게 이름을 붙인 다음 짧은 편지를 써보세요. 어느새 가시와 가까워진 나를 느끼게 될 거예요.

#위로를주는그림책 #선인장펠리페 #나를외롭게하는가시 #다른사람을안아줄준비가되어있나요

『눈물바다』

서현 글·그림, 사계절, 2014, 48쪽

망쳐버린 시험, 맛없는 급식에, 우산도 없이 비를 맞고 집에 왔는데 공룡 두 마리가 싸우고 있습니다. 저녁밥을 남겼다고 여자 공룡이 혼을 냅니다. 자려고 누웠는데 오늘 하루를 돌아보니 자꾸만 눈물이 납니다. 방울방울 눈물은 바닥으로 떨어져 점점 차오르고 눈물바다가 됩니다. 커다란 파도가 치는 눈물바다에는 나를 속상하게 한 사람들도 있고 책에서 만난 주인공들도 있지요. 나는 바다에 빠져 허우적거리며 당황하는 사람들을 한참 바라보다 그들을 건져 빨랫줄에 널어줍니다. 그리고 사과합니다. "모두들 미안해요." 하지만 실컷 울고 나니 마음이 시원해집니다.

　눈물은 생각과 말에 앞서 터져버리는 내 마음입니다. 울고 싶은 날, 누군가 내 마음을 알아주었으면 좋겠다는 생각이 들 때 이 책을 읽어보세요. 감정을 실컷 표현하고 그 감정의 깊이를 가만히 들여다보고 싶을 때 눈물바다를 만나보세요. 아이의 마음속 바다 안에 어떤 이야기들이 숨어 있는지 찾고 싶은 부모님이 이 책을 읽으며 대화를 나눠보아도 좋겠습니다.

　오늘 하루는 유독 다른 날보다 힘들었는데 아무도 내 마음을 알아주지 않았다면 이 책의 주인공처럼 바다에 빠트리고 싶은 사람들을 그려보는 것은 어떨까요? 한 명 한 명의 이야기를 생각하고 그리다 보면 내게도 하고 싶은 말이 생기고 내 마음에서 비워지는 경험을 하게 될 거예요.

#되는일이하나도없는날 #바다에빠뜨리고싶은사람 #모두들미안해요

『두근두근 걱정대장』

우인옥 글, 노인경 그림, 비룡소, 2016, 108쪽

아이들은 걱정이 많습니다. 어른들에게는 사소한 일일지라도 아이들의 마음속에서는 걱정이 점점 커져 불안감과 공포를 느끼게 하지요. 이 책에 나오는 아이들은 외모 때문에 자신을 싫어하기도 하고, 소원을 이루고 싶어 하기도 하고, 오빠의 거짓말을 믿고 뱃속에서 포도나무가 자라나지 않을까 걱정하기도 합니다. 사소하지만 일상의 걱정 때문에 잠을 이루지 못하는 아이들은 결국 자신의 마음이 자라나 불안을 이겨 냅니다.

현대인들의 마음에는 늘 불안함이 있습니다. 불안은 다양한 이유로 우리의 삶을 흔들어도 결국은 자기 안에서 원인을 찾고 스스로의 힘으로 극복해야 합니다. 이 책에 등장하는 아이들은 자기 비하, 욕망, 불신 등의 문제로 불안을 느낀다는 점에서 현대를 살아가는 우리 모두의 모습을 보여주는 것이기도 합니다. 내면의 걱정과 불안을 느낀다면 이 책을 읽으며 진짜 자신을 확인해 보는 건 어떨까요?

자신의 일은 객관적으로 바라보기 어렵습니다. 그러나 다른 사람의 일이라면, 특히 어린아이가 가진 고민이라면 더 객관적으로 볼 수 있겠지요. 이 책에 등장하는 여러 아이에게 나의 모습을 투영해 내가 가진 문제를 객관적으로 진단하고 그 해결책을 찾아보면 어떨까요?

#걱정이많은아이들 #사소한일이점점 #걱정을위로해줄공감이야기 #비룡소문학상 수상작

『백만 년 동안 절대 말 안 해』

허은미 지음, 웅진주니어, 2013, 48쪽

"정말 너무해!"

내가 제일 좋다면서도 엄마 사고 싶은 것만 사고 내가 사달라는 건 안 사주는 엄마, 나보고 일찍 자라면서도 늦게까지 티비 보는 아빠, 자기만 예쁜 줄 알고 맨날 내가 먹는 걸 한 입만 달라고 하는 언니에게 화가 납니다. 그런데 가족들은 모두 내가 화난 마음을 몰라줍니다. 나는 혼자 뭐든 할 수 있는 땅속으로 들어갑니다. 그곳에서는 뭐든 내 맘대로 하려고요. 그런데 장수풍뎅이 밥과 엄마 커피에 설탕 넣어주는 게 걱정입니다. 내가 없으면 안 되거든요. 어쩔 수 없이 다시 땅 위로 올라오며 한마디 했지요. "다시는 그러지 마, 또 그러면 백만 년 동안 절대 말 안 할 거다."

자신이 가족 사이에서 소외되었다고 느낄 때, 이 그림책을 통해 가족 안에서 자신의 가치를 한번 더 되돌아보세요. 내가 먼저 인정하고 표현한다면 가족들도 새롭게 나를 바라볼 수 있으니까요. 서로에게 서운한 점이 있지만 말하기 불편할 때, 그림책을 보여 서로의 마음을 터놓길 원하는 분들이 읽어도 좋습니다.

마지막 장면에서 가족들에게 묶여 있는 빨간 실은 무엇을 의미하는 것일까요? 나도 이렇게 묶어 놓고 싶은 사람이 있는지 생각해 보세요. 가족들과 역할을 바꾸어서 서로의 입장을 생각해 보고 불만 메모와 감사 메모도 적어볼까요? 서로에 대해 이해하며 각자가 무엇을 원하는지 알게 되고, "이럴 땐 어떻게?" 하는 방향 제시가 가능할 것입니다.

#가족사이의소외 #마음터놓기 #불만메모 #감사메모 #초등필독도서

나-정서-소통 / 모든 연령

『컵 이야기 ㅁ 세상을 담고 싶었던』

박성우 글, 김소라 그림, 오티움, 2020, 232쪽

나무 아래 컵이 하나 놓여있습니다. 사람들과 함께 왔다가 혼자 남겨져 갑자기 쓸모없는 존재가 되어버린 커커라는 컵입니다. 그곳에서 커커는 자신만의 사연을 가진 숲속 친구들을 만나게 됩니다. 개미 이야기의 시작은 "눈물을 쓱쓱 닦고", 거미 이야기의 시작은 "외로워, 외로워"…. 숲속 친구들의 작고 소소한 이야기는 우리 삶의 이야기와 많이 닮아있습니다. 커커는 나무 아래 자리를 묵묵히 지키며 숲속 친구들의 이야기에 귀를 기울여줍니다.

재잘재잘 자신의 처지를 하소연하는 숲속 친구들의 이야기를 듣다 보면 고개가 끄덕여지는 장면이 있을 겁니다. 어쩌면 이야기의 소제목만 보고 벌써 그 페이지를 찾아가고 있을지도 모르겠습니다. 그러면 그 옆에는 항상 커커가 기다리고 있습니다. 이런 커커의 모습이 왠지 위로가 됩니다.

여러분은 어떤 이야기에 고개가 끄덕여졌는지요? 그 이야기에 가장 공감이 갔던 이유를 생각해 본다면, 자신을 좀 더 알아가는 시간이 될 수 있을 것입니다. 더불어 자신에게 커커와 같은 존재가 있다면 누구인지도 찾아보세요. 뜻깊은 시간이 될 것입니다.

#커커라는컵 #숲속친구들 #내마음이야기하기 #눈물쓱쓱닦고

『빨강 연필』

신수현 글, 김성희 그림, 비룡소, 2015, 212쪽

교실에 혼자 남아 있다가 실수로 수아가 가지고 다니던 유리 천사를 깬 민호는 친구들의 추궁에 그만 거짓말을 하고 맙니다. 자책하는 민호 앞에 빨강 연필이 나타납니다. 손에 쥐기만 하면 마법처럼 글이 써지는 신기한 연필이지요. 빨강 연필은 민호의 생각인 척 그럴듯한 거짓 글쓰기로 상도 타게 해줍니다. 하지만 그로써 민호는 마음이 더 불편해지고, 결국 라이벌 친구에게 빨강 연필의 존재를 들킵니다. 빨강 연필을 가져간 친구와 주먹다짐을 한 민호는 빨강 연필의 도움 없이 자신의 솔직한 이야기를 써보게 됩니다. 그동안 고통스러웠던 마음과 거짓된 글들에 대해서요. 그리고 다시 찾은 빨강 연필을 과감하게 태워버립니다.

빨강 연필이 쓴 글에는 민호조차 깨닫지 못했던 깊은 속마음이 드러나 있습니다. 이혼 가정의 민호는 엄마와 아빠가 함께 있는 단란한 가정을 꿈꾸었고, 수아의 유리 천사를 감추었을 때도 민호가 훔친 것은 물건이 아닌 친구의 마음이었기 때문이지요.

지금 당신에게도 속마음을 알아주는 빨강 연필이 필요하다면 이 책을 한번 읽어보세요. 조금 불편하더라도 객관적으로 나의 상황을 보게 된다면 정말 중요한 것이 무엇인지 깨닫는 계기가 될 수 있습니다.

당신이 생각하는 빨강 연필은 무엇입니까? 지금 가장 큰 고민은 무엇인가요? 빨강 연필은 그에 대해 무슨 이야기를 해줄까요? 빨강 연필의 생각과 나의 생각을 비교해 본다면 지금 고민 중인 문제에 대한 답을 조금 더 명쾌하게 찾을 수 있지 않을까요? 이 책을 읽으면서 거짓말의 의미에 대해서도 생각해 보면 좋겠습니다.

#그럴듯한거짓말 #빨간거짓말 #깨닫지못한속마음 #황금도깨비상수상작

『나는 너무 평범해』

김영진 글·그림, 길벗어린이, 2021, 40쪽

선생님께서 '나에 관한 글'을 주제로 글쓰기 숙제를 내주셨습니다. 주인공 그린이는 자신이 너무 평범해서 '나에 관한 글'을 어떻게 써야 할지 고민에 빠집니다. 어쩔 수 없이 주변 친구들의 이야기를 써보기로 합니다. 나는 친구 건영이처럼 잘 웃길 줄도, 민철이처럼 축구를 잘할 줄도 모릅니다. 나와 진영이가 구구단을 못 외지만, 진영이는 그림을 잘 그립니다. 그리고 엄마, 아빠와 바닷가로 여행했던 이야기와 할머니, 할아버지 댁에서 있었던 이야기로 '나에 관한 글'을 완성합니다. 선생님은 이런 그린이의 글을 칭찬하시고 수업 시간에 발표도 시켜주십니다. 자신을 평범하게만 생각했던 그린이는 자신이 갑자기 특별해진 것만 같습니다.

평범하다는 건 어떤 걸까요? 그렇다면 특별하다는 건 또 어떤 걸까요? 나는 잘하는 게 아무것도 없다고 느껴져서, 아니면 오늘 하루가 너무 무료하고 지루해서… 평범한 내가, 평범한 오늘 하루가 의미 없게 느껴진다면 그린이의 이야기를 따라가 보세요.

자신이 너무 평범해서 할 이야기가 없었던 그린이는 어떻게 자신이 특별해진 것처럼 느끼게 되었나요? 우리도 그린이처럼 '나에 관한 글'을 써본다면 나와 내 주변을 다시 한번 돌아보는 시간이 될 것입니다.

#그림이귀여운그림책 #나를소개하는글쓰기숙제 #평범함속의특별함

『감정은 무얼 할까?』

티나 오지에비츠 글, 알렉산드라 자욘츠 그림, 이지원 옮김, 비룡소, 2021, 70쪽

우리 내면에는 다양한 감정이 존재합니다. 하지만 그 감정이 어떤 감정인지 설명하는 것은 그리 간단하지 않습니다. 호기심, 즐거움, 감사와 같이 자주 접하고 들을 수 있어서 친숙하게 느껴지는 감정도 있지만, 열등감, 연민, 수치심과 같이 표현하기 어려운 감정도 있지요. 이 책은 이러한 감정을 의인화하고 내 안에서 어떤 일들이 벌어지는지 상상하게 해주어 우리가 그 감정을 이해하기 쉽도록 풀어줍니다.

자신을 편안한 상태로 유지하기 위해서는 내 안에서 일어나는 여러 가지 감정을 잘 이해하고 왜 그런 감정이 들었는지 알아보는 과정이 필요합니다. 오늘 하루 나의 감정이 쉴 새 없이 요동치는 것을 느꼈나요? 또 아이들의 감정이 변덕스럽게 오르내림에 따라 힘들었나요? 그렇다면 그 감정이 무엇이고, 그 감정이 내 안에서 어떤 일을 하고 있는지 함께 나누어 볼 수 있습니다. 이런 과정을 통해 평소 아이에게 설명하기 어려웠던 감정도 쉽게 표현해 줄 수 있습니다.

다양한 감정 중 어떤 감정에 가장 공감이 되었나요? 그렇다면 그 감정은 그동안 나에게 어떤 영향을 주고 있었을까요? 또 나에게 필요한 감정이 있다면 어떤 감정이라고 생각하나요? 이 책은 자신의 감정에 대해서 조금 더 깊이 이해하게 만들어 줄 것입니다.

#감정을의인화한책 #변덕스러운감정 #감정을자유롭게

나-정서-불안 / 아동

『용기 모자』

리사 데이크스트라 글, 마크 얀센 그림, 천미나 옮김, 책과콩나무, 2014, 32쪽

주인공 메이스는 종종 겁이 납니다. 컹컹 짖어대는 털북숭이 개 때문에
요. 메이스는 종종 겁이 납니다. 노란 집 안에서 우르르 내달리는 그림
자들 때문에요. 거리를 행진하는 무서운 군인 같거든요. 메이스는 침
대 밑에 사는 악어도 무서워요. 밤이면 슬금슬금 돌아다니며 코를 킁킁
거리는 소리가 들리거든요. 아이들의 시선에서만 보이는 아이들만의
무서움이나 두려운 상황이 있습니다. 메이스는 이런 무서움을 어떻게
물리칠 수 있었을까요?

어린 시절 우리도 몸이 움츠러들고 무서워서 꼼짝도 못 한 채 엄마
를 찾던 상황이 있었을 거예요. 우리의 아이들은 어떤가요? 어른들이
꿈 이야기만 하고 있어도 무릎 위로 엉덩이부터 밀고 들어오는 아이들
이 있지 않은가요? 꿈이나 침대 밑처럼 우리가 잘 알지 못하고 실체가
없는 것들이 더 두려움을 유발하기도 합니다.

진짜 용기 모자란 무엇일까요? 아이들과 함께 책을 읽으면 그들에
게도 하고 싶은 이야기가 참 많다는 걸 알게 됩니다. 아이들이 언제 두
려움이나 무서움을 느끼는지 함께 나누다 보면, 어느 순간 아이들이
한 뼘 자라나는 모습도 볼 수 있을 것입니다.

#두려움을물리치는그림책 #겁이많은메이스 #효과만점용기모자 #진짜용기

『미움받을 용기』

기시미 이치로 · 고가 후미타케, 전경아 옮김, 인플루엔셜, 2016, 336쪽

"나의 심리학은 모든 사람의 것이다"라고 말한 아들러의 학문을 바탕으로 그의 사상을 기록으로 남기고픈 기시미 이치로와 고가 후미타케가 쓴 책입니다. 프로이트식 '원인론'과 아들러식 '목적론'을 넘나들며 대화의 방법으로 풀어쓴 내용이 인상적이에요. 행복해지는 것은 의외로 간단하다고 말하는 아들러의 학문을 읽다 보면 내 안의 감정과 마주하게 됩니다. 저자들은 지금 나의 모습을 통해 과거의 나를 보고 그것이 나의 선택임을 가정하며 이야기를 풀어갑니다. 그 과정에서 추상적이라고 생각했던 감정의 실체가 글로 표현된 것을 보면서 우리가 해결의 실마리를 발견할 수도 있습니다.

열등감, 우울, 불행과 같은 단어들이 나를 잠식하고 있다고 생각한다면 이 책을 한번 읽어보세요. 책을 다 읽고 나면, 미움과 용기라는 어울리지 않는 두 단어가 묘하게 일직선에 서 있다는 느낌을 받을 수 있을 것입니다.

아들러의 심리학은 나 자신을 바꾸기 위한 심리학이라 상대를 구속하지 않고 행복의 가치에만 중심을 둡니다. 관계 속에서 의미를 찾기보다는 나에게 있는 것을 활용할 방법을 생각해 보게 합니다. 내게만 있는 것을 발견하며 혹은 서로 찾아주며 책을 읽어가는 과정을 거친다면 내 주변에 머무르는 감정의 단어가 조금은 바뀌어 있지 않을까요?

#아들러심리학 #자유롭고행복한삶을위한 #원인이아니라목적 #불행자랑 #트라우마는없다

『생각 비우기 연습』

이노우에 도코스케, 송지현 옮김, 더퀘스트, 2021, 300쪽

산업 카운슬러 겸 정신과 의사인 저자가 불확실한 미래와 현재 상황에 힘들어하는 사람들에게 주는 따뜻한 위로와 구체적인 행동을 담은 책입니다. 『생각 비우기 연습』이라는 제목에도 나와 있듯이 생각의 가지치기를 통해 나 자신에게 필요하거나 긍정적인 생각들은 남겨두고 스트레스를 유발하거나 힘들게 하는 생각들을 비우게 하는데요. 책을 읽다 보면 이것들이 나 자신의 문제가 되기도 하고, 주변에서 비슷한 일을 겪고 있는 사람들을 떠올리게도 합니다. 짧은 상황의 만화가 이해를 돕고, 메시지가 간결해서 부담 없이 읽을 수 있습니다.

다른 사람과 함께 일을 하다 보면 거절하지 못하는 상황에 맞닥뜨리기도 하지요. 하고 싶은 말을 다 하지 못하고 꾹꾹 눌러 참다 보면 마음속 울분이 쌓이고 신체적으로도 불편함이 나타나기도 합니다.

'나의 성격에 문제가 있는 것이 아닐까' 하며 자존감이 낮아져 있거나 지금의 상황을 자연스럽게 잘 벗어나고 싶은 생각이 든다면 이 책이 도움이 될 것입니다.

주변에 어려움을 겪고 있는 사람이 있어서 마음을 시원하게 해주는 위로나 실천 가능한 방법이 필요하다면 이 책을 읽어보세요. '기한 한정 사고'나 '타임아웃' 같은 구체적인 방법을 제시해 주어서 당신에게 필요한 위로를 찾을 수 있을 것입니다.

#인생에서버려도될42가지생각 #마음이편해지는 #머릿속미움처방 #생각의선택

『마음의 법칙』

폴커 키츠·마누엘 투쉬 지음, 김희상 옮김, 포레스트북스, 2022, 300쪽

이 책은 심리학과 법학을 공부한 폴커 키츠와 심리학, 교육학을 공부한 마누엘 투쉬가 강연과 상담을 통해 알게 된 것을 바탕으로 썼습니다. 우리가 알고 있으면서도 이론적으로 설명하기 어려운 마음의 변화를 쉬운 언어로 풀어쓰고 있습니다. 저자들은 심리학과 일상을 연결하며 왜 이럴 때 이런 감정이 생기는지 원인을 알려주고 독자가 객관적으로 문제를 바라볼 수 있도록 도와줍니다. 목차를 보면 주제와 상황에 맞는 내용들을 읽어볼 수 있도록 나뉘어 있어서, 책을 처음부터 끝까지 읽지 않아도 필요한 부분들을 골라서 볼 수 있습니다. 일상의 스트레스는 어떻게 관리하는 게 최선인지, 어떻게 하면 그의 마음을 얻을 수 있는지, 아내와 여동생의 사이가 좋지 않다면 왜 그런 건지, 삶에서 생기는 크고 작은 질문들에 대한 전문가의 의견이 궁금하다면 이 책을 읽어보세요. 심리학의 이론을 적절히 섞은 예시를 통해 그들의 이야기에 공감하며 답을 찾을 수 있을 것입니다.

　작가는 마음에도 법칙이 있다고 말합니다. 우리 마음의 법칙을 찾아내면 감정 또한 통제할 수 있겠지요. 책을 읽으며 스스로 계속 질문을 던져보세요. "내가 이 해결책을 진짜 몰랐나?", "알았다면 나는 왜 실천하지 않았을까?" 하고 말이지요. 이번에는 이 책이 말하는 중요한 내용을 따로 메모해 두고, 한 차례 더 기억해 보는 것은 어떨까요? 책에 나오는 방법들을 따라가다 보면 이제 한 가지의 문제는 해결되었을 테니 말입니다.

#사람의마음을사로잡는 #자기효능감 #감정사용법 # 일상의심리학

『진정한 챔피언』

파얌 에브라히미 글, 레자 달반드 그림, 이상희 옮김, 모래알, 2019, 40쪽

압틴은 스포츠 챔피언 가족으로 태어났어요. 그래서 갓난아기일 때부터 훌륭한 운동선수가 되기 위해 노력했지요. 하지만 압틴은 운동을 잘하지도 못했고 챔피언이 되고 싶지도 않았어요. 어떠한 가르침도 기대에 미치지 못하자, 아버지는 압틴에게 크게 실망하고 한숨을 쉬며 이야기합니다. 자기가 잘하는 것으로 집안사람들 모두를 행복하게 만들기 위해 압틴은 생각합니다. 그리고 그들에게 행복한 미소를 선물하지요.

　당신은 지금 행복한가요? 그렇다면 당신이 생각하는 행복의 기준은 무엇인가요? 타인에게 평가받는 행복이 아닌 나의 마음을 들여다보는 '진정한 행복'을 찾고 싶다면 압틴의 이야기에 귀 기울여보세요. 자신이 아는 방법을 모두 써서 자신뿐만 아니라 가족의 행복을 만들겠다고 마음먹고 자신이 잘하는 일을 하는 압틴의 모습을 보며, 지금 나의 위치와 생각을 돌아볼 수 있는 시간이 될 것입니다.

　다른 사람들이 원하는 나의 모습 그리고 내가 원하는 나의 모습을 한번 적어보세요. 내가 잘하는 일과 하고 싶은 일도요. 그리고 그 위에 "나는 행복한가?"라는 질문을 던져보세요. 그 답을 가장 잘 알고 있는 사람은 바로 '나'일 테니까요.

#행복찾기그림책 #운동선수압틴 #행복의기준 #가족의기대 #행복을찾고있어요

『나는 소심해요』

엘로디 페로탱 글·그림, 박정연 옮김, 이마주, 2019, 36쪽

자신이 소심하다고 말하는 한 아이가 있습니다. 이 아이는 소심한 성격이라 타인의 시선과 말에 크게 상처받고 위축됩니다. 아이는 자신이 왜 그처럼 소심한지도 생각해 봅니다. 두려운 마음을 떨쳐버리고 싶고 소심함을 극복하고 싶기도 합니다. 그런데 누군가 '소심함'에 대해 다르게 이야기하기 시작합니다. 소심함은 상대의 말을 잘 들어주는 능력이고 깊이 생각할 수 있는 능력이라고요. 그리고 큰 소리나 커다란 몸짓이 아니라서 편안함을 주기에 함께하길 원한다고요. 아이는 이제 소심함을 내버려 두고 있는 그대로의 자신을 보기 시작합니다. 그리고 이런 자기 모습을 좋아하게 되지요.

책 속 주인공의 이야기를 가만히 들여다보세요. 소심한 아이의 이야기가 나와 닮아있다고 생각하신다면 아이가 어떤 지점에서 생각의 전환을 맞이하게 되었는지 살펴보세요. 우리는 자신의 장점과 단점에 대해서는 내가 가장 잘 알고 있다고 생각하면서 타인의 이야기에 귀 기울이지 않을 때가 많습니다. 하지만 때로는 우리를 잘 아는 다른 시각이 필요하기도 하지요.

자신의 모습을 한마디로 정의 내리긴 어렵습니다. "나는 소심해요"라는 말은 "나는 깊이 생각해요" 혹은 "나는 경청해요"라는 말로도 바꾸어 쓸 수 있습니다. 이제 나의 성격이 어떤지 다시 한번 생각해 보세요. 단점이라고 생각했던 것이 장점으로 바뀌는 변화가 일어날 수도 있으니까요.

#소심함을위한그림책 #소심하다고말하는아이 #소심함이아니라신중함 #나는깊이 생각해요 #나는경청해요

『아홉 살 마음 사전』

박성우 글, 김효은 그림, 창비, 2021, 168쪽

마음을 표현하는 감정 단어 80개를 담고 있는 이 책은 그림과 친절한 설명으로 다양한 감정 표현을 알고 이해하게 합니다. 아홉 살 어린이가 일상에서 자주 접하는 상황을 통해 자연스럽게 감정이 무엇인지, 얼마나 다양한지 알려주고, 말하는 사람에 따라서 같은 감정도 다르게 표현된다는 것도 알게 해줍니다.

사람의 마음은 참 다양해서 헤아리기 어렵습니다. 그래서인지 자신의 마음조차 말로 표현하는 데에 어려움을 느끼는 사람들이 많지요. 작가는 아홉 살 아이의 마음을 감정 단어를 사용해서 읽어주고 있습니다. 책을 읽으면 감정 단어에 해당하는 상황을 보며 고개를 끄덕이고 미소를 짓게 됩니다. 이는 사람들의 보편적 정서를 아이들의 마음으로 읽고 있기 때문이겠죠.

내 마음이 무슨 표정을 짓고 있는지, 주변 사람들의 마음은 어떠한지 알고 싶으세요? 그렇다면 우선 이 책의 목차에서 관심 있는 감정 단어를 고르세요. 그리고 그 페이지를 찾아 읽어보세요. 그동안 잊고 있던 마음의 소리를 듣는 경험을 하게 될 겁니다. 하나 더, 나의 감정을 감정 단어로 표현해 보고 '~할 때 드는 마음'이라고 적어보세요. 먼저 내 마음의 표정을 알고 나면 주변 사람들의 마음도 살필 수 있답니다.

#아홉살마음 #마음사전 #감정단어 #마음의표정

Part 5.

진짜 자기 찾기
: 이제 그만 벗어나 볼까요?

『곰의 부탁』

진형민, 문학동네, 2020, 192쪽

남녀 학생들이 어우러져 여행한다면 전혀 이상하게 보이지 않겠지만 두 남학생이 꼭 붙어 다닌다면 이상하게 보일 수 있습니다. '나'는 연인 사이인 남학생 곰과 양 사이에 들러리로 껴서 해맞이 여행에 동행합니다. 곰이 평소에 '나'의 부탁을 수족처럼 잘 들어주었으니까요. '나'는 밤 기차에서 손을 꼭 잡고 붙어 자는 그들을 측은하게 바라봅니다. 언제까지 '나'는 서로 사진을 찍어주며 하루를 소일하는 그들과 동행하며 바람막이가 되어야 할지 아슬아슬합니다. 이성 교제와 콘돔 사용에 관해 묻는『12시 5분 전』, 목숨을 담보로 해야 하는 오토바이 배달을 다룬『헬멧』,『그 뒤의 인터뷰』, 남성 폭력이 두려운 여성들의 이야기『언니네 집』등 각 단편이 첨예한 주제를 담고 있습니다.

요즘 아이들이라고 불리는 '진짜 요즘 아이들'과 예전에 요즘 아이들이었던 기성세대가 함께 읽기 좋은 책입니다. 작가는 어떤 기관보다도 변화가 느린 교실 환경과 급박하게 변하는 현실의 간극에서 고민하는 학생들을 보여줍니다. 경계 밖의 아이들 이야기 같지만, 그 경계가 위태위태하기에 모두가 경계 위에 선 것입니다. 바로 그러한 우리 모두 읽어야 할 책입니다.

현실의 무게에 짓눌린 중압감 속에서도 "우리가 여기에 있다는 사실이 너무나 명백해서 할 말이 없었다"는 '나'의 고백과 같이 요즘 아이들의 고민에 대해 생각하며 읽어도 좋을 겁니다. 이 책에 나오는 아이들의 문제는 시사 프로그램에서 흔히 다루어지는 소재이기도 합니다. 유사한 주제의 미디어 자료와 함께 보며 이야기를 나눠도 좋습니다.

#경계밖의아이들 #진짜요즘아이들 #청소년문제 #권정생문학상수상작

『긴긴밤』

루리 글·그림, 문학동네, 2021, 144쪽

코끼리 고아원에서 자란 코뿔소 노든은 왜 자신은 코끼리들과 다른지 늘 궁금했습니다. 노든이 자라 선택의 순간이 왔을 때 노든은 할머니 코끼리의 조언대로 자신의 궁금증을 해결하기 위해 더 넓은 세상을 향해 나아가기로 합니다. 바깥세상으로 나온 노든은 가족을 이루지만, 사냥꾼들에게 딸과 아내를 잃고 동물원으로 가게 됩니다. 어느 날 동물원에 불이 나고, 우리에서 나온 노든은 알이 들어있는 양동이를 입에 문 펭귄 치쿠와 함께 길을 떠나게 됩니다. 둘은 서로를 의지하고 위로하며 함께 바다를 찾아 사막을 걷고 또 걷습니다. 기진맥진한 상태로 온 힘을 다해 알을 품던 치쿠는 영영 일어나지 못하게 되고, 치쿠를 대신해 노든은 알을 정성껏 품어 드디어 아기 펭귄이 태어납니다. 아기 펭귄과 다시 바다를 떠나지만, 쇠약해진 노든은 다시 사람들에게 발견되고, 치료를 받지만 죽습니다. 혼자 남겨진 아기 펭귄은 노든의 당부대로 바다에 도착할 수 있을까요?

코뿔소 노든은 코끼리 무리에서 살면서도 자신은 왜 코끼리가 아닌지 늘 궁금해합니다. 우리의 삶도 끊임없이 '나는 누구인가'를 묻고 답을 찾아가는 여정이겠지요. 그 답을 찾고 싶다면 이 책을 읽어보세요.

바깥세상으로 떠난 노든의 여정을 나의 삶과 비교하며 읽어보세요. 노든이 여정 중 만난 친구들과 내 주변 사람들을 떠올리며 읽어보면 어떨까요? 또한 힘든 여정 끝에 바다에 도착한 아기 펭귄은 어떻게 되었을지 이야기를 나누어 봅시다.

#어른들을위한동화 #흰바위코뿔소 #코뿔소노든 #펭귄친구 #문학동네어린이문학상대상

『날고 싶지 않은 독수리』

제임스 애그레이 글, 볼프 에를부르흐 그림, 김경연 옮김, 풀빛, 2001, 32쪽

"내 안에 잠자는 나를 깨워라"라는 말이 있습니다. 사람은 변화보다는 안주하려고 하기에 이를 깨려면 어떤 계기나 도움이 있어야 할 것입니다. 날고 싶지 않은 독수리는 어릴 때 잡혀 와 오리나 닭들과 함께 사육장에서 자라납니다. 자기가 닭인 줄 아는 것이지요. 그러던 어느 날 사육장 안의 독수리를 발견한 동물학자는 독수리의 본성을 일깨우려고 손끝에 올려보는 등 갖은 노력을 다합니다. 그럴수록 독수리는 땅 위 먹이에 끌리는 모습을 보이고, 농장 주인은 닭이 된 독수리임을 확인시키며 비웃습니다. 독수리의 본성을 일깨우는 일에 실패할수록 동물학자는 독수리를 품에 안습니다. 마침내 동물학자는 독수리를 데리고 높은 산으로 갑니다. 독수리는 떠오르는 태양을 보고 몸을 부르르 떨며 멈칫하다가 마침내 긴 날개를 펴고 창공을 향해 유유히 날아갑니다.

잠재력은 있으나 주저하는 자녀나 제자를 둔 부모나 교사가 읽는다면 가슴 한 편이 먹먹해질 것입니다. 대상을 사랑하는 마음 없이는 불가능한 것이니까요. 한 발 내딛기 두려워하는 청소년들이라면 주위에 손 내미는 손길을 찾아 날개를 꿈틀거려 보기 바랍니다.

나의 잠재력을 외면한 채 의욕을 잃고 주저앉거나 도피하지는 않는지요? 나를 안타깝게 바라보는 지인이 있나 둘러보세요. 도끼 같은 한 줄 글귀나 짧은 영상이 잠자는 나를 깨우기를 바랍니다. 치료자가 되어 성장을 두려워하는 아이들을 본다면, 그들을 인내와 사랑으로 돌보아 주세요. 보람으로 충만해질 것입니다.

#그림동화 #사육장에서자란독수리 #그래도독수리는독수리 #잠재력을깨우다 #주체적인삶

『민들레는 민들레』

김장성 글, 오현경 그림, 이야기꽃, 2017, 32쪽

민들레는 어떤 모습으로도 민들레일 수밖에 없습니다. 씨앗일 때도, 잎이 올라와서 꽃이 지고 씨앗이 공기 중에 흩어져도 민들레이지요. 어느 곳에 있든지 민들레는 민들레입니다. 들판에서, 도시의 그늘에서, 담벼락에서 자라도 민들레입니다. 사실적이고 따뜻한 그림이 간결한 문장들을 포근하게 품어주는 그림책입니다.

　어떤 모습으로 어떻게 살아도 '자기 자신'은 그 자신이라는 점을 이 그림책은 나지막한 목소리로 들려줍니다. 자신의 정체성이 고민되거나 자신과 다른 사람의 차이에 지나치게 집중하고 있다면 이 짧은 그림책을 통해 '나다움'에 대해 생각해 보면 좋을 겁니다. 또 자존감이 낮아져 있는 경우에도 잔잔한 감동이 밀려올 수 있습니다.

　책의 짧은 문장들은 운율이 있는 시처럼 느껴집니다. 그 문구에 자신의 상황을 하나씩 넣어가며 자신만의 글로 만들어 보아도 좋을 겁니다. "민들레는 민들레" 대신 "OOO은 OOO"과 같이 말이지요. 또 세밀하게 그려진 그림들 속에 숨어 있는 민들레들을 찾아보며 자신이 어떤 환경에 놓여있는지 생각해 보아도 좋습니다. 그 과정에서 서서히 자신을 긍정하고 받아들이는 경험을 하게 될 겁니다.

#사실적이고따뜻한그림책 #나다움에대해　#독서치료추천도서 #볼로냐국제아동도서전수상작

『착한 아이 사탕이』

강밀아 글, 최덕규 그림, 글로연, 2011, 32쪽

이름처럼 달콤하고 반듯한 인상을 주는 사탕이는 누가 봐도 착한 아이
입니다. 그러나 삐딱하게 서 있는 사탕이의 그림자에 고개가 갸웃해집
니다. 엄마 말 잘 듣고 말썽쟁이 동생도 잘 돌본다는 칭찬이 사탕이에
게 굴레가 되어 넘어져도 울지 못하고 동생이 약을 올려도 참기만 합니
다. 그럴수록 사탕이의 무의식인 그림자는 폭발 일보 직전이지요. 의
식과 무의식이 괴리될수록 사탕이의 영혼 없는 눈동자는 멍해지기만
합니다. 참다못한 사탕이의 그림자가 아프면 아프다고, 속상할 땐 속
상하다고 말하라며 거세게 항의합니다. 감정의 찌꺼기를 토해낸 사탕
이는 비로소 해맑은 웃음을 활짝 피웁니다.

　융에 따르면 사람의 마음은 의식과 무의식으로 이루어지는데, 그
무의식이 감추고 싶어 하는 부분을 그림자라고 했습니다. 칭찬이나 억
압이 굴레가 되어 어두운 자기 무의식에 눌려 있는 사람이 있다면, 사
탕이의 활짝 웃는 모습을 보고 그 굴레로부터 해방되었으면 합니다.

　자식에게 굴레를 씌우며 자신의 그림자를 자녀에게 투사해 비난하
는 부모는 아닌지 돌아볼 필요가 있습니다. 그로 인해 자녀가 감당해야
할 그림자가 얼마나 비참할지 생각한다면 그 사슬을 과감히 끊어야겠
지요. 비난이 두려워 속으로만 끙끙 앓는 친구들이 있다면, 사탕이처
럼 용기를 냄으로써 자유를 만끽해 봤으면 합니다.

#사랑이의그림자 #울지않는아이 #착한아이컴플렉스

『체리새우: 비밀글입니다』

황영미, 문학동네, 2019, 200쪽

다현이는 스스로를 트리플 A라고 자처하는 예민하고 상처받기 쉬운 중2 여학생입니다. '진지충'이라는 말을 들을 만큼 성장 의지가 강하지만 또래 사이 '은따' 경험으로 친구 관계에 예민합니다. 그러다 새 학기가 시작되는 날 은유와 짝이 됩니다. 강남에서 전학을 왔다고, 질문에 금방 답하지 않는다고 친구들 사이에서 밉상이 된 은유는 사실 왕따가 두렵지 않은 독립적인 아이입니다. 마을신문을 만드느라 은유와 한 팀이 되었다는 사실만으로도 눈치가 보여 전전긍긍하던 다현이는 서로의 상처를 나누며 은유와 조금씩 가까워지면서 그룹에서 배척되고 신경성 장염까지 앓게 됩니다. "작고 연약해 보이지만 굳건한 생명체, 나랑 닮았다"라고 썼듯, 자신감 없던 다현이는 자신의 체리새우 블로그 대문 글을 "몸집이 자라면 주기적으로 탈피한다. 빈 껍질을 벗고 점프하는 모습이 무척 신비로웠다"라고 바꾸며 당당하게 일어섭니다.

또래들과 어울리며 친구들 집단에 소속감을 느끼는 사춘기 청소년에게 권합니다. 친구 관계가 무엇보다 중요할지라도 자발적 왕따가 두렵지 않은 은유의 모습은 먼저 갖추어야 할 게 무엇인지 알려줍니다.

멤버들 눈치를 보던 다현이가 '어디에도 속하고 싶지 않은' 은유와의 사귐을 통해 단단해지듯 먼저 나 자신에 집중해 보는 것은 어떨지요? 그룹에서 소외될까봐 전전긍긍하기보다는 다른 우호적인 친구들을 둘러보세요. 자신을 신뢰할 때, 체리새우가 껍질을 벗고 점프하듯 친구들과 관계 맺을 때도 당당해질 것입니다.

#체리새우블로그 #나를감추고있는모두에게 #타인의시선 #문학동네청소년문학상

『여행의 이유』

김영하, 문학동네, 2019, 216쪽

"어둠이 빛의 부재라면, 여행은 일상의 부재다"라는 말이 마음을 사로 잡는, 소설가 김영하 씨의 여행에 대한 산문집입니다. 첫 여행은 도착한 곳으로부터의 추방으로 시작됩니다. 시작도 하지 못한 채 바로 돌아와야 했던 여행입니다. 비록 추방되어 여행지로 떠나지는 못했지만, 여행의 목적은 다른 방법으로 이루어 내고 있습니다. 두 번째는 호텔로 가는 여행입니다. 호텔에서 느끼는 평안함은 무엇 때문일까요? 여기서는 안식처가 되어야 할 집이 상처의 쇼윈도이기도 하기에 우리는 자신들의 슬픔을 몽땅 흡수한 것처럼 보이는 물건들로부터 달아나기 위해 여행한다고 말합니다.

이렇게 어디 가서 무얼 보았다는 여행이 아닌, 다양한 여행의 이유를 아홉 편의 이야기로 전하고 있습니다. 오늘날 코로나가 끝난다면 사람들이 가장 갈망하는 것이 자유로운 여행일 것입니다. 연휴만 되면 고속도로 정체가 꼬리에 꼬리를 물고, 명절이 되면 인천공항이 사람들로 북적거리는 모습이 뉴스에 나옵니다. 이렇게 우리가 어떤 대가를 치르더라도 여행을 떠나려는 이유는 무엇일까요?

책 속의 여행을 따라가다 보면 막연히 여행을 갈망했던 우리의 모습 속에 이런 이유가 있었구나 하고 공감이 갑니다. 여러분은 어떤 이야기에 가장 공감하셨나요? 그렇게 여행이 필요한 이유를 찾으셨다면 지금 나에게 필요한 것이 무엇인지도 알 수 있을 것입니다.

#여행산문집 #여행은일상의부재 #호텔로가는여행 #알아두면쓸데없는신비한 #호모비아토르

『내 마음이 잘 지냈으면 좋겠어』

케이터 힐리 글, 인디 그림, 조연진 옮김, 픽(잇츠북), 2021, 178쪽

이 책은 일찍 찾아오는 우울로부터 자신을 지키는 마음을 이해할 수 있도록 도와줍니다. 먼저 우울함과 우울증의 차이를 설명하면서 단계별로 우울을 진단하고 개선할 수 있도록 구성했습니다. 특히 이 책은 우울 증상을 겪으면서도 혼자 고민하는 대상자가 직접 따라 해볼 수 있도록 각 단계를 제시합니다. 구체적으로 마음속 안전한 공간 만들기, 목표와 계획 세우기, 소리 내서 말하기 등을 통해 조금의 의지만 있다면 쉽게 손 내밀 수 있도록 도와줍니다. 또한 우울한 아동이나 청소년을 돕는 교사나 상담사에게도 도움이 될 것입니다.

우울한 마음 때문에 힘든 아동이나 청소년 또는 누구에게도 표현하지 못하고 고민하는 성인들, 자녀가 우울 성향을 보여 고민하는 부모나 우울증을 겪는 이들에게 도움을 주고 싶은 상담사 등이 읽으면 많은 도움이 될 것입니다.

책이 제시하는 내용을 읽으면서 우울 증상에 따른 단계를 알아봅니다. 그리고 실천 방향을 자신에게 적용해 본 다음, 이전과 변화한 점을 메모하고 자신의 마음을 살핀 뒤 색으로 표현해 봅니다.

#우울함으로부터나를지키는 #우울함과우울증 #우울증상단계 #마음속안전한공간
#우울한아동청소년

『우로마』
차오원쉬엔 글, 이수지 그림, 신순항 옮김, 책읽는곰, 2022, 48쪽

우로의 아빠는 화가가 되고 싶었지만 꿈을 내려놓고 포목점의 주인이 됩니다. 그리고 어린 딸이 자신의 꿈을 이뤄주길 바라는 마음으로 유명한 화가에게 그림을 배우게 하지요. 아빠의 권유로 자화상을 그려보기로 한 우로는 자신의 이름과 같은 캔버스 천인 우로마를 발견하고는 몹시 설레는 마음으로 그림을 그립니다. 하지만 완성된 자화상은 다음 날 흘러내린 물감으로 엉망이 되지요. 그렇게 일곱 번이나 반복해서 그림을 그리던 우로는 캔버스에게 거부당했다는 좌절감에 몹시 힘들어합니다. 그러다 아빠가 버린 캔버스 액자를 주워 와 천천히 다시 자화상을 그립니다. 우로는 이제 진짜 자기 모습을 마주합니다. 우로의 자화상은 어떤 모습일까요?

노력을 많이 했지만 넘기 어려운 산이 있습니다. 그럴 때 우리는 다시 도전하거나 포기하거나 다른 방법을 찾게 되지요. 이제 더 이상 도전하고 싶지 않다고 느껴질 때, 나보다 못하다고 생각하는 상대에게 진 듯한 기분이 들 때, 이 책은 '나의 상대는 누구인가?' 하는 생각을 해보게 합니다. 지금 내가 힘든 순간을 마주하고 있다면 우로를 떠올려 보세요. 나만의 우로마는 나를 표현하는 아주 잘 만들어진 좋은 천이니까요.

타인의 눈에 비친 나의 모습과 내가 아는 나의 모습은 같은가요, 다른가요? 자신의 이름을 꼭 닮은 우로마에 그린 우로의 자화상은 어떠했을지 생각해 보세요. 마지막 그림에서 완성된 우로의 자화상은 노란 희망의 색으로 표현되고, 캔버스를 뚫고 화사하게 피어나는 꽃으로 보입니다. 여러분의 자화상을 그려본다면 어떤 모습일까요?

#그림동화 #우로의자화상 #순수한몰입 #넘어서고싶은한계 #안데르센상수상작가

『나를 찾아서』

변예슬 글·그림, 길벗어린이, 2020, 60쪽

작은 물고기는 반짝이는 빛을 발견한 후부터 그 빛들을 자기 몸에 담기 시작했습니다. 빛을 좇는 동안 물고기의 모양과 색은 자신이 찾은 빛들로 물들어 무시로 변했지요. 다른 물고기들은 작은 물고기가 별나게 생겼다며 비웃었습니다. 그런 말에도 신경 쓰지 않았던 물고기는 결국 무서운 눈들 속에 갇혔습니다. 눈들은 물고기가 자신을 잃었다고 했습니다. 그러다 물고기는 자신이 삼켰던 빛들을 모두 토해내고 맙니다. 그리고 비로소 자신이 빛나고 있음을 발견하지요.

자신이 누구인지 분명히 아는 사람은 없습니다. 그래서 자신이 닮고 싶은 대상을 무조건 따라 하거나 자신이 아닌 다른 사람이 되고 싶어 하기도 하지요. 자신의 진정한 모습을 찾는 사람들에게 이 그림책 속의 작은 물고기는 그 방법을 알려줄 수 있을 겁니다.

나를 현혹하는 빛은 무엇인지 생각해 볼까요? 아니면 내가 되고 싶은 나를 이야기해 봐도 좋을 겁니다. 그리고 다른 사람과 다른 나만의 정체성이 무엇인지를 찾아봅시다. 자신을 빛낼 수 있는 것은 자기 안에서 찾아야 한다는 이 책의 메시지와 함께 '나' 자신의 빛을 찾아보면 어떨까요?

#자기를찾아주는그림책 #빛을좇는물고기 #나자신의빛찾기 #나만의빛깔을찾아서

『줄무늬가 생겼어요』

데이빗 섀논 글·그림, 조세현 옮김, 비룡소, 2006, 40쪽

카밀라는 아욱 콩을 좋아하지만 먹지 않습니다. 친구들이 콩을 싫어하기 때문입니다. 학교에 갈 때도 카밀라는 친구들에게 잘 보이기 위해서 옷을 마흔두 번이나 갈아입었지만 마음에 들지 않습니다. 어느 날 카밀라는 거울에 비친 자기 얼굴을 보고 깜짝 놀랐습니다. 머리부터 발끝까지 줄무늬가 생겼기 때문이지요. 친구들이 이상한 자기 모습을 보고 뭐라고 할지 걱정됩니다. 의사 선생님들과 과학자들이 와서 카밀라의 줄무늬를 치료하려고 했지만, 오히려 카밀라의 모습은 괴상해져만 갔습니다. 어느 날 카밀라의 소식을 들은 한 할머니가 찾아와 아욱 콩을 카밀라의 입에 넣어주었습니다. 그것을 먹은 카밀라는 예전의 모습으로 돌아왔답니다.

다른 사람의 시선 때문에 자기 욕구를 숨기는 카밀라의 모습은 참 안타깝습니다. 이 책은 나의 욕구를 알고 떳떳하게 행동하는 일이 중요하다는 사실을 아욱 콩을 즐겨 먹는 카밀라의 모습으로 보여줍니다.

책을 읽으면서 가장 기억에 남는 등장인물이 있었나요? 그렇다면 그 인물에게 나의 마음을 담은 짧은 편지를 적어보세요. 글을 쓰는 동안 내가 왜 그 인물을 기억했는지 자신의 마음을 살필 수 있답니다.

#자기를찾아주는그림책 #아욱콩을싫어하는카밀라 #타인의시선 #친구들에게잘보이기 #진짜나찾기

『우리가 빛의 속도로 갈 수 없다면』

김초엽, 웨일북, 2016, 344쪽

과학은 인간의 감정이나 심리를 생명공학이나 화학적 상태로 설명합니다. 밤하늘의 별과 저 너머의 우주 공간 역시 과학적인 분석의 대상으로 존재합니다. 빅데이터, AI, 챗GPT와 같은 과학기술의 발달은 인간의 고유함이라 자부했던 정신세계의 영역이나 창작의 영역에 대해서도 심각한 논쟁거리를 제공합니다.

김초엽의 SF 소설집에 실린 일곱 편의 이야기는 미래의 과학기술에 대한 상상력을 바탕으로 우리가 살아가야 할 삶의 본질과 가치의 문제에 대해 진지하게 성찰하게 합니다. 포항공과대학교(포스텍) 석사 출신 소설가라는 작가의 남다른 이력은 소설에 등장하는 과학적 지식에 신뢰성을 보장해 준다는 점에서 흥미롭습니다. 하지만 이런 흥미로움은 인간이 가진 외로움, 그리움, 관계성, 고뇌와 같은 본질적인 물음을 향해 간다는 점에서 여타의 SF소설과 달리 인간적이고 자못 심각할 만큼 진지합니다. 마음이 찡하고 아름답습니다.

각각의 작품에서 등장하는 미래의 과학을 현재 진행되고 있는 과학기술을 통해 이해해 가며 읽는 것만으로도 책 읽기의 즐거움을 느낄 수 있습니다. 그리고 4차 산업혁명의 첨단기술에 대한 배경지식을 바탕으로 머지않아 다가올, 아니 이미 시작된 과학기술이 우리의 삶을 어떻게 변화시켜 나갈 것인지 등장인물의 삶을 통해 이야기를 나누어 보면 좋겠습니다.

#SF소설 #따뜻한SF #관내분실 #포항공대출신소설가 #한국과학문학상

Part 6.

꿈꾸며 성장하기
: 나의 길을 알고 싶어요

『주식회사 6학년 2반』

석혜원 글, 한상언 그림, 다섯수레, 2020, 240쪽

CEO가 꿈인 진우가 '주식회사 놀이'를 통해 같은 반 친구들과 진로 탐색을 체험한 이야기입니다. 진우는 담임 선생님께 허락받고 교장선생님까지 설득해 학교에서 주식회사를 운영합니다. 먼저 진우는 자신을 도와줄 직원을 구성하고 사장, 부사장, 회계 등 각각의 역할과 책임을 나눠 같은 반 아이들과 함께 소비와 생산, 저축, 주식 등 다양한 활동을 합니다. 물론 힘든 점도 있었어요. 회사가 성공하려면 경쟁력을 갖춰야 하는 것, 그리고 훌륭한 경영자가 되려면 여러 가지 준비가 필요하다는 사실도 알게 되었죠.

초등학생으로 혹시 직업이나 진로를 고민하고 있나요? 또는 자신이 생각하는 직업을 체험해 보고 싶은데 그저 고민만 하고 있다면 이 책을 읽으며 도움을 받을 수 있습니다.

책을 읽으면서 진우와 친구들이 도전한 주식회사 놀이의 장단점을 이야기해 보고, 자신에게 도움이 될 수 있는지 살펴봅시다. 나아가 자신의 진로나 꿈을 생각해 보고 구체적으로 도전하는 계획을 세워 미래를 상상해 봅시다.

#경제가쉬워지는경제동화 #어린이경제동화 #CEO를꿈꾸는아이 #주식회사놀이

『고양이 섬』

이귤희 글, 박정은 그림, 해와나무, 2019, 152쪽

고양이에게서 전염병이 퍼졌다는 소문이 돌자, 사람들이 고양이를 버리기 시작합니다. 최 여사도 고양이 처리반에 벨과 포크를 넘기려 합니다. 애꾸눈 고양이 덕분에 간신히 도망치지만, 처음에 벨은 거리 생활에 적응하지 못합니다. 여러 일을 겪으며 벨은 씩씩한 길고양이가 되고 어린 고양이 '나비'를 입양해 기릅니다. 사람들에게서 버려진 고양이들은 고양이의 천국이라는 '고양이 섬'으로 가려고 하지만 사람들에게 죽임을 당하거나 병으로 죽게 됩니다. 결국 고양이 섬은 욕심 많은 고양이의 거짓말로 밝혀지고 벨은 헤어졌던 포크와 애꾸눈을 다시 만납니다. 그리고 병에 걸려 죽게 된 나비를 '좋은' 수의사에게 보내기로 합니다.

이 책은 삶의 방향을 잠시 잃었을 때 자신을 확인하는 데 도움이 됩니다. 고양이들을 통해 다양한 삶의 방식을 볼 수 있기 때문입니다. 불행 앞에서 사람들은 각자 다른 모습을 보입니다. 애꾸눈과 포크처럼 앞장서서 싸우거나 룰루나 엄마 나비처럼 다른 사람을 돌보고 위로하는 사람도 있지요. 찰스 경처럼 불평만 하거나 대장이나 살살이처럼 다른 이들을 속이고 희생시키기도 합니다. 고양이들은 저마다 사람들의 다양한 욕망을 대변합니다.

나는 어떤 사람일까요? 어떻게 어려움을 헤쳐 나갈까요? 책에 등장하는 다양한 고양이의 모습에서 나를 찾아봅시다. 세밀하게 그려진 삽화를 이용해 자기 이야기를 해봅시다. 그 과정에서 나의 경험을 다른 사람들과 나누며 자신만의 '고양이 섬'을 찾아갈 수도 있을 겁니다.

#고양이들의모험이야기 #씩씩한길고양이 #사람들의다양한욕망 #2020청소년교양도서

『우당탕 마을의 꿈 도둑』

백혜영 글, 이희은 그림, 뜨인돌어린이, 2021, 96쪽

돼지 씰룩이는 동물 마을에서 해마다 열리는 꿈 대회에 나가려고 열심히 준비했습니다. 그런데 캄캄한 밤 씰룩이 방에 도둑이 들면서 꿈을 까먹게 됐습니다. 얼마 후 동네에 양 아저씨의 꿈 가게가 생기자, 동네 사람들은 이제 꿈을 사기만 하면 된다고 생각하고 열심히 꿈을 사려고 했습니다. 그런데 다시 쫑이의 방에 도둑이 나타났고, 쫑이는 양 아저씨 가게에 갔다가 이상한 점을 발견합니다. 양 아저씨가 이미 쫑이네에 도둑이 든 일을 알고 있었던 것입니다. 수상하다고 생각한 쫑이가 양 아저씨를 경찰서에 신고하자, 그는 조사받던 중에 도망칩니다. 결국 양 아저씨의 정체가 알려지고 그간의 숨겨진 이야기도 밝혀집니다.

꿈이 없거나 자신의 꿈이 없어 답답한 경우, 꿈을 간직하고 준비하는 아동이나 청소년, 꿈을 이루기 위해 힘들어하고 그런 자녀를 지켜보는 부모가 읽으면 많은 도움을 받을 수 있을 것입니다.

왜 꿈이 소중한지, 꿈 도둑 때문에 꿈을 잃은 주인공과 꿈 도둑이 된 치타의 행동에 대해 여러분은 어떻게 생각하나요? 치타가 무엇을 잘못했는지 근거를 들어 논리적 토론을 벌여 봅시다.

#동물들의꿈대회 #돼지씰룩이 #마음에품은꿈

『나미타는 길을 찾고 있어요』

마르 파본 글, 마리아 히론 그림, 엄혜숙 옮김, 풀과바람, 2016, 44쪽

나미타의 가족은 할아버지와 할머니, 엄마와 아빠, 아주머니와 네 명의 동생입니다. 이곳에서 나미타는 항상 자신의 자리를 찾고 있지요. 그런 나미타에게 어른들은 '나미타의 자리'를 알려줍니다. 집안일을 돕는 딸, 동생들을 돌보는 누나, 심부름하는 아이가 바로 나미타의 자리입니다. 놀고 싶고 쉬고 싶은 나미타는 편견과 차별이 있는 그 자리가 불편한데도 꾹 참고 주어진 일을 합니다. 하지만 가족들이 안노와의 결혼까지 강요하게 되자, 나미타는 드디어 자신의 싫은 마음을 표현합니다. 학교 청소를 하며 읽은 책이 나미타의 마음을 변화시킨 것이지요. 나미타는 그토록 기다려 온 자신의 자리를 스스로 찾아갑니다. 나미타의 길은 지금부터 시작입니다.

책을 읽으며 '나미타'의 마음에 공감하게 됩니다. 다른 누군가가 만들어 둔 나의 자리를 정말 내 자리라고 여겼던 적이 있다면 말입니다. 하지만 나의 선택이 아니기에 의문을 품게 되기도 하지요. 정말 이곳이 나의 자리가 맞는지, 이 길이 내가 걸어가야 하는 방향이 맞는지 멈추어 본 적이 있나요? 이 책을 읽어보세요. 아이에게는 미래의 꿈, 청소년에게는 진로, 어른에게는 삶의 방향성과 가치를 생각하게 해줄 거예요.

길을 찾고 자리를 고민하는 나리타. 그 길의 끝에 무엇이 있기를 바랄까요? 방향을 정하고 방법을 찾아간다면 내가 걷고 싶은 길에 가까이 가고 있는 자신을 발견하게 될 거예요. 나미타는 가방을 메고 홀로 서 있는 데서부터 시작했습니다. 여러분의 시작점은 무엇인가요?

#권리와자유에대한그림책 #길을찾는힘찬도전 #내자리는내가 #내가찾는길은어디에있을까

『책이란』

안드레스 로페스 글, 그림, 성소희 옮김, 봄나무, 2022, 37쪽

이 책은 글이 거의 없습니다. 내용도 책에 대한 몇 가지 설명이 전부입니다. 그러나 작가는 다채로운 그림들로 책을 채웠습니다. 책을 옷에 비유했을 때는 큰 무대를 보는 수백 명의 관객이 모두 다른 옷을 입은 것을 보여줍니다. 책을 울음소리라고 했을 때는 초원에 서로 다른 수백 종의 동물을 그려 놓았죠.

이 그림책은 책에 대한 설명처럼 보이지만 책에 대해 생각해 볼 수 있는 모든 가능성을 열어둡니다. 그래서 이 책은 아직 길을 찾지 못한 모든 사람이 읽어볼 만합니다. '책'을 자신이 가고 싶은 혹은 하고 싶은 것으로 바꾸어 볼 수 있으니까요. 그래서 그 앞에 놓인 수없이 많은 가능성을 스스로 찾아볼 수 있습니다.

이 책을 읽을 때, '책'을 '직업'이나 '진로'로 바꾸거나 막연하고 모호한 표현을 좀 더 구체적으로 자신이 고민해야 할 대상으로 바꾸어 보면 어떨까요? 그러면 이 책에 있는 수백, 수천의 옷, 강, 울음소리, 모험, 꿈, 시계, 쉼터에 이어, 마지막 장에서 이 책의 서술자처럼 여러분도 '한 번도 떠올려 본 적이 없는 물음에 대한 대답'을 찾을 수 있을 겁니다. 아이들과 읽을 때는 함께 읽는 분들이 제시어를 주시고, 청소년들과 성인들은 스스로 키워드를 바꾸어 가며 읽어도 좋습니다.

#꼴라주기법그림책 #종이위상상의세계 #책에대한생각 #볼로냐일러스트원화전수상작가

『난 황금알을 낳을 거야』
한나 요한젠 글, 케티 벤트 그림, 이진영 옮김, 문학동네, 1999, 100쪽

어느 시골 농장에 3천3백33마리의 닭이 모여 살고 있었습니다. 닭장은 너무 좁아 닭들이 꼼짝하기도 힘들고 나쁜 냄새로 가득했습니다. 닭 중에 키가 작은 꼬마 닭은 "나는 이다음에 크면 황금알을 낳을 거야"라고 말합니다. 큰 닭들은 꼬마 닭을 비웃지만 꼬마 닭은 자신의 꿈을 이루기 위해서 닭장 밖으로 씩씩하게 나갑니다.

꿈을 꾸고 그것을 행동으로 옮기는 자는 자신의 옆에 있는 사람들에게도 그 꿈의 달콤함을 선사할 수 있습니다. 이 책은 꼬마 닭이 자신의 꿈을 이루는 과정을 닭장의 변화를 통해 유쾌하게 전달합니다. 또한 꼬마 닭은 이룰 수 없는 엉뚱한 꿈을 꾸지만, 큰 닭들은 그 노력이 보여주는 효과가 대단하다는 사실을 몸소 깨달으며 꼬마 닭을 믿게 됩니다. 그것은 꼬마 닭이 알을 낳을 때 과연 어떤 알을 낳는지 큰 닭들이 찾아와 지켜보는 장면에서 충분히 알 수 있습니다.

알을 낳는 닭은 알을 낳고 싶다고 소망하지 않습니다. 그저 일상일 뿐이죠. 그렇다면 꼬마 닭은 왜 황금알을 낳겠다고 말했을까요? 그것은 내가 만들어 내는 것의 소중함, 나의 소중함에 대한 이야기가 아닐까요? 꼬마 닭이 그랬듯이 나의 소중함을 만들어 내기 위해 나에게는 어떤 노력이 필요할지 생각해 보세요. 그리고 지금 내가 할 수 있는 것을 한 가지 적어보고 내일부터 시작해 보세요. 꼬마 닭처럼 말이에요!

#그래도난할거야 #꿈의달콤함 #현실을바꾸는믿음 #엉뚱한상상

나-자아실현-하고 싶은 것 / 모든 연령

『꿈의 궁전을 만든 우체부 슈발』

오카야 코지 글, 야마네 히데노부 그림, 김창원 옮김, 진선북스, 2004, 40쪽.

슈발은 말수가 적고 사람들과 잘 어울리지 않는 괴짜 우체부입니다. 가난한 농가에서 태어나 제대로 학교에 다니지 못해 글을 쓰지 못했던 슈발은 아침부터 밤까지 매일 30km를 넘게 걸어 우편물을 배달하면서 정원, 성채, 탑 등 황홀한 궁전을 상상으로 지었습니다. 어느 날 우편배달을 하던 슈발은 돌부리에 걸려 넘어졌고, 그 돌부리를 본 슈발은 자연이 만든 조각물로 집을 짓겠다고 결심합니다. 슈발은 낮에는 우편배달 일을 하였고 밤에는 돌을 모았습니다. 이렇게 33년 동안 집을 지었고, 슈발이 76세가 되는 해에 꿈의 궁전은 완성됩니다.

상상 속에서 그리던 자신의 꿈을 묵묵하게 하나씩 실행한다는 것은 참 어려운 일입니다. 더욱이 주변 사람에게 외면받을 때는 더욱 그렇습니다. 그렇지만 슈발은 자신을 믿고 긴 시간 동안 자신만의 꿈을 만들어 갑니다. 슈발은 꿈은 언제든 꾸고 이룰 수 있다고 말합니다. 나이와 남은 시간과는 상관없이 말입니다.

이 책을 읽고 가장 기억에 남는 장면을 떠올려 보세요. 왜 그 장면이 기억에 남았나요? 주인공 슈발이 옆에 있다면 그에게 어떤 말을 하고 싶은가요? 질문에 답을 찾는 과정에서 어느새 나의 꿈에 대해 다시 생각해 보고 있는 자신을 발견하게 될 것입니다.

#괴짜우체부슈발 #꿈의궁전 #상상속에서그리던꿈

나-삶의 의미-직업, 올로 / 청소년, 2030, 중년, 노년

『키오스크』

아네테 멜레세 글·그림, 김서정 옮김, 미래아이, 2021, 32쪽

작은 키오스크 안에 앉아 여행 잡지를 읽고 있는 편안한 올가의 모습은 충분히 호기심을 자극할 만합니다. 키오스크는 올가의 인생이나 다름 없습니다. 올가는 날마다 손님들이 뭘 사려고 하는지 손님이 말하지 않아도 이미 알고 있답니다. 하루를 보내고 기진맥진해져서 키오스크를 벗어나고 싶어질 때 올가는 여행 잡지를 읽으며 먼 바다를 꿈꿉니다. 어느 날 우연한 사고로 올가는 키오스크와 함께 도시를 벗어나 여행을 시작합니다. 도착한 곳은 자신이 꿈꾸던 황홀한 석양을 바라볼 수 있는 해변이었고, 그곳에서 올가는 아이스크림을 팔며 삽니다.

요즘 식당이나 카페에서 흔히 볼 수 있는 무인 단말기를 키오스크라고 하지만, 원래는 길거리의 간이 판매대나 소형 매점을 말한다고 합니다. 올가가 하루 종일 앉아 기계 단말기처럼 물건을 파는 모습은 현재 우리가 흔히 보는 키오스크와 다름없어 보입니다. 그렇지만 올가는 행복해 보입니다. 왜냐하면 언제든 자신의 꿈을 향해 떠날 용기를 가지고 있기 때문입니다.

올가가 키오스크 밖으로 나오지 않고 키오스크와 함께하는 이유는 무엇일까요? 이 이유를 알기 위해서는 올가에게 키오스크가 무엇인지 그리고 나에게 올가와 같은 키오스크가 있는지 생각해 보고, 그 이유에 관해 이야기를 나눠보세요.

#꿈을찾아떠나는 #여행잡지를파는올가 #황홀한석양의해변 #2021피터팬상수상그림책

『어서 오세요, 휴남동 서점입니다』

황보름, 클레이하우스, 2022, 364쪽

이 책의 짧은 일화를 하나하나 읽다 보면 어느새 책의 마지막 페이지를 넘기고 있는 나의 모습을 발견하게 됩니다. 책방에서 하루를 시작하고 마무리하는 주인공 영주의 이야기는 책방 운영의 묘미를 알아가는 듯한 묘한 느낌마저 들게 합니다. 북 토크, 글쓰기 강의, 엄마들과의 독서 클럽 등 영주는 책방에서 하고 싶었던 것들을 하며 서점을 운영합니다. 주인공 영주가 그것을 만들어 가는 과정에서 얽힌 관계의 실타래를 풀어가는 모습은 우리 일상의 어려움을 그대로 말하는 것 같아 읽는 내내 가슴을 따뜻하게 합니다.

요즘 많은 사람이 책방을 여는 게 꿈이라고 말합니다. 이 책은 책방을 하려면 어떤 노력이 필요한지를 주인공과 그와 관계된 사람들을 통해 자연스럽게 말합니다. 꿈이 일상이 되었을 때 겪게 되는 많은 이야기를 주인공의 모습을 통해 객관적으로 살필 수 있을 뿐 아니라 꿈을 유지하기 위해서는 또 어떤 노력이 필요한지 이야기해 줌으로써 꿈을 현실로 이어가는 다리 역할을 해주는 책입니다.

지금 내가 '무엇을 하고 싶은지', '무엇을 해야 하는지' 생각해 보세요. 그리고 주인공 영주처럼 '내가 좋아하는 것이 무엇인지', '내가 잘하는 것이 무엇인지' 생각해 보세요. 그리고 그 꿈을 유지하기 위한 나의 노력은 무엇인지도 생각해 보세요. 나에 대한 작은 생각들이 모일 때, 어느새 꿈에 한 발짝 다가선 자신을 발견하게 될 것입니다.

#휴남동서점 #동네책방 #받아들여지고있다는느낌 #책방을여는꿈

『식스팩』

이재문, 자음과모음, 2020, 264쪽

어느 날 자신이 입양되었다는 사실을 아는 순간, 아이는 갑자기 그동안 믿어왔던 모든 사실이 거짓처럼 여겨진다고 합니다. 이 책의 주인공 대한이도 중3 때 그 사실을 알고 나서 끝이 묶이지 않은 동아줄에 붙들려 허우적대는 자신을 봅니다. 부러진 날개로 끝없이 추락하는 느낌을 받게 되지요. 화마로 죽어가면서도 생모는 리코더 소리로 구조 요청을 하여 피붙이 대한이를 살려냈습니다. 구조한 소방대장이 아버지가 되었고, 어린 대한이는 마치 엄마라도 되는 양 리코더를 손에서 떼지 못하고 집착합니다. 고등학교에 진학하고 나서도 모두가 외면하는 리코더부를 부활시키고자 갖은 노력을 합니다. 동아리방을 놓고 체육부와 갈등하면서 식스팩을 자랑하는 정빈이와 철인 3종 경기에서 맞붙게 됩니다. 리코더부를 지키기 위해 다윗과 골리앗 같은 싸움에 도전한 대한이는 무엇을 얻게 되었을까요?

그럴듯한 복근을 지닌 정빈이도 어려서는 뚱뚱하다고 놀림을 받았다는 데서 위로받게 될 것입니다. 대한이가 리코더부를 지키고자 애쓰는 모습을 보면서는 무엇이 가치 있는 일인지 생각해 보았으면 합니다.

자신이 남보다 더 쉽게 잘하는 일은 무엇인지, 어떤 일을 했을 때 남들로부터 잘한다는 말을 들었는지 생각해 보세요. 바로 거기서부터 한 걸음씩 내디디며 차근차근 나아갔으면 합니다. 극복해야 할 아픔은 누구에게나 있습니다. 피하기보다는 부딪쳐 갈 때 단단해진다는 사실을 온몸으로 받아들였으면 합니다.

#미래고리코더부 #벽을넘어서는과정 #감춰진식스팩 #자신만의인생템 #자음과모음청소년문학상수상작

『고래 그림 일기』

신소영 글, 째찌 그림, 보림출판사, 2020, 144쪽

엄마가 돌아가신 후 '나'는 그림을 그리지 못합니다. 그림 대회에 나갈 때마다 상을 받던 나였지만 이제 고래도 고등어처럼 그리게 되었거든요. 결국 나는 이모와 함께 커피 머신을 실은 트럭을 타고 여행을 떠납니다. 내가 그린 그림에서 뛰쳐나온 고래도 트럭의 큰 고래 그림 속으로 들어가 함께 여행합니다. 나와 고래는 바다로 가서 '엄마 향기'를 맡으려 하지요. 그럼 고래는 다시 살아갈 수 있고 아마 나도 힘을 낼 수 있을 것입니다. 모험 끝에 다다른 바다에서 나는 고래와 작별하고 꿈에서 깨어납니다. 그리고 다시 그림을 그립니다.

소중한 사람을 잃고 희망도 잃었던 소녀는 꿈속의 고래를 만나고 다시 힘을 내어 그림을 그리고 자신이 좋아하는 일들을 찾아갑니다. 소중한 뭔가를 잃었거나 뭘 해야 할지 아직 모른다면 '나'처럼 '마음' 속에서 함께 꿈을 찾는 친구를 만들어 보면 어떨까요?

엄마의 죽음으로 모든 희망을 버렸던 소녀가 희망과 미래를 다시 꿈꾸게 된 것은 그림 속의 고래를 만났기 때문입니다. 고래와 함께 소녀는 자신의 상처와 절망이 어디에서 시작되었는지 찾아냈습니다. 그리고 그들의 여행은 늘 한 편의 '시'로 마무리되었지요. 소녀가 그랬던 것처럼 자신의 상처와 절망이 시작된 곳을 찾아보면 어떨까요? 그 여행 과정을 시처럼 혹은 낙서처럼 남겨도 좋겠지요. 소녀가 그린 다양한 모습의 고래 그림을 내 삶에 비춰봐도 좋을 겁니다. 자신의 마음을 그림일기로 써보는 것도 좋겠지요.

#고래그림 #고래와소년의눈부신여름 #소중한것을지킬용기 #목일신아동문학상대상

『아름다운 실수』

코리나 루이켄 글, 김세실 옮김, 나는별, 2018, 56쪽

시작은 이러했어요. 동그란 얼굴에 까만 눈동자를 그리다가 그만 눈동자의 크기가 짝짝이가 되었습니다. 실수지요. 그래서 안경을 그려봅니다. 이제 좀 괜찮은데요. 이번에는 팔꿈치는 뾰족하고 목은 너무 길어졌어요. 실수지요. 하지만 긴 목에는 나풀나풀 레이스와 주름으로 장식하고 팔꿈치에도 장식을 그려주니 이것도 괜찮아졌습니다. 이렇게 그림을 그리는 내내 실수는 반복됩니다. 하지만 실수가 반복되고, 그 위에 그림이 더해질수록 예상치 못했던 모습으로 그려져 나갑니다.

우리는 실수가 두려워 아무것도 시작하지 못할 때도 있고, 나의 실수에 크게 좌절하거나 다른 사람의 실수에 크게 화를 내기도 합니다. 하지만 한 번도 실수하지 않은 사람은 없을 것입니다. 실수라는 단어에 자꾸 신경이 쓰이고 감정이 요동친다면 이 책을 읽어보세요.

실수가 경험이 되면서 아이들은 성장하지요. 어른들도 마찬가지일 겁니다. 제목은 왜 아름다운 실수라고 말하고 있을까요? 아름다운 실수라고 말할 수 있으려면 우리에게 필요한 건 무엇일까요? 책을 읽으면서 이 물음에 답을 찾아가 보세요. 실수라는 단어에 조금은 편안해질 수 있기를 바랍니다.

#짝짝이눈동자 #실수는또다른시작 #실수의짜릿한반전 #볼로냐라가치상수상작

『열한 계단』

채사장, 웨일북, 2016, 408쪽

미디어가 지상파에서 케이블로 다시 1인 미디어와 유튜브 방송으로 확대되는 시점에 '팟캐스트'가 인기를 끌었던 적이 있습니다. 교양 분야에서 이런 시대를 이끌었던 『지적 대화를 위한 넓고 얕은 지식』(약칭 지대넓얕)의 대표 진행자 채사장은 본인의 성장 과정과 함께한 독서의 과정을 자전적으로 기록합니다.

고2 때까지 만년 꼴찌였던 작가에게 벼락처럼 다가온 책 『죄와 벌』 에서 출발하여 종교, 철학, 사회, 과학, 초월의 세계에 이르기까지 가볍지만은 않은 주제들을 자신의 체화된 경험으로 쉽게 풀어갑니다. 채사장이 기획한 '지대넓얕'과 같은 방식을 기성 방송에서 앞다투어 유사한 프로그램으로 만들었던 사실을 생각하면, 이른바 '지식 대중화'의 선봉에 있었던 그의 지적 여정과 함께하는 그 자체로도 흥미롭습니다.

이 책에서 소개하는 책들은 일반 독자가 접근하기에는 너무 어려울 수 있습니다. 따라서 작가의 삶으로 체화된 이야기로 쉽게 접근하는 것만으로도 지적인 즐거움을 얻을 수 있게 됩니다. 이 책을 함께 읽고 자기 삶에 결정적인 영향을 주었던 책에 관해 이야기를 나눠봅시다. 독서 경험과 관련된 자전적 독후감을 작성해 보는 것도 좋은 방법이 될 수 있습니다.

#1인미디어 #지대넓얕 #팟캐스트 #지식대중화 #자전적독후감

책, 질문에 답하다 tip — 나

책을 읽는 사람들의 사연은 저마다 다르고 다양합니다. 저마다 다른 사연 속에서 내가 원하는 것이 무엇인지를 알아가는 것은 나를 알아가는 첫 번째 과정이고 자기 모습을 찾아가는 중요한 과제입니다.

『슬픔을 치료하는 비밀 책』은 자신이 원하고 바라는 것을 생각하기에 좋은 책입니다. 학교에서 친구들과 어울리지 못하고 혼자 생활하는 아이가 있었습니다. 그 아이는 친구들과 함께 있으면 피곤하다며 혼자 지내는 것이 편하고 좋다고 했습니다. 이 아이에게 『슬픔을 치료하는 비밀 책』을 주고 읽게 하였습니다.

이 책의 주인공 롤리는 방학 때 부모님을 떠나 시골에 있는 이모 집에 있으면서 부모님 생각으로 슬픔에 빠집니다. 이를 본 이모가 다락방 보물 상자에 있는 『슬픔을 치료하는 비밀 책』을 찾아주고 롤리는 책에 있는 7가지 처방대로 생활하며 점차 슬픔을 잊게 됩니다.

책을 다 읽은 아이에게 관련 질문을 했습니다. "가장 기억에 남는 장면을 찾아볼까?", "왜 그 장면이 기억에 남았니?" 등의 질문으로 아이가 지금 바라보고 있는 지점이 무엇인지 그리고 그 지점을 통해 아이가 말하고 싶어 하는 것이 무엇인지를 살폈습니다. 그리고 "너도 주인공처럼 비밀 책이 있다면 어떤 것을 도움을 받고 싶니?"라고 하면서 "나만의 비밀 책 만들기"를 했습니다(김현희 외, 『상호작용독서치료사례집』, 학지사, 2010, 259-260쪽). 아이는 자신에게 필요한 비밀 책이 무엇인지 살피는 과정에서 자신이 원하는 것과 도움받고 싶은 것을 자연스럽게 탐색하고 표현하게 됩니다.

아이의 비밀 책 제목은 『게으름을 치료해 주는 일곱 가지 처방』으로, 아이는 자신이 원하는 것이 무엇인지 자신만의 처방을 하나하나

적었습니다.

1. 가만히 있지 마세요. 항상 움직여야 합니다.
2. 할 일을 미루지 말고 지금 바로 하세요.
3. 누워 있지 마세요. 그러면 일어나기 싫어집니다.
4. 잠을 적당히 자세요. 잠을 많이 자면 깨어 있는 시간이 적어집니다.
5. 할 일이 없으면 일을 만드세요. 몸을 가만히 두면 게을러집니다.
6. 계획보다는 실천을 더 중요하게 여기세요. 실천하지 않으면 의미 없습니다.

아이는 아마도 그동안 겪었을 외로움을 게으름이라고 표현한 것 같습니다. 아이가 혼자만의 세상에서 할 수 있었던 것은 무엇일까요? 시간을 보내기 위해 택했을 멍때리기와 잠 그리고 그에 따른 주변의 시선과 평가로, 자신이 게으르다고 생각하게 된 것입니다. 아이는 혼자 지내는 것이 편하고 좋다고만 했지만 아이는 비밀 책 만들기 과정을 통해서 혼자만의 세상에서 이제는 나오고 싶다고 합니다.

| II부 |

책,
관계의 질문에 답하다

Part 1.

누군가와 함께하려면
: 제 이야기 좀 들어보실래요?

『지란지교를 꿈꾸며』

유안진, 아침책상, 2021, 246쪽

친구는 자신의 거울이라고 합니다. 이 책의 표제작인 『지란지교를 꿈꾸며』에는 모든 유형의 친구가 나옵니다. 굳이 말하지 않아도 나를 이해하고 나의 모자란 점도 너그러이 받아들이면서, 수더분하고 수수하여 모든 걸 나눌 수 있습니다. 아무 때나 찾아가도 허물없는 친구들은 또 함께 나이 들며 깊어집니다. 말 그대로 이 글은 난꽃 향기처럼 잔잔히 퍼지는 친구의 사귐을 이야기합니다.

모든 사람은 자신을 있는 그대로 봐주는 사람을 원하지요. 특별하지 않은 점이 오히려 특별하게 느껴지는 친구를 원하는 모든 사람에게 적합한 글입니다. 혹은 사람과의 관계 맺음에 어려움을 겪는 사람이라면 타인과 어떻게 가까워지는지 살피기 좋을 것입니다. 그리운 친구와의 추억이 있는 분이라면 누구나 이 책을 통해 마음이 따뜻해지는 경험을 할 수 있을 겁니다.

구어체로 낭송하기에 적합한 글이라서 소리 내어 읽어보아도 좋습니다. 자신이 친구에게 소망한 바를 글 속에서 찾아봐도 좋습니다. 혹은 진정한 친구는 어떤 친구인지 생각하며 읽는 것도 좋겠지요. 글 속의 단어나 글의 내용을 바꾸어 자신이 원하는 친구의 모습을 패러디한 글로 다시 만들어 보는 건 어떨까요?

#지란지교 #나를그대로봐주는사람 #사람과의관계맺음

『공원에서』

앤서니 브라운 글, 공경희 옮김, 웅진주니어, 2021, 40쪽

공원에 온 두 가족, 네 사람의 이야기는 아이들의 시선을 통해 어른의 고정관념과 자유로움은 무엇인가 생각하게 합니다. 공원 벤치에는 걱정 많은 엄마와 외로운 남자아이가 눈에 들어옵니다. 또한 아버지의 기분을 위로하고 싶어 공원에 온 여자아이도 보입니다. 자신의 걱정 때문에 우울한 엄마와 또 다른 가족은 자유로운 강아지를 부러워합니다. 그러나 아이들은 어떤가요? 공원에서 처음 만났어도 두 마리 개와 자연스럽게 어울려 즐겁고 신나는 시간을 보냅니다. 흥미로운 것은 책 속 등장인물의 마음 상태가 색으로 나타나 찬찬히 들여다보면 이야기를 이해하는 데 도움이 될 수 있습니다.

혹시 자신의 걱정과 고민이 크다고 느껴지나요? 그래서 가족은 물론 이웃에게 무관심해졌거나 모든 게 귀찮고 무기력하다는 생각이 드나요? 부모님이 답답하게 느껴지고 달라지기를 바라는 자녀나 가족이 읽으면 도움이 됩니다.

책을 통해 공원에 있는 사람을 찾아보고 그 상황에 대하여 설명하면서 각자의 인물의 아이들과 어른의 차이점을 살펴봅시다. 보고 어른이 달라져야 할 점은 무엇인지 또한 자신의 상태도 객관적 들여다보기를 통해 자신을 점검해 봅시다.

#앤서니브라운 #가족이야기 #마법같은공감의순간

『곰씨의 의자』

노인경, 문학동네, 2016, 72쪽

햇살이 눈부신 어느 날 곰씨는 의자에 앉아 시집도 읽고, 차도 마시고, 음악도 들으며 마음이 평화로워짐을 느낍니다. 어느 날 몹시 지쳐 보이는 탐험가 토끼와 슬퍼 보이는 무용수 토끼를 자신의 의자에서 쉬게 해주고 위로해 줍니다. 두 토끼는 결혼을 했고, 곧 아이들이 태어났습니다. 아이가 늘어갈수록 곰씨는 의자에 앉아 차를 즐기기도, 음악을 감상하기도 힘들어졌습니다. 토끼들은 매일 찾아왔고 즐거워 보였지만, 곰씨는 전혀 즐겁지 않았습니다. 그렇지만 곰씨는 정작 하고 싶은 말은 꺼내지 못했습니다. 며칠 후 곰씨는 토끼들에게 그동안 말하지 못했던 속마음을 천천히 털어놓았습니다.

누군가와 관계를 맺는 일이 늘 설레는 것은 아닙니다. 거절은 힘이 들 수도 있지만 정확하게 의사 표현을 하는 것이 건강한 관계를 위해 필요합니다. 어떤 이와의 관계에서 고민 중이라면 더 힘들어지기 전에 용기 있는 곰씨가 되어보시길 바랍니다.

책을 읽고 떠오르는 사람이 있었나요? 나는 어떤 상황에서 불편함을 느낄까요? 그때 나는 어떻게 행동하고 있나요? 내가 만약 곰씨라면 토끼 부부와 아이들에게 어떻게 했을지 생각해 보세요.

#어른을위한그림책 #관계를위해필요한용기 #건강한관계를위한거절 #거절의용기

『가만히 들어주었어』

코리 도어펠트 글·그림, 신혜은 옮김, 북뱅, 2019, 36쪽

어느 날 테일러는 뭔가 새롭고 특별한 무언가를 만들고 뿌듯해하고 있었습니다. 그런데 갑자기 새들이 날아와 모든 게 무너져 버렸어요. 슬픔에 빠져 잔뜩 움츠러든 테일러에게 동물 친구들이 다가와 해결 방법을 알려 주지만 테일러는 아무 말도, 아무것도 하고 싶지 않았습니다. 그 누구와도 말이에요. 결국 친구들이 모두 가버리고 혼자 남았습니다. 이때 토끼가 조금씩 다가와 그가 체온을 느낄 수 있도록 함께 말없이 앉아 있어 주었습니다. 시간이 지나자, 토끼에게 함께 있어달라고 말했고, 토끼는 테일러가 소리 지르는 것도, 웃는 것도, 누군가에게 복수할 계획도 모두 들어주었어요. 때가 되자 테일러는 다시 시작할 수 있게 되었어요.

살다 보면 누구에게나 힘들고 지치는 순간이 있습니다. 여러분에게 또는 주변에 테일러가 있지는 않은지 돌아보고 토끼가 되어주세요. 그가 용기 내서 무언가 다시 시작하게 된다면 당신도 행복한 기분을 함께 느낄 수 있을 것입니다.

이야기 속 등장인물 중 기억에 남는 동물은 누구인지, 내가 테일러라면 어떤 위로를 받고 싶은지, 내가 토끼라면 어떻게 위로해 줄지 이야기를 나누어 보세요.

#수용과경청의그림책 #귀기울이며기다려주기 #위로와공감 #위로의방법

관계-가족, 친구-소통, 빈곤 / 청소년, 2030, 중년, 노년

『괭이부리말 아이들』

김중미 글, 송진헌 그림, 창작과비평사, 2001, 280쪽

괭이부리말은 6.25전쟁 직후 가난한 피난민들이 모여 살면서 만들어진 동네로 인천에서 가장 오래된 빈민 지역이며 인천 만석동 달동네의 별칭입니다. 이곳에 사는 초등학교 5학년인 숙자와 숙희는 쌍둥이 자매지만 서로 성격이 다릅니다. 부모가 모두 집을 나간 동수와 동준이 형제, 동수의 친구 명환 그리고 이 아이들을 감싸고 이끌어 주는 영호 삼촌, 김명희 선생님과의 일들이 그려집니다.

지금 내가 처한 상황이 나만 힘들게 겪고 있다고 느껴진다면 이 책을 추천합니다. 사춘기 무렵 아이들의 고민과 성장기에 겪게 되는 갈등 등을 현실적으로 느끼고 주인공들은 어떻게 해결하며 성장해 가는지 생각하며 읽어보세요.

사춘기 시절 나의 고민은 무엇이었을까요? 내가 만약 김명희 선생님이라면, 영호 삼촌이라면 어떤 선택을 했을까요? 숙자와 숙희 자매, 동수와 동준이 형제, 명환이는 어떻게 성장했을지 뒷이야기를 만들어 봅시다.

#만석동달동네 #함께사는일의소중함 #세상모든아이들의동무 #사춘기의고민 #창비좋은어린이책수상

『걸어도 걸어도』

고레에다 히로카즈, 박명진 옮김, 민음사, 2017, 184쪽

10여 년 전 물에 빠진 어린 소년을 구하고 목숨을 잃은 큰아들 준페이의 기일에 매년 온 가족이 모이는 자리에는 요시오라는 청년이 늘 함께 합니다. 요시오는 준페이가 구하고 떠난 아이로 이제는 청년이 된 것이지요. 매년 찾아오는 요시오가 안쓰러웠던 차남 료카는 이제 요시오가 그만 와도 되지 않느냐고 묻습니다. 그러자 어머니는 부모가 되면 이해할 것이라며 그동안의 진심을 털어놓습니다. 가부장적이고 무뚝뚝한 아버지, 상냥하지만 본심을 드러내지 않는 어머니를 통해 가족의 죽음이라는 상처를 안고 살아가는 모습을 보여줍니다.

여러 가족을 통해 가족의 죽음을 바라보는 다양한 시선을 이야기하고 있습니다. 그들은 각자의 상처를 어떻게 치유해 갈까요? 가까운 사이라서 오히려 더 상처받는 가족, 나에게 가족이란 어떤 의미인지 생각해 보세요.

가족의 죽음을 겪게 된다면 어떤 심정이 될까요? 가족에게 미처 하지 못했던 말, 하고 싶은 말이 있다면 따뜻한 차 한 잔과 함께 이야기해 보세요. 다음에, 라고 생각한다면 늦을 수도 있으니까요. 이야기를 나누다 보면 새삼 가족의 소중함과 따뜻함을 느끼게 될 것입니다. 그리고 다시 살아갈 힘을 얻게 될 수도 있습니다.

#고레에다히로카즈 #가깝기때문에상처받은가족 #가족의죽음과소통 #가족영화

『감자 좀 달라고요!』

모린 퍼거스 글, 듀산 페트릭 그림, 김선희 옮김, 책과콩나무, 2015, 40쪽

주인공 빌이 처음 감자를 달라고 했을 때 누군가 건네주었다면 이 놀랍고도 끔찍한 일은 일어나지 않았을지도 모릅니다. 빌이 다시 한번 조금 더 큰 소리로 "감자 좀 주세요"라고 말합니다. 하지만 중요한 일로 바쁜 엄마와 바쁜 일이 중요한 아빠는 자신들의 일을 처리하느라 신경도 쓰지 않습니다. 형은 자신이 좋아하는 책만 보고 있으며, 동생은 텔레비전에 빠져 있지요. 빌은 자신이 투명 인간이냐며 투덜거립니다. 그 순간 빌은 정말로 감쪽같이 사라져 버립니다. 그렇지만 아무도 빌이 사라진 걸 눈치채지 못합니다. 빈 접시를 치울 때까지도요.

우리의 식탁 풍경은 어떤가요. 함께 앉아 있어도 각자의 핸드폰으로 자신이 좋아하는 영상을 보거나 검색하며 식사하고 있지는 않은가요. 누군가 이야기를 하여도 눈은 마주치지 않은 채 자기만의 일을 하며 건성으로 대답만 하는 모습이 우리의 일상은 아닌가요. 혹시 내가 빌이었는지, 아니면 여기에 나오는 다른 인물이었는지 생각해 보세요.

빌이 정말 원했던 건 무엇이었을까요? 감자였을까요? 책 속에서 주인공 빌이 진정 원하는 것을 어떻게 찾아가는지 따라가 보세요. 그러다 보면 내가 가족 안에서 원하는 것은 무엇인지, 가족들이 무엇을 원하는지에 대해 내가 얼마나 알고 있는지 생각해 볼 수 있는 기회가 될 것입니다.

#투명인간빌 #우리집식탁풍경 #빌이진정원하는것

『레몬이 가득한 책장』

조 코터릴, 이보미 옮김, 라임, 2016, 216쪽

칼립소는 암으로 엄마를 잃고 아빠와 둘이 사는 14세 소녀입니다. 아빠는 상처를 안고 레몬 연구로 도피하고 딸에게마저 내면의 힘을 키우라며 소소한 일상을 무시합니다. 따뜻한 저녁과 대화를 잃은 채 책 세상에서 위로받던 칼립소에게 전학을 온 메이가 다가옵니다. 메이 가정의 단란한 모습에 칼립소의 결핍감은 더해갑니다. 아빠가 엄마의 책을 다 빼고 연구용 레몬으로 책장을 가득 채운 것을 본 칼립소는 폭발하고 맙니다. 유일하게 엄마를 느끼게 해준 책들이었으니까요. 그 사실이 학교에 알려져 아빠와 칼립소는 상담 치료를 받게 됩니다. 그곳에서 칼립소는 부모의 알코올 중독이나 조울증 등으로 부모를 돌봐야 하는 아이들을 만납니다. 책 출간이 거절되어 실의에 빠진 아빠 곁에서 칼립소는 결석을 해가며 돌봄을 실천합니다. 자기 안으로 침잠하는 게 아니라 사람들 속에서 생성되는 내면의 힘을 깨달았기 때문이죠.

부모의 이혼이나 질병 등으로 한 부모 가정에서 사는 아이들은 상실감이 큽니다. 더욱이 부모가 아이를 돌보는 것이 아니라 아이가 부모를 책임져야 하는 친구들이라면 책에 나오는 상황들에 공감할 것입니다.

오가는 친척도 없어 적막한 가정에서 살고 있지는 않나요? 외로움에 처해 있는 친구들끼리 단짝을 찾는 용기를 내어보세요. 칼립소가 단짝 친구 메이를 만나 생활에 활기를 얻은 것처럼 생기를 얻을 것입니다. 부모를 돌봐야 하는 상황일지라도 칼립소가 실의에 빠진 아빠를 위해 학교도 결석하며 함께 하듯 상처를 보듬어 주길 바랍니다.

#칼립소와메이 #사람에게는사람이필요하다 #내면의힘 #부모를돌보는아이들 #레몬책장

『쿵쾅! 쿵쾅!』

이묘신 글, 정진희 그림, 아이앤북, 2020, 40쪽

공동주택 거주 비율이 날로 높아지고 있어 아파트 공화국이라 해도 무방할 정도입니다. 이에 따라 심각한 문제들도 늘 대두되는데 그중 벽을 타고 울리는 층간소음 문제는 끊이지 않습니다. 위층 사람이 아무리 조심하려 해도 밑에 사는 사람이 소리에 민감하다면 갈등이 발생할 소지가 더 큽니다. 특히 기운이 넘치는 소년들에게 가만히 있으라는 말이 통할 리가 없겠지요. 이 책의 두 형제가 슈퍼맨 놀이를 하고 뛰어다니니 아래층 할아버지가 연신 올라와 코끼리가 사느냐며 잔소리합니다. 그래서 앉아서 블록 쌓기를 하는데 가혹하게도 이번에는 딱따구리가 사느냐는 핀잔을 듣습니다. 견디다 못한 할아버지도 아이들 심정을 이해하셨는지 결국 묘수를 내게 됩니다.

무신경하다가도 신경 쓰기 시작하면 더 예민하게 들리는 것이 층간소음입니다. 이 문제로 골머리를 앓고 있는 사람들에게 할아버지의 묘수 같은 합의점을 만들어 가길 권해봅니다.

층간소음에 시달리다 못해 이사까지 결심하고 있나요? 신경이 예민해지다 보면 서로 네 탓, 내 탓 따지기가 쉽지요. 이런 상황에서 지혜로운 할아버지의 묘수는 무엇이었나요? 서로 조금씩 양보해 합의점을 찾을 수 있는 상황의 사례를 들어봅시다.

#이웃에대한관심 #이웃간의소통 #층간소음

『이파라파냐무냐무』

이지은 글·그림, 사계절출판사, 2021, 64쪽

평화로운 마시멜롱 마을에 어느 날 검고 큰 털북숭이 괴물이 나타납니다. 작은 마시멜롱들에 비해 검고 큰 털북숭이 괴물은 두려운 존재였지요. "이파라파냐무냐무"라고 외치는 털북숭이 괴물의 말에 마시멜롱들은 각종 해석을 쏟아내며 무서운 괴물을 무찌를 계획을 세웁니다. 마시멜롱들의 무차별 공격에 털북숭이 괴물은 눈물을 쏟아내며 다시 한번 또박또박 이야기합니다. "이빨 아파 너무너무." 그것이 털북숭이 괴물이 도움을 요청하는 말이라는 사실을 알게 된 마시멜롱들은 털북숭이 괴물의 이빨을 치료해 주고 그와 친구가 됩니다.

말은 전하는 사람의 감정을 담고 있습니다. 그래서 따뜻함이 전해지기도 하지만 때론 오해를 불러일으키기도 하지요. 그렇기에 자기 생각과 마음이 상대방에게 잘 전달되었는지 확인하는 과정이 필요합니다. 소통에 어려움을 겪는 사람이나 자기 생각을 상대에게 잘 전하고 싶은 아이라면 이 책을 읽어보세요.

아이에게 책 중간 질문을 던져가며 함께 보면 좋습니다. 마시멜롱처럼 친구의 말을 오해했던 경험이 있었는지도 이야기해 보면 좋습니다. 소통은 서로의 상황과 처지를 의심하지 않고 인정해 주는 것에서 시작됩니다. 잘못 들었다고 생각된다면 한 번 더 물어보고, 실수로 다른 단어를 말했다면 바로잡을 수 있는 시간이 있습니다. 조금만 용기 낸다면 말이지요.

#코믹스유아그림책 #마시멜롱마을 #큰털복숭이괴물 #사랑스러운해프닝 #볼로냐라가치상

『막다른 골목의 추억』

요시모토 바나나, 김난주 옮김, 민음사, 232쪽

일 때문에 다른 지역으로 전근 간 약혼자의 연락이 뜸해지자, 미미는 그의 집을 찾아갑니다. 그러나 그곳에서 약혼자와 결혼을 진행 중이라는 다른 여인에게서 둘의 관계에 대해 듣게 됩니다. 마음을 정리할 시간이 필요한 미미는 막다른 골목의 끝에 있는, 문을 닫기 직전인 외삼촌의 샌드위치 가게에서 잠시 지내기로 합니다. 집을 떠나본 적 없는 미미가 처음 갖는 혼자만의 시간이었습니다. 그곳에서 점장으로 일하는 니시야마를 만나게 되고 그를 통해 외로움이 사라집니다. 행복이 무엇인지, 그동안 누구에게도 말하지 못했던 마음도 털어놓게 되고, 그동안 몰랐던 자신에 대해 알아가고 살아갈 힘을 얻게 됩니다.

　힘든 일을 겪고 삶의 의미를 잃어버렸다거나 '왜 하필 나에게 이런 시련이 닥치나' 하는 생각이 드시나요? 누군가 원망스럽거나 주위 탓으로 여겨진다면 이 책을 읽어보시길 권합니다. 책을 읽으며 내가 미미가 되어 헤쳐 나가는 상상만으로도 다시 일어설 힘을 얻게 될 수 있을 것입니다.

　살면서 나에게 가장 힘들었던 일은 무엇이었나요? 그런 일이 닥친다면 나는 어떻게 하고 있는지 생각해 보세요. 나에게도 니시야마 같은 사람이 있나요? 만약 처음으로 혼자만의 시간을 갖게 된다면 무엇을 하고 싶을지 상상하며 읽어보세요. 또 다른 재미를 느낄 수 있을 것입니다.

#영화원작소설 #천천히사라지는아픔 #왜하필나에게 #전환점 #부산국제영화제초청작

『낮술 1』

하라다 히카, 김영주 옮김, 문학동네, 2021, 340쪽

혼전 임신으로 결혼하게 된 쇼코는 남편에 대한 애정 없는 결혼생활을 하는 가운데 무서운 시어머니와의 관계로도 힘들어합니다. 이 책은 그러던 쇼코가 이혼한 뒤 친구들의 도움으로 홀로서기를 시작하는 이야기입니다. 쇼코의 직업은 밤새 깨어 누군가의 곁을 지키는 '지킴이' 업무입니다. 대상은 어린아이부터 노인, 반려동물까지 다양합니다. 쇼코는 고객들의 이야기를 들어주고 공감하며 스스로 살아갈 용기를 얻기도 합니다. 일을 마치고 귀가하기 전 먹는 한 잔의 술과 맛있는 음식이 쇼코에게 유일한 즐거움입니다. 음식을 먹으며 가족이나 친구뿐만 아니라 고객과의 관계에 대해 생각하고 상처도 치유해 가며 새로운 시작을 준비합니다.

음식을 먹는다는 것은 힐링이 되기도 하고 살아갈 힘을 주기도 합니다. 혼자 식사 또는 술을 마신다는 용기 자체가 살아갈 힘을 주는 것은 아닐까요? 나에게 힘을 주는 음식은 무엇일까요? 함께 먹고 싶은 사람은 누구인지 생각해 보세요.

책 속에 등장하는 식당들은 실제 존재하는 맛집이라고 합니다. 언젠가 이 책을 들고 맛집을 찾아다니는 상상을 하며 읽어보시길 바랍니다. 허기가 느껴진다면 부엌으로 가 나만을 위한 요리를 해보는 것은 어떨까요?

#쇼코의홀로서기 #고단한당신 #소울푸드 #음식을먹는다는것

『금이 간 거울』

방미진 글, 정문주 그림, 창비, 2006, 155쪽

이 책 속의 단편들 가운데 『기다란 머리카락』 이야기입니다. 가족 간의 사소한 오해는 불신을 만들고 불신은 불안으로, 다시 공포로 이어집니다. 누군가 자꾸 방에 긴 머리카락을 떨구고 갑니다. 머리카락은 스스로 움직이고 점점 많아져서 집을 뒤덮는데 아무도 그것에 대해 말하지 않습니다. 대신 가족들은 서로를 비난하고 소리를 지르고 짜증을 냅니다. 오해가 풀린 날, 가족들은 각자가 서로를 의심하고 원망했다는 사실을 알게 됩니다. 그래서 집을 가득 채운 움직이는 머리카락을 모르는 척했던 거지요.

가족 안에도 음산하고 불길한, 마치 이 책의 머리카락과 같은 불안이 존재합니다. 오해와 불신과 같은 부정적인 감정은 살아 있는 머리카락을 만들어 내기도 합니다. 가장 가까운 사람인 가족을 믿지 못할 때 불안과 공포가 우리 마음에 들어오기 때문입니다. 그래서 이 책은 가족 간의 갈등을 경험하거나 오해가 있을 때 읽어보면 좋습니다.

가족들은 자신의 마음속에 있는 서로에 대한 오해를 이야기하며 불안과 갈등을 조금씩 해소해 갑니다. 그럴 때마다 머리카락도 조금씩 사라지지요. 우리 가족의 갈등은 무엇일까요? 가족 사이의 오해나 불만을 글이나 그림으로 표현해 보는 건 어떨까요? 직접 말하기가 불편하다면 다른 형태로 표현하며 나누는 방법을 찾아봅시다.

#단편동화모음집 #기다란머리카락 #짜릿한긴장과공포 #상처받기쉬운마음 #오해와불신

『내가 안아 줄게!』

클라우디오 고베티 글, 디아나 니콜로바 그림, 장현정 옮김, 세용, 2020, 46쪽

수달이 서로 안아 주는 겉표지를 넘기면, 수달이 신문을 읽고 있습니다. 신문에는 더 나은 작업 환경을 원하는 숲속 일곱 난쟁이 광부들의 파업, 남극에 불어닥친 한파에 유행성 감기로 고생하는 펭귄 등 다양한 사건 사고들을 전하는 기사들이 실려 있습니다. 세상에는 위험한 일도 많이 일어나고, 불행한 날도 많습니다. 사람들은 그 수많은 문제 속에서 해결 방법을 찾지 못한 채 어려움을 겪으며 살아갑니다. 만약 그렇다면 그 해결 방법을 수달에게 물어보라고 말합니다. 혹시 눈치채셨나요? 수달이 어떤 방법으로 문제를 해결하는지? 바로 포옹입니다.

오늘 하루 여러 가지 복잡하게 얽힌 문제와 다양한 사람과의 만남 속에서 해결 방법은 보이지 않고 내 맘 같지 않게 흘러가셨나요? 그렇다면 수달이 전하는 해결 방법을 하나씩 따라가 보시기 바랍니다. 한 장 한 장 넘길수록 고개를 끄덕이고 미소 짓게 됩니다.

수달의 모습처럼 서로에게 마음이 전해지는 따뜻한 포옹을 해보신 적이 언제였는지 기억나시나요? 그렇다면 나는 언제 이런 따뜻한 포옹이 필요하다고 생각하세요? 또 나의 마음을 담아 따뜻하게 포옹을 해주고 싶은 사람이 있다면 누구인가요? 이런 생각을 해보는 것만으로도 주위가 벌써 따뜻해지는 것 같지요? 오늘은 큰맘 먹고 실천해 보면 어떨까요?

#용기를주는그림책 #행복한수달의문제해결비밀 #수달의포옹

『끼인 날』

김고은 글·그림, 천개의바람, 2021, 40쪽

아이의 하루하루에 어딘가 사이에 끼여 도움이 필요한 상황들이 펼쳐
집니다. 구름 사이에 끼인 하얀 개, 할머니의 이마 주름 사이에 주둥이
가 끼인 모기, 맨홀 구멍에 부리가 끼인 펭귄 등등 끼이게 된 저마다의
사연들도 다양합니다. 이런 친구들을 구해주느라 지쳐 터덜터덜 집에
왔더니 이번에는 엄마, 아빠가 고래고래 소리를 지르며 싸우고 있습니
다. 그런데 자세히 보니 엄마, 아빠 사이에 이상한 게 끼어 있습니다.
아이는 이번에도 엄마 아빠 사이에 끼인 것을 무사히 빼낼 수 있을까요?

우리는 혼자서는 살아갈 수 없는 존재입니다. 사람과의 관계 속에
서 끼이는 상황도 있을 터이고요. 해결하기 어려운 혹은 답이 보이지
않는 답답한 문제들 속에 끼이는 상황에 놓이기도 합니다. 이러한 상황
은 밖에서도 일어나지만, 우리의 보금자리가 되어야 할 가정에서 일어
나기도 하지요. 지금 혹시 지쳐서 터덜터덜 집으로 향하던 아이의 모습
에 공감하고 있지는 않은지요. 어른들 사이의 끼인 상황까지도 해결하
고 있는 아이의 모습이 안쓰럽게 느껴집니다.

여러분은 어떤 장면이 가장 기억에 남으셨나요? 그리고 엄마 아빠
사이에 끼인 것을 해결하기 위해 고군분투하는 아이의 모습에서 어떤
생각이 드셨나요? 이 책은 익살스러운 아이의 얼굴 모습으로 시작하고
있지만, 어쩌면 가볍지 않은 이야기를 우리에게 던져줍니다.

#익살스러운그림책 #응원의그림책 #문제속에끼이는 #싸움요정

『내 꿈은 친구 부자』

조성자 글, 박현주 그림, 좋은책어린이, 2022, 68쪽

친구가 많으면 좋겠다고 생각한 적이 있나요? 이 책은 친구 부자가 되고 싶은 주인공 얼이와 같은 반 친구들의 이야기입니다. 더운 날씨에 긴팔 옷을 입고 와서 반 아이들이 고개를 갸우뚱거리기도 하고, 친해지고 싶어 내미는 과자를 거절해서 오해를 사기도 합니다. 그런데 알고 보니 모두 아토피 피부염 때문이라는 친구의 말 못 할 사정을 몰라서 생긴 일이었습니다. 사실을 알게 된 성완이는 친구의 아토피를 보면서 놀라고, 소라도 어떻게 해야 할지 머리가 아픕니다. 이렇게 서로 잘 모를 때 오해와 갈등이 일어날 수 있습니다. 하지만 이런 문제를 잘 알면 친구 사귀기는 어렵지 않고 자신감도 생길 것입니다.

친구가 없어서 외롭다는 생각이 들거나 혹은 잘 지내던 친구와 사이가 멀어져서 고민되거나 친구를 많이 사귀고 싶은데 생각만큼 쉽지 않게 느껴진다면 이 책이 도움이 될 수 있습니다.

책 속에 나오는 인물을 통해 친구 사이에 오해가 생기는 이유와 그것을 해결할 방법을 알아보고 나에게 필요한 점은 무엇인지 포스트잇에 써서 붙여봅니다. 그리고 내가 친구의 힘든 문제에 도움이 될 방법이 있다면 정리해서 사진을 찍어 저장해 두는 것도 좋을 것입니다.

#친구가많았으면좋겠다 #친구부자가되는비결 #솔직한고백 #진실한우정

『친구랑 싸웠어!』

시바타 아이코 글, 이토 히데오 그림, 이선아 옮김, 시공주니어, 2006, 36쪽

이곳의 아이들은 날마다 함께 놀이섬에서 식사도 하고 놀이도 하면서 하루를 보냅니다. 그러던 어느 날 이유는 알 수 없지만 주인공 다이와 가장 친한 친구인 고타는 주먹다짐까지 하며 크게 싸웁니다. 고타는 나보다 힘이 세서 내가 달려들어도 끄떡없었지만, 나는 고타가 한 번 밀쳐 내자 엉덩방아를 찧으며 나자빠집니다. 분한 마음에 나는 엉엉 울면서 엄마에게 달려갑니다. 놀이섬 선생님께서 화해시키기 위해 다이를 찾아오지만, 다이는 너무 분해서 화해하고 싶은 마음이 없습니다. 다이와 고타는 무사히 화해할 수 있을까요?

내가 다이라고 해도 너무 분하고 속상해서 절대로 화해 같은 건 하고 싶지 않을 것 같습니다. 아이들을 키우다 보면 정말 예상치 못한 일이 많이 생깁니다. 우리 아이가 어떻게 이런 행동을 했을까 하는 경우도 있을 수 있고, 왜 이런 일을 당해야 하는 걸까 하는 억울한 상황에 놓이기도 합니다. 아이들의 다툼이 어른들의 다툼으로 번져서는 안 되겠지만, 문제 해결을 온전히 아이들에게 맡길 수만은 없는 경우도 많습니다.

아이들이 스스로 문제를 해결해 나갈 수 있도록 돕는 어른들의 역할은 무엇일까요? 아이와 함께 책을 읽으면서 아이들에게 어떤 방법으로 문제를 해결하고 싶은지 물어봐 주세요. 혹시 아이가 엉뚱한 이야기를 하더라도, 그것이 그렇게 이야기하는 아이 마음을 잘 살펴봐 줄 계기가 될 수 있습니다.

#감정을바라보는그림책 #나분이아직안풀렸어 #친구와의화해 #천친난만함

『관계의 온도』

김리리 외, 문학동네, 2014, 204쪽

사람들 간의 관계는 늘 어렵지만, 특히 청소년기에는 그 관계가 때로 삶의 가장 큰 부분이 되기도 합니다. 친구가 죽은 뒤 실의에 빠진 소년은 친구가 죽은 아파트 옥상에 몇 번이고 올라가지만, 주민들 누구도 아는 척하지 않습니다. 결국 소년은 친구처럼 옥상에서 바닥으로 추락합니다. 얼굴의 화상 흉터가 무서워 보인다는 이유로 일진이 된 소년은 학교를 그만두고 나서야 자신이 좋아하는 일을 찾고 친구를 사귀게 되지요. 어떤 소년은 뜨개질로 교실에서 인기를 얻기도 하지만, 새 아버지와의 간극을 끝내 좁히지 못합니다.

수록된 7편의 소설은 친구, 가족, 미래의 남편 혹은 주변인들과의 불편한 관계를 다룹니다. 관계의 어려움을 느껴본 사람이라면 이 책의 인물들이 겪는 불편함을 이해할 수 있을 것입니다.

소설 속 청소년들은 때로 아주 사소한 이유로 자신을 놓아버리기도 하고, 별것 아닌 이유로 관계의 단절이나 불편함을 겪습니다. 이 책을 읽으면서 자신에게 질문해 보는 건 어떨까요? 책을 읽는 우리가 그들이 되어서 그땐 왜 그랬을까 하고 자신에게 질문을 던진다면 의외로 답도 쉽게 얻을 수 있지 않을까요? 이 책에는, 문제는 있고 답은 실려 있지 않습니다. 관계는 혼자 만들 수 없기 때문입니다. 그래서 관계에 어려움을 겪는 우리 스스로 답을 찾아 나서야 합니다. 그렇게 하나씩 찾아가는 과정에서 관계를 위해 정말로 필요한 것을 발견할 수 있을 테니까요.

#청소년테마소설 #세가지불안과고민 #관계미래콤플렉스

『미지의 파랑』 1, 2

1. 차율이, 고릴라박스(비룡소), 2019, 196쪽 / 2. 차율이, 고릴라박스(비룡소), 2020, 192쪽

미지는 스킨스쿠버숍을 운영하는 엄마와 함께 살고 있는 소녀입니다. 아직 어리지만 바닷속을 제집처럼 오가는 베테랑 스쿠버이기도 합니다. 해양경찰로 순직하신 아빠를 그리워하면서도 엄마의 재혼을 축하해 줄 정도로 의젓하지요. 그런 미지가 소망하는 것은 단 한 가지, 자신만의 소울메이트를 만나는 것입니다. 친구 때문에 마음을 다친 날, 미지는 바닷속에서 유리구슬처럼 생긴 파랑을 만진 뒤 조선시대로 시간 여행을 하고 인어인 해미를 만나게 됩니다. 절친이 된 둘은 시간과 공간을 뛰어넘어 진실한 우정을 나눕니다.

때로는 가족도 채울 수 없는 마음의 공간이 생깁니다. 그럴 때 진심을 나눌 수 있는 친구는 큰 위로가 됩니다. 엄마의 사랑을 받으면서도 미지는 늘 마음 한 편의 틈을 느낍니다. 그래서 그 틈을 채울 수 있는 소울메이트를 원하지요. 그것은 해미도 마찬가지입니다. 영생을 누리는 인어들의 대장이지만 마음을 나눌 친구를 원하지요. 이 책은 마음을 나눌 수 있는 친구를 바라는 이라면 누구라도 읽어볼 만합니다.

이 책에는 진심으로 주인공들을 아껴주는 주변 사람들이 등장합니다. 이런 좋은 사람들이 있는데도 왜 소녀들은 또 다른 누군가를 원하는 걸까요? 그 이유를 함께 찾아보면 어떨까요? 그리고 너나들이란 어떤 사람인지를 함께 이야기해 보아도 좋겠습니다.

#타임슬립판타지 #소울메이트를찾아서 #마지막소원을찾아서 #시공간을뛰어넘는우정

『백설공주는 왜 자꾸 문을 열어 줄까』

박현희 글, 뜨인돌, 2021, 208쪽

저자는 동화 속 주인공들을 관용의 마을, 일탈의 마을, 지혜의 마을로 불러 모아 우리가 그동안 당연하게 받아들였기에 놓쳐버린 이야기에 대해 다시 읽기를 시도합니다. 벽돌로 만든 집이 가장 좋은 집이라는 아기 돼지 삼 형제 이야기에서 "튼튼한 집만 좋은 집일까" 하는 질문을 던지고, 그 의미가 무엇인지 이야기합니다. 그리고 백설공주가 어려움을 겪으면서도 "왜 자꾸 문을 열어 줄까" 하는 질문을 던져 백설공주의 행동에 어떤 심리가 작용하고 있었는지도 콕 집어 말해줍니다. 이러한 시도를 한 것은 동화 속 주인공의 삶을 통해 우리가 사는 세상의 진짜 모습을 바라보게 하기 위해서라고 합니다.

이 책의 저자는 의문과 의심으로 우리가 익숙하게 알고 있는 동화의 내용을 꼬집어 다시 읽기를 하면서 학교에서 만나는 아이들을 더 많이 이해하게 되었다고 합니다. "왜 우리는 동화를 읽으면서 아무런 의심도 없이 받아들였을까?" 저자의 새로운 시각에 힘입어 우리는 우리가 사는 세상의 진짜 모습을 생각해 볼 수 있습니다.

먼저 책을 읽기 전에 차례에 제시된 질문과 동화 중에서 하나를 선택하세요. 그리고 제시된 질문을 생각하며 동화를 읽어보세요. 그동안 알고 있던 동화 속 주인공의 삶을 통해 우리가 사는 세상의 진짜 모습에 대해서 다시 한번 생각하는 시간이 될 것입니다.

#동화로만나는사회학 #사고의틀에서벗어나기 #물론의세계 #미심쩍은동화의세계

『마음아 안녕』

최숙희 글·그림, 책읽는곰, 2018, 44쪽

내 주위에는 온통 괴물들뿐입니다. "빨리 먹어! 빨리 씻어! 빨리 가자! 빨리빨리." 빨리빨리 괴물이 나를 다그칩니다. 천천히 하면 나도 잘할 수 있는데. "아, 그래? 어, 그래 그래그래." 끄덕끄덕 괴물은 와글와글 괴물들의 얘기는 잘도 들어주면서 내 말은 잘 듣지도 않고 고개만 끄덕 끄덕합니다. 나도 하고 싶은 말이 많은데…. 말할까, 말하지 말까, 그러 지 말라고… 내 마음을 어지럽히는 괴물들입니다. 아이는 어떻게 괴물 들이 하는 괴물 짓을 멈추게 할 수 있을까요?

내 마음이 불편할 때 상대와 문제가 생기지 않으면서 내 마음을 전 달한다는 것은 보통 어려운 일이 아닙니다. 그러기 위해서는 제일 먼저 내 마음이 왜 불편한지 들여다보는 것이 필요합니다. 나의 속도와 상대 방의 속도가 맞지 않아서 불편한 것인지, 내 마음은 가려둔 채 상대방 에게만 맞추다 보니 마음이 점점 어려워지는 것은 아닌지. '말할까, 말 하지 말까, 말할까' 하고 고민하는 아이의 모습이 왠지 낯설지 않게 느 껴집니다.

빨리빨리 괴물, 끄덕끄덕 괴물, 메롱메롱 괴물을 보면서 생각나는 사람이 있나요? 아이들과 함께 괴물들의 이야기를 하다 보면 아이들 마음속 이야기도 나누어 볼 수 있습니다. 또 그림책 속 괴물의 모습 중 내 모습은 없었는지 찾아보세요. 그리고 내 마음은 안녕한지 자신에게 물어보면 좋겠습니다.

#마음치유그림책 #빨리빨리괴물 #끄덕끄덕괴물 #메롱메롱괴물 #와글와글괴물 # 말할까말하지말까 #싫은건싫다고 #좋은건좋다고

『우리 아빠가 좋은 10가지 이유』

최재숙 글, 김영수 그림, 아이세움, 2012, 32쪽

주인공은 아빠가 좋은 이유들을 하나씩 이야기해 줍니다. 내가 벌 받고 있을 때 나를 달래주고 큰소리 뻥뻥 치며 엄마를 혼내주는 아빠가 좋습니다. 하지만 아빠가 엄마의 눈치를 본다는 것을 난 다 알고 있지요. 또 팔에 울룩불룩 알통이 있는 아빠가 멋있어서 좋습니다. 그런데 아빠는 왜 옆구리에도 알통이 있을까요? 완벽과는 거리가 먼, 어딘가 어설프고 서툰 구석이 가득한 모습이지만, 아이에게 아빠는 정말 든든한 존재입니다.

바쁘다는 핑계로 아이와 시간을 많이 보내지 못하는 부모님들이 많습니다. 그중에서도 아빠와의 추억이나 경험은 더 적은 것 같습니다. 빈틈이 많고 실수가 많은 책 속의 아빠가 그래서 더 정감이 가고 친숙하게 느껴집니다. '아빠'라는 두 글자 뒤에 생각나는 것이 별로 없다면, 이 책과 함께 아빠의 모습을 그려보는 시간을 만들어 보세요.

아이가 아빠를 좋아하는 진짜 이유는 무엇일까요? 아이와 함께 '우리 아빠가 좋은 10가지 이유'도 나누어 보고, '아빠와 함께하고 싶은 10가지'로 응용도 해봅시다. 이렇게 아이의 마음을 들여다보았다면 이제 엄마 아빠가 실천할 때입니다. 더 늦기 전에 말이지요.

#가족그림책 #아빠를향한아이의사랑 #아빠가좋은이유 #어설픈아빠

『알사탕』

백희나 글·그림, 책읽는곰, 2017, 48쪽

낙엽이 흩날리는 공원에서 동동이가 혼자 구슬치기를 하고 있습니다. 친구들은 만날 자기들끼리만 놀아서 혼자 놀기로 했습니다. 혼자 하는 구슬치기가 재미없었는지 강아지와 함께 걸어가는 뒷모습이 어깨가 축 처져 있습니다. 집에 가는 길에 들른 문구점에 그동안 보던 것과는 다른 구슬이 있습니다. 문구점 할아버지께서 그 구슬은 아주 달달한 알사탕이라고 하십니다. 알사탕을 가지고 집으로 돌아온 동동이는 하나를 조심스레 먹어봅니다. 그러자 갑자기 이상한 소리가 들리기 시작합니다. 소파가 말을 하는 것입니다. 하지만 입 안의 사탕이 녹아 사라지자 들리던 목소리도 사라집니다. 다른 알사탕을 먹은 동동이는 또 어떤 소리를 들었을까요?

우리는 다양한 형태의 관계 속에서 그것들을 잘 유지하기 위해 많은 에너지를 쓰며 살아갑니다. 직장 동료나 학교 친구뿐 아니라 가족과의 관계도 우리를 힘들게 하고 어렵게 할 때가 많습니다. 이런 상황에서 상대방의 진짜 속마음을 몰라 답답하고 발만 동동 구르게 되기도 하지요. 나에게도 알사탕이 있다면 이럴 때 참 좋을 것 같습니다.

알사탕이 딱 한 개만 주어진다면 누구의 어떤 이야기를 들어보고 싶은가요? 아마 그 사람이 지금 당신에게 가장 중요한 사람이 아닐까요? 오늘 그 사람과 함께 알사탕을 대신할 수 있는 맛있는 음식 하나 사이에 두고 함께 시간을 가져보시는 건 어떨지 조심스레 권해봅니다.

#백희나그림책 #동동이 #진짜속마음 #마음이따뜻해지는그림책

『애매한 사이』

후카자와 우시오 글, 김민정 옮김, 아르띠잔, 2019, 208쪽

셰어하우스인 '티라미수 하우스'에는 여섯 명의 여성이 함께 지냅니다. 저마다 사연은 달라도 갈 곳이 없다는 공통점이 있지요. 부모에게 버림 받았거나, 남자에게 속아 돈을 모두 잃었거나, 외국인 노동자로 최저 시급을 받으며 일하고, 이혼당한 후 아이를 볼 수 없게 된 여성도 있습니다. 한집에서 지내면서도 이들은 서로 관계를 맺지도, 교류하지도 않습니다. 가끔 식비를 아끼기 위해 함께 밥을 먹을 뿐이지요.

소통이 부재한 현대 사회와 그 속에서 살아가는 고단한 여성들의 모습을 한눈에 볼 수 있습니다. 타인과의 교류가 어려운 경우 혹은 생계의 어려움을 겪거나 마음 둘 곳이 없는 분들은 여섯 여성의 이야기를 들어보면 어떨까요?

옴니버스로 구성된 이 책은 각기 다른 여성들의 이야기를 나누어 들려줍니다. 그들의 이야기에서 나와 비슷한 사람을 찾을 수 있을 거예요. 경제적으로 어렵거나 주거가 불안하고 취업하지 못했거나 혹은 가족과 단절된 그들의 이야기를 들으며 나는 또 어떤지 살펴볼 수 있을 거예요. 그리고 그들이 어떻게 세상에 나가야 할지 생각해 보는 것도 좋겠습니다.

#여성전용셰어하우스 #티라미수하우스 #도움의부재 #간신히숨쉬며살아가는

『어제저녁』

백희나 글·그림, 책읽는곰, 2014, 28쪽

한 건물에 거주하는 다양한 동물이 작은 소동을 경험합니다. 개 부부의 양말 한 짝이 보이지 않자, 부부가 짖기 시작하고 그 소리에 양이 놀라 털 속에 열쇠를 떨어뜨리고 토끼집의 아이 여덟 명은 놀라서 마구 뛰었지요. 산양이 여우를 초대했는데 고양이가 배달하는 케이크가 도착하지 않았고, 스케이트를 타러 가던 얼룩말은 양을 도와 털 속에서 잠동사니들을 꺼내줍니다. 결국 양말은 크리스마스 장식으로 쓰일 뻔했지만, 쥐 부인이 발견해 개 부부에게 다시 돌아갔고, 그들이 부르는 기쁨의 노래에 토끼 아이들이 잠이 들고, 케이크는 무사히 배달되어 산양과 여우의 우정도 지킬 수 있었습니다. 일련의 사건들은 서로 연결되어 소동을 일으켰지만 하나씩 해결되어 모두 평화로운 저녁을 맞았습니다.

최근에는 아파트나 빌라처럼 다른 사람들과 함께 살아가는 일이 늘면서 사소한 갈등도 많아졌습니다. 뉴스는 그로 인해 일어나는 끔찍한 사건들을 전하지요. 이 그림책은 그런 일들이 아주 작고 사소한 데서 시작되며 작은 노력으로 해결될 수 있다고 말합니다. 주변의 누군가와 불편한 관계에 놓였다면 그림책을 보며 잠깐 웃어보는 건 어떨까요?

나는 이 다양한 동물 중에 누구와 비슷할까요? 성격을 비교해 봐도 좋겠고 나의 상황에 맞추어 봐도 될 거예요. 내가 겪는 문제는 이 소동 속 어느 동물과 비슷한지도 찾아보면 좋겠습니다. 그리고 아주 사소한 데서 시작된 소동이 또 아주 작은 배려로 해결되는 것처럼, 우리가 겪는 문제들의 원인과 해결 방법도 아주 작은 것에서 찾아볼 수 있을 겁니다.

#백희나그림책 #유쾌한아파트 #동물들의작은소동 #사소한갈등의해결 #2020아스트리드린드그렌상

Part 2.

성장의 열매를 맺기까지
: 한 걸음 한 걸음 함께 걸어가 볼까?

『귤의 맛』

조남주, 문학동네, 2020, 208쪽

중학교 영화동아리에서 만난 소란과 다윤, 해인, 은지는 매일 붙어 다니는 네 명으로 통합니다. 중학교 3학년을 앞두고 제주도로 여행을 떠난 아이들은 충동적으로 같은 고등학교에 진학하자는 약속을 하고 타임캡슐에 넣어 묻습니다. 그리고 이 약속을 둘러싸고 각각의 아이들의 집안 환경, 가족, 친구의 이야기를 풀어나갑니다. 타임캡슐에 묻은 약속은 지켜졌을까요?

이 책은 학창 시절 누구에게나 있을법한 이야기를 네 명의 아이를 통해 보여줍니다. 작가는 왜 제목을 '귤의 맛'이라고 했을까요? 궁금증을 안은 채 책을 읽어봅시다. 책을 읽고 생각나는 단짝 친구들이 있나요? 지금 그 친구들은 어떻게 지내고 있는지 전화 또는 문자로 소식을 전해보세요.

각자의 사춘기를 떠올려 보고 나는 네 아이 중 어떤 아이였는지 생각하며 읽어봐도 좋습니다. 사춘기 자녀와 함께 읽는다면 부모님의 중고등학교 시절과 지금 자녀의 중고등학교 시절 이야기를 함께 나누며 공감대도 형성하고 마음의 거리를 좁힐 수 있을 거예요.

#함께라서가능한 #초록의시간 #타임캡슐에묻은약속 #82년생김지영작가

『특기는 사과, 취미는 반성입니다』

조은혜 지음, 아퍼블리싱, 2021, 226쪽

이 책은 초등학교 입학 6개월 전, ADHD 진단을 받은 아이를 키우는 엄마의 이야기를 담고 있습니다. 내 아이가 그냥 산만했던 아이가 아니라 ADHD라는 사실에 놀라기도 했지만, 지금까지 그래왔던 것처럼 아이에게 평범한 또래의 일상을 주고 싶었던 엄마의 마음을 읽을 수 있습니다. 아이와의 일상에서 오는 경험과 작은 에피소드들이 서로 다른 처지에서 나오는 입장의 차이를 생각해 보게 합니다. 상황에 맞는 실질적인 육아 팁도 나와 있습니다.

아이와의 관계가 어려운 엄마들, 우리 아이가 산만하다고 여기는 엄마들이 보면 좋은 책입니다. 아이의 세계를 이해하기 어렵거나 엄마의 자리가 버겁다고 생각될 때 이 책을 한번 읽어보세요. '나 같은 사람이 또 있구나' 하는 생각과 함께 마음이 한결 편해지는 위로를 받을 수 있을 것입니다.

처음부터 읽는 것보다는 목차를 보고 필요한 부분을 먼저 읽는 것도 좋습니다. 엄마들에게 알려주는 학교생활과 육아 팁은 천천히 보고 실천해 보세요. 아이로 인해 힘들더라도 아이로 인해 행복한 엄마의 일상을 보며 나를 투영해 보세요. 우리가 모두 부족하기에 조금씩 노력해야 한다는 작가의 말이 어느덧 나를 토닥이는 따스한 손길로 느껴질 것입니다.

#ADHD학교에가다 #ADHD자녀를둔부모의이야기 #조금다른존재 #고군분투의기록 #산만한아이

『얼굴 빨개지는 아이』

장 자끄 상뻬 글·그림, 김호영 옮김, 열린책들, 2013, 122쪽

꼬마 마르슬랭은 아무 이유 없이 얼굴이 빨개져서 친구들에게 놀림당하고 사람들에게 오해받으며 외톨이가 되어갑니다. 어느 날 재채기를 하는 르네가 마르슬랭이 사는 건물로 이사를 오고 서로의 모습에 관심을 가지며 정말 좋은 친구가 됩니다. 그런데 갑자기 르네가 이사를 떠나게 됩니다. 그 때문에 소식이 끊어졌지만, 마르슬랭은 르네를 잊지 않았지요. 세월이 흘러 나이를 먹은 마르슬랭은 여전히 얼굴이 빨갰답니다. 바쁘게 일상을 보내던 마르슬랭이 버스 속에서 재채기 소리를 듣고 르네라는 사실을 알아차리는 것처럼, 르네도 빨간 얼굴을 보고 금방 마르슬랭을 알아봅니다. 마르슬랭과 르네는 아직도 좋은 친구랍니다.

나를 알아주는 친구가 하나만 있다면 온 세상을 다 가진 듯 힘이 생깁니다. 마르슬랭과 르네가 그랬던 것처럼요. 마르슬랭이 르네에게 다가가고 서로에게 정성을 다하는 모습은 관계의 어려움을 극복하는 과정이라고 볼 수 있습니다.

나에게 어떤 친구가 필요한지, 나는 어떤 친구가 되고 싶은지 이 책의 등장인물을 통해서 이야기해 보세요. 내가 원하는 관계에 대한 해답을 찾는 기회가 될 것입니다.

#어른을위한동화 #얼굴빨개지는마르슬랭 #재채기하는르네 #나를알아주는친구 #관계의어려움

『친구의 전설』

이지은 글·그림, 웅진주니어, 2021, 72쪽

옛날 옛날 한 옛날에 성격 고약한 호랑이가 살았습니다. "떡 하나 주면 안 잡아먹지"라고 외치던 호랑이 말입니다. 동물들 사이에서도 말썽쟁이로 낙인찍혀서 어디에도 어울리지 못하는 외톨이 호랑이. 하지만 무섭다기보다는 어딘지 모르게 측은해 보이는 호랑이입니다. 한숨 늘어지게 자던 호랑이는 시끄러운 소리에 잠에서 깹니다. 바로 호랑이 꼬리 끝에 붙어버린 꼬리 꽃이 시끄럽게 내는 소리 때문이었죠. 꼬리 꽃은 호랑이를 누렁이라 부르고 서로가 서로에게 붙어버렸다며 신경전을 벌입니다. 어쩔 수 없이 수다쟁이 꼬리 꽃과 함께 다니게 된 호랑이는 꼬리 꽃 덕분에 동물 친구들과 함께하는 경험을 하게 되지요.

전래동화 속 무섭게만 느껴졌던 호랑이가 여기에서는 친구들에게 다가가는 방법을 잘 몰라서 혹은 친구들의 선입견으로 외롭게 지낼 수밖에 없는 모습입니다. 바로 우리 주변에서 흔하게 볼 수 있는 서툴지만 친근한 모습이지요. 외톨이 호랑이는 앞으로 어떻게 될까요? 꼬리 꽃과 호랑이는 언제까지 이렇게 함께 다니게 될까요? 꼬리 꽃 덕분에 조금씩 친구들과 함께하는 방법을 배워가는 호랑이의 모습에 흐뭇한 미소가 지어집니다.

친구에게 다가가는 것을 어려워하는 아이들과 함께 보면서 어떤 장면이 가장 기억에 남았는지 물어본다면 아이와 함께 많은 이야기를 나눌 수 있을 겁니다. 더불어 호랑이처럼 한 걸음씩 성장하는 아이의 모습도 발견하는 시간이 되셨으면 좋겠습니다.

#유쾌하고다정한상상 #눈호랑이와꼬리꽃 #친구에게다가가는방법 #어린이뮤지컬

『무슨 벽일까?』

존 에이지 글·그림, 권이진 옮김, 불광출판사, 2021, 40쪽

책 가운데 높다란 벽이 있습니다. 벽으로 인해 왼쪽과 오른쪽으로 나뉜 공간은 웬만큼 높은 사다리가 있다고 해도 쉽게 넘어갈 수 없지요. 벽의 왼쪽에는 갑옷을 입은 꼬마 기사가 있습니다. 벽의 오른쪽에는 생김새는 귀여워도 위험해 보이는 호랑이와 코뿔소와 같은 동물들이 있지요. 이들 사이를 가로막고 있는 이 벽은 동물들로부터 꼬마 기사를 안전하게 지켜주는 고마운 벽입니다. 그런데 책장을 넘길수록 꼬마 기사가 있는 왼쪽 상황이 조금씩 변합니다. 정말 이 벽만 있으면 꼬마 기사는 안전할까요?

요즈음 너무나 많은 정보의 홍수 속에서 가짜뉴스들로 몸살을 앓습니다. 그로 인해 참과 거짓을 구별하지 못하고 잘못된 정보가 자신의 신념이 되어버리기도 하지요. 이렇게 만들어진 신념으로 인해 세상과 소통하지 못하는 사람들이 많아지고 있는 것 같습니다. 또는 주변 사람들에게 상처받아 자신만의 세계로 숨어버리기도 합니다. 이렇게 내가 만든 벽으로 인해 오히려 나는 점점 더 어려워지고 마음의 짐은 무거워지기만 하지요.

나도 모르게 쌓고 있었던 벽은 없나요? 있다면 나는 어떤 벽을 만들었나요? 그 벽은 나에게 안식처가 되어주었나요? 아니면 걸림돌이 되었나요? 그리고 책 속의 꼬마 기사처럼 그 벽을 넘어가려면 나에게는 무엇이 필요한지도 생각해 보세요. 이런 시간을 통해 나는 얼마나 소통하면서 살아가고 있는지 점검해 볼 수 있을 거예요.

#인성그림책 #편견의벽허물기 #언제마음의벽을넘을까 #배려와용기의힘 #2020볼라냐라가치상수상

『메두사 엄마』

키티 크라우더 지음, 김영미 옮김, 논장, 2018, 44쪽

보름달이 유난히도 밝은 밤 두 여자가 어딘가로 급히 걸어가고 있습니다. 노란색 기다란 머리카락으로 온몸이 감겨 있는 메두사가 아이를 낳는 날이었어요. 두 여자의 도움으로 메두사는 사랑스러운 딸을 낳았습니다. 딸 이리제는 엄마인 메두사의 머리칼 속에서 살아갑니다. 메두사는 자신이 조가비이고 딸은 진주라고 생각하며 자신의 머리칼 속에서 낮잠을 재우고 머리칼로 밥을 떠먹여 주며 정성을 다해 키웠어요. 어느덧 학교에 갈 나이가 되었는데도 메두사는 자신의 머리칼 속에서 아이를 떠나보낼 생각이 없습니다.

부모에게 아이는 정말 무엇과도 바꿀 수 없는 소중한 존재입니다. 그런데 그런 부모의 사랑이 때로는 아이를 성장하지 못하게 하는 경우도 많습니다. 헬리콥터맘이라고 들어보셨나요? 아이들이 성장해 대학에 들어가거나 사회생활을 하게 되어도 헬리콥터처럼 아이 주변을 맴돌면서 온갖 일에 다 참견하는 엄마라고 합니다. 사랑해서 하는 나의 행동이 오히려 아이와의 관계를 더 어렵게 만든다면, 이 책을 통해 나는 어떤 부모인지 생각해 보면 좋겠습니다.

메두사 엄마라는 제목과 온몸을 휘감은 메두사 엄마의 머리카락을 보고 어떤 생각이 들었나요? 부모가 아이를 양육할 때 최종 목표는 아이의 건강한 독립이라고 합니다. 그렇다면 나는 현재 어떤 부모이고 앞으로 아이에게 어떤 부모가 되고 싶은지 한 번쯤 되돌아보는 기회가 될 거예요.

#엄마그림책 #헬리콥터맘 #캥거루맘 #아이와함께성장하는엄마 #아스트리트린드그렌상

『시큰둥이 고양이』

소피 블랙올 글·그림, 김서정 옮김, 주니어RHK, 2022, 40쪽

고양이를 키우자고 조른 지 427일째, 드디어 엄마, 아빠 그리고 누나에게서 고양이를 키워도 좋다는 허락을 받았습니다. 그동안 조르고 조른 덕분이지요. 하지만 그냥 허락해 주신 것은 아닙니다. 고양이 밥도 챙겨야 하고, 화장실도 치워야 하고, 할머니에게 메일도 쓰고, 하루에 20분씩 책 읽기 등등 책임져야 하는 일들이 참 많습니다. 하지만 엄마, 아빠의 마음이 변하기 전에 모두 하겠다고 대답합니다. 드디어 유기묘 보호소에서 고양이 한 마리를 데리고 왔습니다. 이름은 맥스라고 지었지요. 그런데 어쩐지 맥스는 친구들의 고양이와 다르게 시큰둥하기만 합니다. 이 시큰둥한 고양이는 주인공과 어떻게 친구가 될 수 있을까요?

요즘 외동인 아이들도 많고, 결혼이 늦어져서 혼자 지내는 시간이 길어지거나 자녀들을 모두 출가시킨 후 노부부만 남는 가정이 늘어나고 있습니다. 이렇게 다양한 이유로 반려견이나 반려묘를 키우는 가정들이 많습니다. 그중에서도 아이의 성화에 반려동물을 키우는 경우라면 이 그림책의 상황에 아주 공감이 될 것입니다. 반려동물과 함께한다는 것은 하나의 생명과 함께한다는 것이지요. 반려동물을 키우기 전 어떤 준비가 필요할까요?

반려동물과 함께하기 위해서는 당연히 책임과 의무가 중요합니다. 이 책은 반려동물과 어떻게 좋은 친구가 될 수 있을지에 더 중점을 두어 이야기하고 있습니다. 반려동물 키우려고 계획하고 있다면 그 전에 생각해야 하는 고민을 적어서 나누어 보면 좋겠습니다.

#반려동물그림책 #고양이맥스 #반려동물과친해지기 #유기동물보호소 #유쾌하고
따뜻한기적

Part 3.

함께 또는 홀로
: 나답게 살기 어떻게 하고 계세요?

『결혼에도 휴가가 필요해서』

아리(임현경), 북틈, 2020, 320쪽

결혼 후 책임감과 의무감으로부터 자유로워지기 위해 아이가 일곱 살이 되었을 때 인도네시아 발리 우붓으로 떠나는 저자의 이야기입니다. 그곳에서 요가도 하고 춤도 추며 본연의 자신과 마주합니다. 저자는 남편이 한국 생활을 정리하고 우붓으로 오자 남편이 일할 수 있는 곳을 찾아 다시 말레이시아 조호르바루로 떠납니다. 그는 휴식 같은 시간을 보내고 나면 가족과 일상을 다시 사랑할 힘을 얻을 수 있다고 이야기합니다.

가족을 돌보느라 자신을 잊은 채 아내로, 엄마로, 며느리로 사는 동안 에너지가 방전되었다면 혼자만의 시간을 가져보는 것도 좋을 듯합니다. 꼭 여행이 아니더라도 먹고 싶은 음식을 사 먹거나 예쁜 카페에서 시간을 보내거나 읽고 싶었던 책도 거침없이 구입하는 등으로 일상에서 오롯이 나에게 집중하고 나만의 시간을 가지길 권합니다.

가장 편안한 장소에서 좋아하는 음료 한 잔과 최대한 느리게, 우붓에 있는 나의 모습을 상상하며 책을 읽어보세요. 책에 담긴 사진을 보는 것만으로 여행을 떠난 기분을 느낄 수 있습니다. 이 책은 가장 나다운 모습으로 자유롭게 나만의 여행을 꿈꾸는 분들에게 용기와 위로가 되어줄 것입니다.

#우붓으로떠나는이야기 #남편없이떠나는여행 #내안의목소리 #자신만을위한시간

『소년과 두더지와 여우와 말』

찰리 맥커시 글·그림, 이진경 옮김, 상상의힘, 2020, 128쪽

궁금한 것이 많은 소년은 집으로 가는 길에서 두더지를 만나게 되어 함께 걷습니다. 길을 가다가 소년과 두더지는 덫에 걸려 있는 여우를 만납니다. 두더지는 작은 이빨로 쇠 덫을 갉아 여우를 풀어주고 함께 걷습니다. 여우는 살아오면서 받은 상처로 인해 대체로 침묵을 지키고 경계심이 큽니다. 다시 길을 걷다가 말을 만납니다. 말은 많은 경험과 지혜를 지니고 있습니다. 그들은 함께 걸으며 친절과 용서, 두려움과 사랑에 관해 이야기를 나눕니다. 소년과 두더지와 여우와 말은 제각기 달라도 함께 걷습니다.

혼자라는 기분에 외롭다고 느껴진다면 이 책을 읽어보길 권해드립니다. 지금 여러분의 곁에 어떤 이유로 힘들어하는 친구나 가족이 있다면 함께 읽어보세요. 등장인물 중 나와 닮은 동물에 대해 서로 이야기 나누어 보세요.

작가는 인사말에서 다른 사람들에게 더 많은 친절을 베풀기를 원하고, 필요하다면 언제든 도움을 청하길 바란다고 이야기합니다. 내가 친절을 베푼 경험 혹은 힘들 때 도움을 청했던 경험이 있었다면 무엇이 었는지 이야기를 나누어 보세요. 책을 읽으며 떠오르는 사람이 있다면 그 사람에 대해 이야기를 나누어 보아도 좋아요.

#다른생각같은길 #희망의대화 #우정과사랑 #용기있는일

『완벽한 아내를 위한 레시피』

카르마 브라운, 김현수 옮김, 미디어창비, 2021, 452쪽

2018년에 살고 있는 앨리스는 남편의 뜻에 따라 교외에 있는 1956년 넬리가 살던 집으로 이사 옵니다. 어느 날 앨리스는 지하실에서 넬리의 요리책을 발견하고 책에 있는 레시피를 따라 음식을 하며 넬리에게 관심을 둡니다. 그리고 이웃 샐리를 통해 넬리 부부에 대해서도 알게 됩니다. 넬리의 남편은 완벽한 가정으로 보이려고 그녀의 의견은 무시한 채 넬리에게 임신을 강요합니다. 앨리스의 남편 역시 그녀의 의견은 존중하지 않은 채 아이를 갖기를 원합니다. 앨리스는 점점 자신을 잃어가는 것 같으면서도, 넬리의 편지와 레시피북을 통해 그녀에게 동질감을 느끼면서 어느새 넬리를 따라 하는 자신을 발견합니다. 자신의 인생을 위해 스스로 결단을 내린 넬리처럼 엘리스 역시 자신의 삶을 바꾸고자 노력합니다. 앨리스는 과연 어떤 레시피를 선택할까요?

완벽한 아내의 역할은 무엇일까요? 다른 시대를 살고 있지만 여성에게 원하는 역할은 크게 달라지지 않는 것 같습니다. 일과 결혼, 임신 등 여성의 역할에 대해 고민하고 있다면 이 책을 읽어보세요. 책에 등장하는 다양한 여성의 모습에서 나를 발견할지도 모릅니다. 그리고 그 여성들이 어떻게 고민을 해결해 나가는지 관심 있게 살펴보세요.

지금 가정에서 서로의 역할에 대해 고민하고 있다면 부부가 함께 읽어보길 권합니다. 남편이 생각하는 완벽한 아내, 아내가 생각하는 완벽한 남편 그리고 완벽한 가정이란 무엇인지 서로 이야기 나누어 보기 바랍니다. 생각의 거리가 좁혀지지 않을까요?

#결혼스릴러 #완벽하고치명적인레시피 #완벽한아내의역할 #비결은복수재료는남편

『순례 주택』

유은실, 비룡소, 2021, 256쪽

순례 주택은 세신사를 하며 순례 씨가 이룬 때 탑입니다. 전월세를 구하기 힘든 요즘 같은 세태에 빌라 '순례 주택'에 사는 사람들은 복도 많습니다. 인생을 관광객이 아닌 지구별을 여행하는 순례자로 살고 싶은 순례 씨를 주인으로 두었으니까요. 순례 씨는 일정한 액수의 돈이 차면 잔고 터는 날을 정해 내가 쓴 돈만이 내 돈이라며 무작정 남을 위해 씁니다. 보증금이나 월세도 턱 없이 싸서 광에서 인심 나듯 이 주택에 사는 사람들은 김치, 라면, 커피 등을 공유하는 옥탑 공간에서 서로 돕고 삽니다. 아버지 소유의 아파트에서 주인 행세하며 살면서 빌라 사람들을 대놓고 무시하는 수림이 부모와는 대조적이지요. "순례하는 나그네는 짐이 가벼워야 한다", "관광객은 요구하고 순례자는 감사한다"라는 철학을 지닌 순례 씨를 보면서 내가 진 짐들이 가볍게 느껴집니다.

땀 흘리지 않고 쉽게 돈을 벌어보려는 세태에 작가 유은실은 순례 씨의 입을 빌려 명쾌하게 일침을 놓습니다. 진정한 어른이란 "자기 힘으로 살려고 애쓰는 사람들"이고 "땀 흘리지 않고 돈을 버는 건 순례 씨 스타일이 아니다"라는 말은 인생을 좀 더 건강하게 살아보려는 이들에게 행복한 마음이 들게 할 것 같습니다.

인생의 값진 교훈들을 위트 넘치게 펼쳐간 글을 읽으며 각자의 삶을 맑은 샘물에 비추어 삶의 얼룩들을 지워가면 좋겠습니다. 하나라도 더 움켜쥐려는 세상에서 순례하는 나그네가 되어 덜어가는 기쁨을 누릴 수 있기를 바랍니다.

#세신사순례씨 #단짠단짠위로 #인생의순례자 #순례하는나그네는짐이가벼워야한다

『시저의 규칙』

유준재, 그림책공작소, 2020, 52쪽

시저는 이름처럼 숲의 거대한 제왕 악어입니다. 바위같이 커다란 덩치로 매복해 있다가 기회가 오면 모든 걸 집어삼킵니다. 약육강식, 그게바로 숲의 규칙이고 시저의 규칙이지요. 어느 날 시저는 바람결에 떨어진 둥지의 알이 너무도 작아 키워서 먹기로 합니다. 시저가 알을 품고먹이까지 물어다 주며 보살피자, 새끼들은 시저를 엄마인 양 졸졸 따릅니다. 아기 새들이 훌륭한 먹잇감으로 자라는 동안 그들은 덩치만 커졌을까요? 살기 위한 본능에 충실한 시저이지만 낯선 자기 모습에 갈등하는 장면은 잔상을 오래 남깁니다. 메말라가는 호수 안에서 시저 자신도 배고파 죽을 지경이지만 시저는 큰 입을 벌려 포효합니다. 정든 새들은 떠나보내고 시저는 다시 본연의 규칙을 따라 한 걸음 내딛습니다.

약육강식이 지배하는 생존경쟁의 정글에서 살아남기 위해 애쓰는 현대인들에게 권합니다. 우리가 함께 가꾸고 지켜나가야 할 규칙이 무엇인지 생각해 봅니다.

모든 걸 집어삼키는 제왕 악어 시저는 먹이사슬의 최상위 포식자 인간의 또 다른 모습입니다. 지구라는 행성에서 인간 상호 간에 또는 서로 다른 종끼리 같이 보듬고 살아갈 진정한 규칙을 생각해 보았으면 합니다.

#숲의제왕악어시저 #우리사회의규칙 #조화로운사회로한걸음더

『오직 두 사람』

김영하, 문학동네, 2017, 272쪽

세상에 오직 두 사람만이 같은 언어를 사용한다면 당신은 어떻게 하시겠습니까? 주인공 현주는 언어의 독방에 갇힐 것이 두려워 말을 조심하겠다고 합니다. 어느 날 아버지가 쓰러지고 병원에 선 현주는 자신의 기억 속에서 아빠와 자신만이 존재한다는 것을 알게 됩니다. 주말마다 같이 영화를 보고 여자 친구처럼 함께 수다를 떨며 쇼핑하던 아빠, 어린 딸의 우상이던 아빠는 더 이상 존재하지 않습니다. 아빠와 딸, 두 사람에게 무슨 일이 있었을까요?

인간은 태어나서부터 관계를 맺고 산다고 합니다. 이는 인간에게 관계가 가장 중요한 숙제와 같다는 걸 말하는 것이겠지요. 누구나 한번쯤은 관계 때문에 좌절을 경험합니다. 다양한 관계 속에서 어려움을 느끼고 힘들어하는 분이라면 아빠와 딸의 이야기를 통해 내가 맺고 있는 관계를 돌아볼 수 있을 거예요.

이 책을 읽으면서 가장 기억에 남는 장면이 있나요? 있다면 왜 그 장면이 기억에 남는지 함께 생각해 보세요. 그리고 등장인물을 보면서 내 주변에 어떤 사람이 떠올랐나요? 왜 그 사람이 떠올랐는지 이야기해 보세요. 질문에 답을 생각하면서 내가 느끼는 관계의 어려움을 객관적으로 살펴볼 수 있을 겁니다.

#김영하단편소설 #성숙한아이러니 #관계의숙제 #옥수수와나 #아이를찾습니다

『안녕, 나의 작은 새』

로랑 모로 글·그림, 박세한 옮김, 베로니카이펙트, 2022, 40쪽

새의 알에서 작은 아이가 태어났습니다. 새는 아이를 사랑했고 아이의 모든 것을 함께했습니다. 새는 언젠가 아이가 먼 곳으로 떠나가리라는 걸 알고 있었지요. 다만 새는 아이와 함께 하루하루 큰 소리로 웃으며 보내기를 바랄 뿐입니다. 아이가 잠시 보이지 않자, 새는 더럭 겁이 납니다. 아이를 다시 찾은 새는 마음속으로 말합니다. 언젠가 아이가 더 멀리 날아가도 자신은 늘 그 곁에 있을 거라고요.

단순한 그림체에 화려한 색감의 이 책은 부모와 자녀 사이 관계와 애정을 설명하기 좋습니다. 초보 부모에게 이 책은 그들이 얼마나 자녀를 기다렸는지 그리고 사랑하는지 설명합니다. 성년이 되어 자녀가 부모를 떠났을 때도 그게 당연한 거라고 위로합니다. 또 아직 어린 자녀에게는 부모가 그들을 얼마나 사랑하는지 알려줍니다. 막 자립하려는 자녀에게는 그것이 당연하다는 점을, 그래도 부모님은 그들을 사랑한다는 것을 알 수 있게 합니다. 특히 '빈 둥지 증후군'을 경험한 분이라면 이 책을 통해 치유를 위한 답을 찾을 수 있을 겁니다.

이 책은 부모 입장에서 쓰였지만 자녀의 입장으로도 읽을 수 있습니다. 어린 자녀와 읽는다면 새의 말을 자신의 말로 바꾸어 보아도 좋을 것입니다. 또 각 상황에 대해 자녀에게 새처럼 솔직하게 감정을 보여주는 것도 좋습니다. 이 책에서 알에서 나온 '새'는 인간의 아기로 표현됩니다. 그 이유가 무언지 자녀들과 찾아보면 어떨까요? 또 책에서 반복되는 '날개'로 '날아간다'는 말이 각자에게 어떤 의미가 있는지 함께 이야기를 나누어 봅시다.

#엄마사랑그림책 #소중한너 #빈둥지증후군 #엄마가되어가는느낌

『잊었던 용기』

휘리 글·그림, 창비, 2022, 44쪽

겨울방학을 지나면서 친한 친구와 서먹해졌습니다. 같은 반에 방과 후엔 늘 같이 보냈는데 방학 동안 만나지 못하니 어색해졌어요. 한 번 놓친 인사는 더는 하지 못하게 되고 말도 건넬 수 없게 된 거죠. 그래서 용기 내어 친구에게 편지를 쓰고 기다렸지요. 마침내 친구는 답장을 보냈고 그 편지에서 친구는 나를 '용감한 아이'라고 불렀습니다.

풍경화처럼 예쁜 그림 속 아이들은 아주 작습니다. 서로 하염없이 바라보면서도 인사도 없고 말도 건네지 않는 게 참 답답하기도 하지요. 누구나 이런 경우가 있지 않나요? 사소한 이유로 혹은 이유도 알 수 없이 조금 멀어진 관계들 말이에요. 다시 말을 건네고 인사하고 싶은데 용기가 나지 않습니다. 그런 경험이 있는 사람이라면 이 어린 소녀의 행동이 얼마나 용감한지 알 수 있겠지요. 누군가와 관계가 소원해진 경험이 있는 사람이라면 이 그림책을 통해 방법을 찾을 수 있을 겁니다.

처음 아이들의 쭈뼛거림은 큰 풍경 속에 작은 모습으로 그려집니다. 그러다 용기를 내어 편지를 쓰고 답장을 받으면서 아이들은 풍경보다 훨씬 크고 밝게 그려지지요. 그런 모습들을 하나씩 확인하는 것만으로도 아이들의 용기가 느껴져서 마음이 따뜻해집니다. 그리고 독자들은 자신은 어떻게 관계를 회복할 수 있는지 생각해 볼 수 있을 겁니다. 그 방법은 사람마다 다르겠지만, 이 책 속의 그림에서 아이들의 모습이 점점 커지고 겨울이었던 풍경이 봄날의 꽃들로 가득해지는 것처럼 서먹해진 사람과의 소통도 봄볕처럼 따뜻해질 수 있겠지요.

#수채화같은그림책 #친구에게마음전하기 #어색한사이 #먼저마음을여는방법 #용감한아이의다정한용기

『여자 둘이 살고 있습니다』

김하나 · 황선우, 위즈덤하우스, 2019, 280쪽

대가족 중심의 가족 공동체가 급격히 해체되고 핵가족을 넘어 1인 가구조차 흔해진 요즘입니다. 평균 결혼 연령은 해마다 늦어지고 출산율이 계속 떨어집니다. 결혼하고 아이를 낳는 것조차 이제 당연한 삶의 과정이 아니라 선택의 영역에 존재하는 듯합니다. 정부에서는 매년 대책을 내놓고 있지만 여간해서 이런 흐름을 바꾸기는 어렵습니다.

사회적으로 어느 정도 안정되고 인정받으며 싱글 라이프의 삶을 살았던 두 여자 김하나, 황선우는 우연한 계기로 '조립식 가족'을 만들어 함께 살기로 합니다. 집을 구하고, 집을 꾸미고, 서로의 영역을 공유하고 나누는 삶의 이야기, 함께 살면서 겪게 되는 에피소드들은 여느 부부들, 가족들이 겪는 그것과 많이 다르면서도 많이 닮아있습니다. 다른 생각과 삶의 방식을 가진 존재들이 공간을 공유한다는 것은 그만큼의 불편함을 동반할 수밖에 없는데, 그들이 만들어 가는 삶의 에피소드는 제법 안정적인 분자 구조를 만들어 냅니다.

이 책은 단순히 '대안 가족'이라는 참신한 소재 너머로 참 많은 이야기를 전달합니다. 혼자 사는 이들은 자신이 만들어 갈 인연과 그 관계에 대하여, 이미 가족을 이룬 이들은 가족 내 '차이로 인한 관계의 부딪힘과 단절'이라는 문제에 관하여 이야기를 나누면 좋겠습니다. 가족이라는 전통적 개념 속 역할과 책임의 영역에서 조금 벗어나 '차이가 공존'하는 가족의 의미, 그런 가족을 만들기 위한 가족 구성원의 역할과 책임에 대해 서로의 생각을 나누어 보는 것도 좋은 방법입니다.

#새로운가족의형태 #혼자도결혼도아닌 #분자가족 #대안가족 #조립식가족 #1인세대주를위한응원

Part 4.

상처를 치유하는 처방전
: 당신 잘못이 아니에요

『완전한 행복』

정유정, 은행나무, 2021, 524쪽

집안 형편상 어린 시절 2년 동안 할머니 집에서 자란 유나는 부모에게 버림받았고, 언니가 자신의 행복을 빼앗았다고 생각하며 자랍니다. 남에게 빼앗기느니 없애버리겠다는 생각을 가진 유나. 그녀는 딸 지유도 자신의 소유라고 생각하고 지유에게 그런 생각을 주입하며 키웁니다. 전남편 서준영이 실종되고, 재혼한 남편 차은호의 아들이 사망합니다. 경찰의 수사가 시작되고 아버지의 죽음에 대한 의문을 가진 유나의 언니와 아들의 죽음에 의혹을 품은 차은호는 유나의 과거를 쫓으며 진실을 알아갑니다.

여러분이 생각하는 완전한 행복이란 어떤 것일까요? 인간은 누구나 행복할 권리가 있습니다. 그렇지만 나와 다르게 생각한다고 해서 틀린 것은 아니며 상대방에게 강요할 수도 없습니다. 가족이기에 더욱 상처받지만, 표현하지 않고 왜곡된 기억에 갇혀 분노만 하며 살아갈 필요도 없습니다.

나를 옭아매고 있는 기억이 있나요? 그 기억은 어떤 기억일까요? 어떻게 하면 그 기억에서 빠져나올 수 있을지 고민해 보세요. 나의 감정을 명확히 알고 잘 표현하고 있는지 되짚어가며 읽어보길 바랍니다. 또한 감정을 잘 풀어가는 방법으로는 어떤 것이 있을지 생각해 보면 좋을 듯합니다.

#자기애의늪 #극단적나르시스트 #사이코패스 #반사회적성격장애 #가스라이팅

『그믐, 또는 당신이 세계를 기억하는 방식』

장강명, 문학동네, 2015, 188쪽

학교 폭력으로 지속적으로 괴롭힘을 당하던 소년은 정신을 잃을 정도로 맞다가 처음으로 저항했습니다. 우연히 길에서 주워 주머니에 넣었던 커터칼을 휘두른 날, 소년은 살인자가 되었습니다. 출소 이후 그는 죽은 친구의 어머니에게 스토킹을 당합니다. 그녀의 거짓말과 모함과 집요한 추적에 저항하지 못하던 그는 결국 그녀에게 살해됩니다. 그가 죽고 동창들이 모여 학교 폭력을 이야기합니다. 학교 폭력은 있었는데 가해자는 내가 아니라면서, 다른 사람의 폭력은 기억해도 자신들이 저지른 학교 폭력은 기억하지 못합니다. 그를 죽인 친구의 어머니처럼요.

이 소설의 등장인물들은 이름이 없습니다. 인물들은 아이, 남자, 여자, 아주머니로 지칭됩니다. 이름이 나오지 않는 것은 익명성이 아니라, 폭력의 고리를 끊지 못하면 가해자와 피해자가 언제든 뒤바뀔 수 있어 폭력을 가하는 사람이 결국 당하는 사람이 될 수도 있다는 의미로 읽힙니다. 이 소설은 폭력 앞에 선 가해자, 피해자, 방관자의 이야기입니다. 학교 폭력의 경험이 있는 모든 사람은 이 소설 속에서 자신을 발견할지도 모릅니다.

소설은 폭력은 피해자의 삶뿐만 아니라 그 과정을 지켜보던 방관자와 가해자의 삶까지 파괴하는 모습을 보여줍니다. 피해자와 가해자를 구분할 수 없게 하고, 모든 사람이 가해자이면서 동시에 피해자로 만드는 폭력의 고리를 목도하게 합니다. 학교 폭력의 해결 방안을 소설 속에서는 찾을 수 없더라도, 독자인 우리가 찾아보는 건 어떨까요?

#학교폭력가해자 #학교폭력피해자 #학교폭력방관자 #문학동네작가상수상작

『그 일은 전혀 사소하지 않습니다』

한국여성의전화, 오월의봄, 2017, 284쪽

가정은 폐쇄된 세계입니다. 그러기에 겉으로는 평화로워 보여도 그 안에서 어떤 일이 벌어지는지 잘 알 수 없습니다. 신체적 폭력뿐 아니라 정서적, 경제적, 성적 폭력까지 범위를 확장해 가면 가정폭력의 수치는 더 커집니다. 이 책은 가정폭력을 견디다 못해 쉼터로 도망쳐 온 여성들이 쓴 수기를 모은 것입니다. 그녀들 남편의 공통점은 연애 시절에 더없이 다정다감했다는 것입니다. 결혼 후 갑자기 돌변하여 사소한 일로 욕설과 물건을 집어 던지거나 따귀를 때리는 걸로 폭력성을 드러내기 시작했습니다. 이런 상황에 부딪히면 대체로 여성들은 자기 탓을 하다가 아이들을 생각해서 참고 살려고 합니다. 매를 맞으면서도 쉽게 이혼하지 못하는 이유는 갈 데가 없거나 경제적으로 살아갈 자신이 없어서라고 합니다. 폭력성의 강도가 점점 세어져 온몸이 만신창이가 될 정도로 맞다가 살해당할지도 모른다는 극도의 순간에 겨우 탈출하지만, 그마저도 남편이 따라오지 않을까 두려워 떱니다.

남편의 폭력성으로 삶의 위협까지 이른 여성들에게 권합니다. 어떻게 해야 할지 막막한 상황에 부딪혔을 때 이 책은 길잡이가 될 것입니다.

가정폭력으로 견딜 수 없는 여성들이라면 우선 그 폭력 상황에서 벗어나야 합니다. 그다음 어디로 갈지 아득할 때 책에서 제시한 쉼터의 문을 두드려야겠지요. 그곳에서 상담받으며 상처를 씻기도 하고 경제적으로도 자립하고 홀로 설 수 있는 기반을 마련해야 할 것입니다.

#가정폭력 #한국여성의전화 #쉼터

『그렇게 나무가 자란다』

김홍식 글, 고정순 그림, 씨드북, 2019, 40쪽

자식을 때리는 아빠는 자신의 폭력 습관이 아이에게 얼마나 깊은 상처를 남기는지 그 심각성을 모르나 봅니다. 이 책은 매 맞는 아이의 시선에서 쓰였습니다. 작가는 아빠의 폭력이 아이에게 폭력 나무를 심고 폭력 열매를 남긴다고 합니다. 나무의 생명력이 얼마나 끈질긴지 자르고 잘라내도 뿌리는 점점 더 깊이 뻗어가지요. 아이는 아빠가 폭력을 휘두른 자리를 폭력 나무에 빗대어 그 열매마다 이름을 붙입니다. 겉으로 드러난 흔적은 사라질지언정 얼룩진 상처는 아이의 가슴 깊숙한 곳에 자리 잡았다는 것이지요. 세월이 흘러 아빠는 나약해졌지만 매 맞은 아이는 자라나 자신의 아이에게 또 다른 나무를 심으며 "내 안의 나무는 베어버릴 수 없을 만큼 자라 있었다"라고 절망합니다.

이 책에는 폭력이 어떻게 대물림되며 아이를 어떻게 망치고 있는지 과정이 잘 나타나 있어 자신의 폭력으로 죄책감에 시달리는 아빠가 읽는다면 당장 악순환의 고리를 끊을 것 같습니다.

폭력 행위자는 먼저 자신의 상처를 돌봐야 할 것입니다. 문제의 원인을 알고 자존감을 회복하는 것이 우선이지요. 아이에게 폭력 나무를 심었다면 그 뿌리의 심각성을 깨달아 아이에게 용서를 구하고 아이가 상처를 다 쏟아낼 때까지 인내하며 받아내야 할 것입니다. 더 나아가 아이에게 기쁨을 주며 돌볼 때 악의 뿌리는 점점 뽑혀가겠지요.

#아빠가심은폭력나무 #나에게심은폭력열매 #폭력의대물림

『사랑에 미치지 마세요』

레슬리 모건 스타이너, 필요한책, 2016, 328쪽

남편에게 맞고 사는 여자는 본인이 자기파괴적이고 무력해서 그렇다는 통념이 있습니다. 그러나 그걸 뒤집기라도 하듯 피해자인 저자는 하버드를 나와 세븐틴 편집위원이었던 금발의 백인입니다. 그녀는 지하철에서 우연히 만난 매력적이고 똑똑한 남자와 결혼해 2년 동안 살았지만 더 이상 남편의 폭력을 견디지 못해 결혼생활에 마침표를 찍게 됩니다. 그녀는 자기의 이야기를 세상에 내놓는 일이 가장 멍청한 일이라는 걸 알면서도 자기처럼 폭력을 감수하며 사는 여성들을 위해 용기를 냈습니다. "왜 맞고 사는 여성은 가정폭력에 정면으로 맞서지 않는가?", "왜 남성은 사랑한다고 하면서도 여자를 때리나?", "폭력 남성은 자기 아이도 학대하는가?" 등의 질문에 저자는 자기가 겪은 일을 바탕으로 폭력 남성의 전모를 소상히 알려줍니다. 대체로 이들은 여자들을 덫에 가두려는 듯 결혼 전에는 백마 탄 왕자처럼 잘해준다고 저자는 말합니다.

가정폭력으로 심신이 무너진 여성들에게 이 책을 권합니다. 저자가 직접 경험한 사례이기에 어둠 속의 실낱같은 희망의 밧줄이 되어 헤쳐 나갈 출구를 찾을 것 같습니다.

폭력을 참으며 관계를 유지해야 하는 것만이 진정으로 상대를 사랑하는 방법은 아닐 것입니다. 서로가 인간으로서 나은 길을 선택할 수 있다면 결단이 필요할 수도 있습니다.

#가정폭력자전적에세이 #왜가정폭력피해자는떠나지않을까 #미친사랑에서탈출하기

『앵그리맨』

그로 달레 글, 스베인 뉘후스 그림, 황덕령 옮김, 내인생의책, 2014, 48쪽

가정폭력에는 여러 원인이 있겠지만, 사회적 스트레스에 적지 않은 영향을 받습니다. 양육자의 무관심과 학대, 과도한 기대, 책임 전가 등은 자녀의 자존감 형성에 큰 상처를 줍니다. 괴물로 변한 아빠가 폭력을 행사하면서 스스로 멈출 수 없음에 본인도 괴로워하지만, 부인이나 자녀는 언제 터질지 모르는 시한폭탄을 안고 사는 것처럼 늘 불안에 떨어야 합니다. 이 불행의 고리를 끊을 수 있는 열쇠는 무엇일까요? 이 책에는 제목에서처럼 아빠는 폭군으로 돌변하고 나머지 가족은 이 방, 저 방으로 쫓겨 다니며 불안에 떠는 모습이 잘 나타나 있습니다. 가정 안에서 일어나는 문제이기에 식구들만의 노력으로는 극복되지 않자, 이웃 주민의 권고로 상담을 받아 회복되는 것을 보여줍니다.

가정폭력으로 시달리는 가족 구성원 모두에게 이 책을 권합니다. 부모가 싸우거나 폭력을 행사하면 아이들은 그 원인을 자기 탓으로 돌리기 쉬운데, 이 책의 아이처럼 용기를 내어 이웃이나 경찰의 도움을 받으면 좋겠습니다.

폭군 아빠는 스스로 제어가 안 되는 폭력성에 괴로워하지만 말고 치료 기관을 찾아 상담받기를 권합니다. 힘을 가진 아빠가 변하면 가족 모두가 행복하기 때문이지요. 괴물로 변해가는 모습에서 알 수 있듯이 폭력성은 점점 그 강도가 심해집니다. 가족들은 도망 다니지만 말고 이웃과 외부 기관에 알려 불행의 구렁텅이에서 벗어나야 합니다.

#가정폭력을다룬그림책 #괴물로변한아빠 #초록우산어린이재단추천도서

『힐빌리의 노래』

J. D. 밴스, 김보람 옮김, 흐름출판, 2017, 424쪽

힐빌리는 미 애팔래치아 공업 지대에 사는 가난한 백인 하층민의 다른 표현입니다. 교육 수준이 낮고 우스운 억양의 사투리를 쓰는 촌스러운 동네이지요. 저자는 유년기에 생부에게 버림받고 마약에 찌든 엄마와 살면서 수많은 아저씨를 아빠라 불러야 하는 환경에서 자랐습니다. 그런 저자가 예일대 로스쿨을 나와 온전한 가정을 꾸리고 산다면 사뭇 그 배경이 궁금해집니다. 저자의 조부모는 젊어서 술 중독과 싸움으로 자식들에게 불행을 안겨주었습니다. 그들의 딸들이 결혼 후 폭력 가정의 덫에 빠지자 그제야 그들은 본인들이 꼬아놓은 실타래를 풀어보려 애씁니다. 이 책에는 불우한 환경을 뚫고 선 밴스의 용기와 그 밴스를 뒷받침한 것은 무엇인지 생각하게 하는 중요한 요소들이 잘 나타나 있습니다.

아동학대를 넘어 아동 살인 등 위기의 가정 문제가 도를 넘고 있습니다. 손주를 떠안은 조손 가정도 심심치 않게 보입니다. 건강한 음식으로 끼니를 챙기는 일이 서툴고 결석과 지각으로 학교생활도 제대로 하지 못했던 저자가 해병대를 거쳐 대학원까지 헤쳐 나온 과정은 가정폭력으로 실의에 빠진 사람들에게 희망의 동아줄이 되리라 봅니다.

"생애주기별 학대 경험 연구"에 따르면 아동기에 학대당한 경험이 많을수록 폭력성이 커진다고 합니다. 아무리 험악한 환경일지라도 저자의 외조부모처럼 가족 중 누군가가 방치된 자식을 품어준다면 더 이상 불행의 씨앗은 자라지 않을 것입니다.

#넷플릭스영화 #가난한사람들의인생 #위기의가정과문화에대한회고 #생애주기별학대경험연구

『다 이아리』

이아리, 시드앤피드, 2019, 440쪽

사랑하니까 집착하고, 사랑하니까 스킨십을 요구하는 것이 진정한 사랑일까요? 그러다 갑자기 폭력을 행사하고 후회하면서 용서를 빈다면 어디까지 받아들여야 할까요? 이아리는 데이트폭력 과정을 웹툰으로 소상히 연재했습니다. 그러는 중에 또 다른 아리들이 수많은 댓글로 자신의 사연들을 털어놓았습니다. 적지 않은 여성이 데이트폭력에 시달린다는 사실을 알 수 있습니다. 이 책에는 폭력을 행사하면서 사랑을 말하는 사람과 맺고 있는 지옥 같은 관계가 잘 나타나 있습니다. 또한 폭력적인 남성으로부터 놓여난다 해도 보복의 두려움에 쫓기고 무너진 자존감으로 무기력하게 된 여성의 모습도 그려집니다. 같은 처지에 놓여 있는 여성들에게 용기를 주고 도움이 되어줄 것입니다.

모두가 이아리라는 이 책의 제목처럼 누구나 이아리처럼 데이트폭력의 희생자가 될 수 있습니다. 폭력적 관계에 갇혀 고민하고 있다면 책에 실려 있는 자기 체크리스트에서 먼저 점검해 봅시다. 연인 관계인 상대의 폭력으로 고통받는 여성들에게 이 책이 출구를 찾는 길잡이가 되어줄 것입니다.

책은 "너의 잘못이 아니야. 그건 사랑이 아니니까"라고 분명하게 말해줍니다. 상대에게 관계를 지속하고 싶지 않다는 의사를 명확히 하고, 동시에 가족이나 친구들에게 알려 기관의 도움을 받으며 안전한 이별을 해야 합니다.

#데이트폭력웹툰 #누구나다이아리가될수있다 #너의잘못이아니아 #그건사랑이아니니까 #데이트폭력체크리스트 #그루밍

『범죄는 나를 피해가지 않는다』

오윤성, 지금이책, 2017, 264쪽

범죄자는 약한 상대를 공격합니다. 어쩌면 그것이 남성보다는 여성에게 범죄 피해 위험이 더 큰 이유일까요? 이 책에서는 여성 대상 범죄만을 다루는데, 전혀 생각지도 못한 일상의 행동들에서 프로그램된 범죄자의 동기가 작동된다고 합니다. 저자는 이러한 여성 대상 범죄를 크게 침입 범죄, 성범죄, 스토킹, 데이트폭력, 몰래카메라 범죄와 기타 범죄로 나눕니다.

늦은 밤 혼자 귀갓길에 어떤 남성이 따라올 때나 누군가가 엿보는 것을 알았을 때 어떻게 대처해야 할까요? 교수나 상사 등 권력자가 강제로 추행하거나, 친절을 베풀면 이를 좋아한다고 착각해서 스토킹 범죄를 저지르는 경우는 또 어떻게 해야 할까요? 저자는 스토커들의 심리적 특성과 이에 대한 대처법도 들려줍니다.

범죄는 날로 진화하는 것 같지만 그 안에서 일정한 패턴을 유지하면서 발생합니다. 따라서 이 책에 제시된 사례들을 살펴본다면 도움이 될 수 있습니다.

이 책은 다양한 범죄 사례를 통해 여성의 안전을 위한 범죄 심리를 알려줍니다. 더불어 비록 범죄는 범죄자에게서 기인하는 것일지라도 최소한의 효과적인 피해 예방법을 제시하고 있습니다.

#오윤성범죄사건파일 #여성의안전을위한범죄심리 #여성범죄피해

『우리 집에 늑대가 살아요』

발레리퐁텐 글, 나탈리 디웅 그림, 유아가다 옮김, 두레아이들, 2020, 32쪽

엄마와 내가 살고 있는 집에 늑대가 들어옵니다. 사람인 우리와 달리 동물의 모습을 한 늑대는 엄마에게 다정하고 나에게는 무서웠지요. 그러나 엄마가 집에 늦게 들어왔을 때, 늑대는 엄마에게 끔찍한 말들을 쏟아내고, 폭력을 가하며 화를 내고, 내 팔을 멍들게 했습니다. 담요로 만든 내 공간으로 도망을 쳤지만, 그곳까지 따라왔지요. 그런 날들이 지속되고 더 이상 참기 힘들어진 어느 날 엄마와 나는 그곳을 떠나 우리를 보호해 줄 수 있는 집에 도착합니다. 그리고 늑대가 아무리 입김을 세게 불어도 허물어지지 않을 안전한 집에서 비로소 편안하게 잠에 빠져듭니다.

　명작동화에서 아기 돼지가 만든 집에 침입한 늑대는 입으로 바람을 불어 삶의 터전을 날려버립니다. 그것도 모자라 돼지를 잡아먹으려고 욕심을 부리죠. 늑대를 보며 떠오르는 사람이 있거나 나의 공간이 위기에 처했다고 느끼나요? 가정폭력은 더 이상 가정 안에서의 일이 아닌 사회문제입니다. 폭력에 저항하기 어려운 사람들은 주변인이나 사회의 도움이 필요하기 때문입니다. 이 책 속 주인공들에게처럼 말이지요.

　그럴 때는 신뢰할 수 있는 가장 가까운 사람에게 지금의 마음을 털어놓으세요. 그리고 도움을 요청하세요. 어쩌면 그동안의 일을 지켜보며 당신의 이야기를 기다리는 사람이 있을지도 모릅니다. 약자에게 행해지는 폭력은 보이는 상처뿐 아니라 마음의 상처도 만듭니다. 가정 내에서 일어난 폭력은 한 번으로 그치지 않고 반복적으로 자행됩니다. 상습적인 폭력에 맞서는 용기 있는 대처를 생각하게 해주는 책입니다.

#가정폭력그림책 #아동학대그림책 #고민이생겼어요 #본색을드러냈어요

『가족앨범』

실비아 다이네르트·티네 크리그 글, 울리케 볼얀 그림, 엄혜숙 옮김, 사계절, 2004, 48쪽

가까운 관계에서 발생할 수 있는 아동 성폭력을 다룬 책입니다. 아기 생쥐 단비는 함께 사는 막둥이 삼촌이 두렵습니다. 삼촌이 단비에게 뽀뽀를 해달라고 하거나 억지로 안으려고 하기 때문이지요. 이런 삼촌을 어린 단비는 피하기가 힘들었어요. 특히 둘이 있던 일을 말하면 가족 앨범이 찢어진다는 삼촌의 말에 단비는 엄마 아빠께 솔직히 말씀드리지도 못했어요. 그런데 마침 고양이 뭉치가 생쥐 잡기를 하면서 단비가 덫에 걸리고 삼촌은 등잔 아래 갇혀 꼼짝 못 하는 신세가 되는 일이 벌어지면서 엄마가 뒤늦게야 모든 것을 알게 됩니다. 엄마는 단비를 안아 주며 토닥입니다. 네 잘못이 아니라고.

친척이나 가까운 사이에서 혹은 다양한 곳에서 성폭력에 노출되어 있는 아동과 청소년 그리고 성폭력으로 '트라우마'를 겪는 자녀의 부모님들에게 도움이 될 것입니다. 성폭력에 대한 이해와 상처의 치유에 대해 예방 차원에서 의미가 있을 것입니다.

어린 생쥐 단비에게 일어난 일을 놓고 함께 이야기를 나눠보면서 비슷한 상황에 놓였을 때 어떻게 행동해야 하는지 생각해 봅시다. 또한 단비가 혼자 고민하는 마음을 가족에게 어떻게 표현하는지 보면서 문제를 함께 해결하는 방법을 찾아봅니다.

#아동성폭력예방그림책 #우리둘만의비밀이야 #네잘못이아니야

『세상 모든 이기주의자에게 우아하게 복수하는 법』

오가타 도시오, 황혜숙 옮김, 센시오, 2019, 248쪽

인간관계 속에서 미움받지 않으려면 나보다 타인을 먼저 생각하는 마음이 필요합니다. 우리는 그런 사람들을 착한 사람이라고 하지요. 하지만 그들이 스스로에게도 착한 사람일까요? 작가는 "무조건 착한 건 성격이 좋은 게 아니라 마음의 병"이라고 말합니다. 그리고 사례를 통해 나를 병들게 하는 관계 속에서 힘들어하는 사람들의 심리를 분석하고 우아하게 복수하는 방법을 알려줍니다.

누구에게나 좋은 사람이 되고 싶나요? 그래서 불합리한 것도 참고, 불편한 말도 참고, 속상한 마음도 억누르지만 어쩐지 개운치가 않지요. 직장과 가정 그리고 이성과의 관계에서 나는 상대방을 배려하지만, 도리어 배려받지는 못합니다. 나를 둘러싼 사람들은 자신의 이익과 감정만을 챙기는 이기주의자들이라고 생각이 되기도 합니다. 내가 주변인들에게 착한 사람일지, 만만한 사람일지 궁금증이 생긴다면 이 책을 한번 읽어보세요. 자신을 객관적으로 바라볼 수 있는 새로운 시선을 줄 것입니다.

책을 보면서 자주 등장하는 단어들을 나만의 언어로 풀어보세요. '미움'이나 '착함', '이기주의자' 등을 나의 의미로 다시 해석해 본다면 세상에서 이야기하는 언어와는 다른 의미로 내게 다가옴을 알 수 있을 것입니다. 그리고 한번 질문해 보세요. 당신은 자신에게 어떤 사람이 되고 싶은가요?

#맺고끊음의심리학 #착한사람과만만한사람 #무조건착한사람

『으르렁 아빠』

알랭 세르 글, 브뤼노 하이츠 그림, 이하나 옮김, 그림책공작소, 2016, 40쪽

겉으로 인상이 굳어 있어서 접근하기 어려운 사람도 막상 다가가면 의외로 부드러운 사람을 보게 될 때가 있습니다. 책 속의 으르렁 늑대도 마치 힘을 과시하는 양 모든 사람에게 무섭게 보이려 애씁니다. 심지어 가족들에게까지도 권위적으로, 늘 검은 옷을 입고 장갑과 군화까지도 검정으로 치장합니다. 아이들이 잠자는 아빠의 신발과 장갑을 벗겨서 분홍, 노랑, 연두의 발과 손을 나타냄으로써 누구나 약한 면이 있음을 말해주지요. 아빠는 당황하여 얼룩진 손과 발을 검게 염색하지만 가리면 가릴수록 귀와 꼬리로 그 색들이 번갈아 나타납니다. 좌절한 아빠는 회복할 수 있을까요?

자신을 과대 포장하려는 이들이 검은 늑대의 허세가 드러날수록 이해받는 것을 보며 좀 더 솔직해지면 좋겠습니다. 낮은 자존감의 숨겨진 내면을 내어놓고 솔직해질 때 타인으로부터 진정한 이해와 공감을 받아 회복이 시작되니 말입니다.

먼저 자존심을 내세우려 숨기거나 과대 포장하려는 모습은 없는지 자기 내면과 솔직하게 마주해 보세요. 늑대가 드러난 내면의 부끄러운 모습들을 보고 좌절할수록 부인과 아이들이 그를 세워주는 버팀목이 되어주듯이 솔직한 자신을 이해해 주는 사람을 찾아 나서는 용기를 냈으면 좋겠습니다.

#부모교육그림책 #늑대아빠 #권위적인아빠 #자신에게솔직해지기

Part 5.

함께한다는 것
: 너와 나, 우리가 될 수 있을까?

『그대, 거침없는 사랑』

김용택, 푸른숲, 2003, 130쪽

사랑은 시시각각 모습이 달라집니다. 막 사랑에 빠진 연인들의 열정과 사랑을 유지하는 동안의 애틋함과 고단함 그리고 이별 후에 남은 슬픔과 아쉬움과 후회 같은 다양한 감정처럼 말이지요. 이 시집은 그러한 사랑의 모든 과정을 쉽고 일상적인 말로 전합니다. 시인은 사랑이 "이 세상을 다 버리고 이 세상을 다 얻는" 일이라고 합니다. "아무도 막지 못할 새벽처럼" 다가온 사랑은 모든 길을 "그에게로 통하게 하"지만 이별 후에는 "어디 발 디딜 땅 한 곳 없는" 절망과 상실을 경험한다는 것도 함께 알려줍니다.

인간의 가장 자연스러운 감정인 사랑에 대해 많은 사람은 두려워하고 때로는 죄책감을 느끼기도 합니다. 이 책은 사랑에 빠진 것도, 그 속에서 부대끼는 것도, 끝나버리는 것도 우리 삶에서 아주 자연스러운 일이라고 말합니다. 사랑이라는 감정을 두려워하는 사람들은 이 책을 통해 용기를 낼 수 있을 겁니다.

이 책 속의 시들은 아주 짧습니다. 그 짧은 시들을 읽으며 자신이 시 속의 화자가 되어도 좋고 화자를 아주 냉정히 보아도 좋습니다. 혹은 자신의 이야기처럼 느껴지는 시 한 편을 찾아 조금 더 구체적으로 이야기를 보태도 좋을 겁니다. 아니면 자신의 이야기를 넣어 시를 써보아도 좋겠지요. 그렇게 자신의 삶과 사랑을 한 걸음 떨어져 보는 방법을 배울 수 있는 책입니다.

#사랑시 #사랑의모든과정 #새벽처럼다가온사랑 #사랑에빠진다는것

『커다란 포옹』

제롬 뤼예 글·그림, 명혜권 옮김, 달그림(노란돼지), 2019, 40쪽

엄마와 아빠는 사랑했고 내가 태어났습니다. 그런데 부모님은 더 이상 예전처럼 사랑하지 않다고 합니다. 이제 엄마와 아빠는 함께 살지 않습니다. 조금씩 익숙해지던 어느 날 엄마는 나에게 또 다른 아빠가 생겼다고 합니다. 여동생도 생기고 엄마 뱃속의 남동생도 있습니다. 그리고 나는 나의 두 번째 아빠가 꼭 안아 주는 게 정말 좋습니다.

가족의 형태가 예전과는 많이 달라지고 있습니다. 이 책은 다양한 형태의 가족이 탄생하고 해체되는 현상에 관해 이야기합니다. 새로운 가족이 생겼을 때 아이는 어떻게 느낄까요? 아이의 눈높이에서 생각해 보세요.

책에서는 우리 가족을 단순한 도형과 다양한 색깔로 표현합니다. 우리 가족을 내가 좋아하는 색깔로 그려보세요. 나를 중심으로 우리 가족이 포옹하는 형태로 원을 그린다면 어떤 형태가 나올까요? 지금 우리 가족에게 필요한 것은 커다란 포용력은 아닐까요?

#특별한가족그림책 #또다른아빠가생겼어요 #사랑하고행복할권리 #따로따로행복하게

『사막의 왕』

유혜율 글, 김윤주 그림, 바람의아이들, 2017, 44쪽

엄마와 아빠는 이혼 후 따로 살고 있습니다. 부모와 함께 살고 싶은 아이는 어른들이 하는 사과와 사랑한다는 말을 믿지 않습니다. 대신 자기 몸 밖으로 나온 가시로 세상을 찌르고 외톨이가 됩니다. 그리고 아무도 없는 사막으로 가서 뜨겁고 날카롭게 세상을 삼킨 그 사막의 왕이 됩니다. 그곳에서 모든 것이 사라졌을 때, 저 멀리서 조용히 다가온 코끼리의 인도를 따라 사막 위에 펼쳐진 빛나는 별과 황금빛 모래를 만납니다. 그리고 비로소 사막의 끝에서 자신을 기다리고 있던 엄마와 아빠를 만납니다.

부모가 없는 세상은 삭막한 사막과 같습니다. 아이는 이 사막에서 무엇을 찾고 싶었던 걸까요? 그리고 아이가 사막의 끝에서 만난 부모는 그전과 무엇이 달랐을까요? 엄마를 그리워하거나 부모의 부재로 힘들어하고 있는 아이가 있다면 지금 아이의 사막에 무엇이 있는지 물어보며 마음을 표현할 수 있습니다.

위로가 되는 말과 행동에는 무엇이 있는지, 아이는 어떤 이야기를 듣고 싶었을지 적어보세요. 등장인물 속에서 코끼리는 어떻게 아이 곁에 다가갈 수 있었는지 주인공의 이야기를 따라가다 보면 자신의 가시를 내어놓고 황금빛 모래를 발견하는 아이의 모습을 경험할 수 있을 것입니다.

#이혼가정아이마음그림책 #엄마집엔아빠가없다 #아빠집엔엄마가없다 #부모가없는세상 #사막의끝에서만난부모

『달려라, 아비』

김애란, 창비, 2021, 304쪽

홀로 자신을 낳아 기른 엄마와 함께 살고 있는 나는 아버지가 지금까지 집에 돌아오지 않는 이유는 세계 곳곳을 누비며 뛰고 있어서라고 생각합니다. 어느 날 나는 미국에서 이복형제가 쓴 영어 편지를 받고 아버지의 죽음을 알게 됩니다. 하지만 나는 여전히 아버지가 세계 곳곳을 누비며 계속 뛰고 있다고 생각하며 십수 년 내내 쉬지 않고 달리는 동안 눈이 아팠을 아버지에게 선글라스를 씌워드리기로 결심합니다.

이혼 가정의 증가와 사회·경제적인 이유 등의 문제로 부모와 떨어져 사는 아이들이 증가하고 있는 요즘입니다. 부모의 부재로 어려움을 호소하는 아이들에게 혹은 그러한 환경 속에서 어려움을 겪었던 이에게 주인공의 이야기를 들려주세요.

책을 읽고 난 뒤 주인공이 아버지가 달리고 있다고 생각하는 이유가 무엇인지, 나도 주인공처럼 상상한 적이 있는지 물어보세요. 질문에 답을 하면서 나도 모르게 주인공의 모습에서 나의 모습을 발견하고 스스로를 위로하는 자신을 발견하게 될 것입니다.

#성장소설 #코끝찡한눈부신청춘 #한국일보문학상수상작

『너 왜 울어?』

바실리스 알렉사키스 글, 장-마리 앙트낭 그림, 전성희 옮김, 북하우스, 2009, 44쪽

표지에 나오는 아이를 향한 엄마의 뾰족한 손가락이 눈길을 끕니다. 책을 읽는 내내 뾰족한 손가락만큼이나 아이를 향한 엄마의 말은 날카롭습니다. 아이는 엄마와 함께 놀이터에도 가고, 집에 돌아오는 길에 엄마는 슈크림 빵도 사주었습니다. 하지만 어쩐 일인지 아이는 울고 맙니다. "너 왜 울어?"라고 엄마가 묻지만, 아이의 목소리는 들을 수 없습니다. 엄마 치마 속에 있는 아이의 모습이 행복하지 않은 이유는 무엇일까요? 아이의 표정은 마지막 페이지까지 시무룩합니다. 엄마와 함께라면 세상 누구보다도 즐거울 것 같은데 그렇지 않은 모양입니다.

책을 읽는 내내 아이의 마음을 읽어주지 못해 미안하고 엄마의 행동이 미우면서도 안쓰럽기만 합니다. 아이를 낳고 기르는 일은 세상을 구하는 일보다도 어렵다고 합니다. 지금 그 어려운 일을 감당하고 있다면 아마도 이 책의 엄마와 아이 모습에서 자신을 발견하고 스스로를 위로할 수 있을 것입니다.

육아에 지쳐 나도 모르게 아이에게 화를 내고 짜증을 부렸나요? 그렇다면 이제 그만 멈추세요. 그리고 육아로 힘들었을 나에게 "그동안 정말 힘들었구나" 하고 도닥이며 챙겨주세요. 그다음 아이의 얼굴을 보며 따뜻하게 손을 잡고 "사랑한다"라고 말해주세요.

#자녀교육그림책 #나는어떤엄마인가요 #안돼와하지마 #넌왜그러니

『내 동생은 고릴라입니다』

방정화 글·그림, 미세기, 2009, 40쪽

주인공은 동생이 세 살짜리 고릴라라고 생각합니다. 사고뭉치에다 온 집안을 뒤죽박죽으로 만들어 놓기 때문이지요. 그래도 사람처럼 말도 하고 함께 놀기도 합니다. 하지만 끊임없이 말썽을 피우고 욕심을 부리는 동생이 고릴라라는 사실을 엄마, 아빠만 모르는 것 같습니다. 그런 엄마, 아빠가 야속하기만 합니다. 주인공은 '동생이 없어졌으면' 하고 생각할 때도 있습니다. 하지만 그것도 잠시뿐 다시 동생을 찾습니다. 금방 후회하게 될지도 모르지만요.

　　동생이 있다면 누구나 한 번쯤은 겪어보았을 법한 상황들이 익살스러운 그림과 함께 펼쳐집니다. 또한 동생을 고릴라로 표현한 부분에서는 통쾌함을 느끼는 아이들도 있을 것입니다. 동생과의 갈등으로 어려움을 겪거나 힘들어하고 있는 아이가 있다면 이 책 속의 이야기를 통해 아이의 마음을 함께 나누어 보기 바랍니다.

　　책 속의 어떤 장면에 아이가 재미있어하고 공감하는지 살펴보세요. 그리고 동생을 무엇으로 표현하고 싶은지도 물어봐 준다면 속상하고 어려웠던 아이의 마음을 들여다보고 어루만져 주는 특별한 경험의 시간이 될 것입니다.

#형제관계그림책 #세살짜리고릴라 #사고뭉치고릴라 #동생이없어졌으면 #첫째아이의마음

『하치 이야기』

신도 가네토 글, 이관수 그림, 박순분 옮김, 책이있는마을, 2006, 196쪽

실화를 바탕으로 쓴 이야기로 사람과 동물의 관계를 가슴 뭉클하게 합니다. 우에노 교수는 어리고 연약한 강아지를 만나 하치라는 이름을 붙여주고 남다른 애정을 쏟으며 돌봅니다. 하치는 씩씩하게 성장하여 주인의 출근을 배웅하고 퇴근 때는 역까지 오가며 정서적으로 친밀한 교감을 나눕니다. 하지만 갑자기 우에노 교수가 죽으면서 하치는 주인을 잃은 충격을 받고, 부인도 집을 팔고 이사합니다. 결국 하치는 철저하게 혼자가 됩니다. 그럼에도 하치는 여전히 주인과 지내던 근처를 떠돌며 굶주리고 위험에 처하면서도 주인과 헤어진 역에서 10년 동안 주인을 기다리다 죽음을 맞습니다.

사람과 동물의 정서적 교감은 상호적이며 한순간에 이루어지기 어렵습니다. 반려동물에 관심을 두고 있지만 함께 잘 지내는 방법을 모르거나 궁금하다면 이 이야기를 통해 도움을 받을 수 있습니다.

어떻게 동물과 정서적으로 소통하고 가족같이 신뢰하는 관계로 나갈 수 있을까요? 우에노 교수와 하치의 이야기를 읽고 처음 하치와 우에노 교수가 만난 뒤 친해지는 과정을 도표로 그리고 하치와 관계 맺는 과정을 설명해 봅시다.

#실화소설 #강아지하치 #사람과동물의관계 #동물과의 교감

『돌이 척척 개구리 쿵쿵』

김정은 글, 김경주 그림, 한솔수북, 2015, 36쪽

진정한 친구란 무엇인가 생각해 보는 이야기입니다. 무엇을 물어봐도 척척 대답하는 돌이와 냄새를 잘 맡는 개구리는 둘도 없는 단짝 친구였어요. 그런데 친구 개구리가 점심시간만 되면 사라지는 것이었어요. 돌이가 몰래 뒤따라가서 보니 개구리는 점심 대신 물로 배를 채우고 있었어요. 돌이는 어떻게든 친구를 도우려고 꾀를 씁니다. 개구리의 냄새 맡기 소문은 나라에 알려져 임금님의 잃어버린 옥새까지 찾아 큰 상을 받습니다. 물론 친구와 함께해서 가능했던 일입니다.

나와 다른 친구와 잘 지내고 싶거나 친구와 더 잘 지내고 싶다고 생각하거나 친구 관계에서 어려움을 겪은 경험이 있는 아동과 청소년이 읽으면 도움을 받을 수 있습니다.

이 책의 주인공인 두 친구를 따라가면서 돌이와 개구리의 친구 알기 과정에 대해 이야기해 봅시다. 그리고 현재 가장 친한 친구에 대해 얼마나 알고 있는지 생각해 보고 그 친구와 잘 지낼 방법을 만화로 그려 봅시다.

#옛이야기그림책 #한지인형그림책 #척척대답하는돌이 #냄새잘맡는개구리 #돌이와개구리의친구되기

『훌륭한 이웃』

엘렌 라세르 글, 질 보노트 그림, 엄혜숙 옮김, 풀과바람, 2016, 32쪽

직사각형의 책은 아파트 그림으로 눈길을 끕니다. 그곳은 양들이 사는 아파트입니다. 그런데 그곳에 오토바이 탄 늑대 가족, 환경운동가 암소 등 새로운 동물과 다른 생활 습관을 가진 동물들이 이사 오면서 함께 살기 시작합니다. 그러자 이곳에 살던 몇몇 양들은 불편하다고 투덜대며 이사를 갑니다. 이후 이 아파트는 어떻게 되었을까요? 남아 있던 양들은 이사 가는 것이 아니라 새로 이사 온 동물과 서로 다른 생활 방식의 차이를 이해하고 노력합니다. 이렇듯 공동체 생활이 무엇인지 동물들의 삶을 통해 흥미롭게 보여줍니다.

많은 사람이 모여 사는 공동체 생활은 각각 새로운 사람이나 다른 가치관을 가진 사람들과 함께 생활하기 때문에 불편할 수 있습니다. 새로 시작하는 공동체 생활이 어렵게 느껴지거나 불편하다고 생각해 피하는 사람들에게 도움을 줄 수 있는 책입니다.

양들만 살 때의 아파트와 다른 동물이 이사 온 뒤의 차이점을 이야기하고 아파트나 빌라, 다세대 등 공동체 생활에 필요하다고 생각하는 낱말을 메모지에 써서 붙인 다음 평가해 보아도 좋습니다.

#이웃소통그림책 #양들이사는아파트 #관계의싹은어떻게틀까요 #소통하는멋진이웃되기

『어린이라는 세계』

김소영, 사계절, 2020, 260쪽

여러 나라와 다양한 인종만큼 어린이라는 장르도 참으로 다양합니다. 이 책에는 작가가 독서교실을 운영하며 만났던 아이들의 일화를 담았습니다. 작가는 엉뚱하고 기발한 아이들을 그들만의 세계를 인정하며 바라봅니다. 아이의 모습에서 나의 어린 시절 한 장면을 떠올리기도 하고 기발한 아이의 언어에 배꼽을 잡고 한바탕 웃기도 하지요. 나보다 생각과 지혜가 부족한 아이가 아니라 단지 체구가 작은 인격체로 존중하며 써 내려간 글은 지금 우리가 어디쯤 와 있나 생각하게 합니다.

나의 배 속에서 생명이 시작되었고 나의 모습을 닮았을 것이라 믿었던 아이는 내 생각대로 자라주지 않습니다. 그 가운데 내가 겪는 좌절과 상심은 아이가 주는 기쁨보다 클 때도 있지요. 정답은 이미 알고 있습니다. 아이를 있는 그대로 바라보는 것이지요. 그들의 고유한 모습을 인정하면서 말입니다. 하지만 이론과 실전은 참 다릅니다. 그래서 우리에게는 지금 내 마음을 이해해 줄 공감이 필요합니다. 나도 잘하고 싶지만, 어린이를 이해하는 게 참 힘들다고 생각하나요? 아이는 무슨 생각으로 이런 행동을 하는지 궁금한가요? 아이의 세계와 어른의 세계를 모두 마주할 수 있는 이 책을 읽어보는 것은 어떨까요?

책을 보면서 과거의 내가 기억날지도 모릅니다. 우리는 모두 아이의 과정을 거쳐서 어른이 되었으니까요. 그때 내가 듣고 싶었던 말은 무엇이었는지 한번 떠올려 보세요. 그 이야기를 아이와 나누며 아이의 생각도 들어보세요. 내가 어린이라는 세계로 들어가 보았다면, 아이도 나의 세계를 궁금해하지 않을까 하는 기대를 해보아도 좋을 것입니다.

#귀엽고통찰력있는에세이 #한때는모두어린이 #책읽어주는나의서재방송도서

『바보 야쿠프』

울프 스타르크 지음, 사라 룬드베리 그림, 이유진 옮김, 한겨레아이들, 2014, 40쪽

실수가 잦은 야쿠프를 사람들은 '바보'라고 부릅니다. 학교에서도 집에서도 야쿠프는 비웃음거리가 되고, 잔소리도 듣지요. 그러던 야쿠프는 우연히 친구가 되어준 아일라의 집에 갔다가 아일라 할머니의 안경을 써보고 새로운 세상을 보게 됩니다. 사실 야쿠프는 눈이 나빠서 실수를 연발했던 것이지요. 늘 빗나갔던 과녁 맞히기는 안경을 쓴 야쿠프에게 이제 어려운 일이 아닙니다. 야쿠프에게는 멋진 별명들이 생겨납니다. 그리고 야쿠프는 다른 사람에게 어떻게 보일지보다 스스로 잘 보인다는 것이 중요하다고 말합니다.

우리는 타인에게 더 엄격한 잣대를 들이댑니다. 이 책은 그렇게 상처받은 야쿠프의 이야기입니다. 바보 야쿠프는 가족과 친구에게 웃음을 주는 사람이라고 스스로 위로하면서도 속으로는 바보라는 평판에 홀로 고민하고 있거든요. 하지만 야쿠프는 다른 이들에게 어떻게 보이는지보다 자신이 바라보는 것에 더 중심을 둡니다. 안경을 쓰고 바라보는 세상은 야쿠프에게 앞으로 펼쳐질 세상이지요. 타인의 시선에 평가받는 나의 마음을 단단하게 만들고 싶다면 이 책을 한번 읽어보세요. 야쿠프의 놀라운 성장에 나도 모르게 박수를 보내고 있을 것입니다.

다른 사람들이 시선 속에 머물렀던 바보 야쿠프는 이제 명중왕 야쿠프, 야쿠프 교수님으로 불리게 됩니다. 책을 읽고 야쿠프 속에서 나의 모습을 발견했다면, 여러분은 이름 앞에 어떤 수식어를 붙이고 싶은가요? 그러기 위해서 지금 나는 어떤 도약을 준비하고 있는지 생각해 보고 기록으로 남겨보는 것도 좋습니다.

#성장그림책 #실수투성이야쿠프 #명중왕야쿠프 #실수할권리

『터널』

앤서니 브라운 글·그림, 장미란 옮김, 논장, 2018, 28쪽

모든 부모는 자녀들이 서로 우애 있게 지내기를 원하지만, 바람대로 되지는 않습니다. 같은 부모에게서 태어난 형제자매라고 해도 서로 너무 다르기 때문입니다. 활발한 오빠와 조용한 여동생도 그랬습니다. 서로 너무 달라서 마주치기만 하면 투닥거리는 남매는 집에서 쫓겨나 동네 쓰레기장인 공터로 갑니다. 그곳에서 터널을 발견한 오빠는 동생의 만류에도 터널로 들어가 한참을 돌아오지 않습니다. 결국 오빠를 찾으러 들어간 동생은 무서운 숲을 지나고 괴물에게 쫓기다 돌이 된 오빠를 발견합니다. 그리고 오빠를 구해서 함께 터널 밖으로 돌아오지요.

형제자매는 터널로 들어가기 전의 남매처럼 서로가 다릅니다. 그림책의 이야기는 누구나 가지고 있는 남들이 아는 나와 내 안에만 있는 나로 바꾸어 봐도 됩니다. 형제자매와 갈등을 겪고 있거나 더 잘 이해하고 싶다면 남매의 모험을 함께해 보세요. 내면의 자신과 불화하는 경우에도 남매와 함께 터널로 들어가 숲의 괴물들과 싸워봅시다.

이 책은 극사실적인 그림과 판타지적인 그림을 모두 볼 수 있습니다. 표지의 앞표지 뒤쪽에 그려진 벽지는 처음 시작할 때 서로 다른 남매의 성향을 보여주지만, 뒤표지 안쪽에는 두 사람의 물건을 함께 두었습니다. 이렇게 그림을 통해 이야기가 보여주지 못한 것을 찾아내는 재미를 느껴보세요. 그리고 서로 오빠와 동생의 편으로 나누어 각자 다른 주장을 펼쳐봅시다. 실제 우리가 생활에서 만나는 숲과 괴물에는 어떤 것이 있는지도 이야기해 보면 좋겠습니다.

#앤서니브라운그림책 #형제관계그림책 #싸우는자녀를위한그림책

『불편한 편의점』

김호연, 나무옆의자, 2021, 268쪽

편의점의 기본인 편리함과 도대체 어울리지 않는 편의점이 있습니다. 편의점의 운영 방식이 이윤의 창출이 아니라 거기서 일하는 사람들의 생계를 책임질 수 있는 정도면 되기에 등장인물들의 면면 또한 부족하면서도 인간미가 넘칩니다. 인간성을 회복하면서 잃어버린 기억을 회복해 가는 이야기의 구성도 독자들의 바람만큼이나 흥미진진합니다.

효율과 성과주의가 시대의 담론이 된 지 오래입니다. 모든 것이 자본의 논리로 평가되며 개인이든 집단이든 모든 노력은 부의 창출로만 집중됩니다. 이러한 시대의 단면이 개인 삶의 영역에 자리 잡은 곳에 '편의점'이 있습니다. 마을 사랑방으로 서민들의 일상과 그들의 애환을 보여주는 동네 구멍가게는 빠르게 자취를 감추었습니다. 이제 일상 속 개인은 스스로 물건을 골라 계산대 앞에서 무표정하게 물건값을 치르는 것만큼 익명의 시대를 살아갑니다. 머잖아 무인 편의점 시대가 되면 일상의 영역마저 비대면으로 더 단절될 것입니다.

일명 '코로나 시대'를 거치면서 인간관계의 진정한 의미와 소통 방식에 대해서 절실하게 생각하게 됩니다. 모두가 눈앞의 목표만을 향해 질주하면서 편한 삶을 추구하지만, 그러는 사이 더 중요한 것을 잃어버리고 살아간다는 사실이 책의 제목처럼 역설적입니다. 단숨에 베스트셀러가 된 이 책이 이 시대를 고단하게 살아가는 우리에게 던지는 불편한 물음에 답해가는 과정은 매우 흥미롭습니다. 인간관계에 서툴고 지친 사람들이 이 책을 함께 읽고 등장인물의 삶에 대해 이야기를 나누는 것만으로도 훌륭한 토론과 성찰의 시간을 제공할 것입니다.

#K-힐링소설 #편의점소설 #정체불명의야간알바 #삶의위로와행복

책, 질문에 답하다 tip — 관계

복지관 주간보호시설에서 만난 중풍 어르신들, 편마비에 발음도 어눌했지만 책으로 자신의 삶을 하나씩 하나씩 이야기하고 함께하는 동료도 위로하기 시작했습니다.

『오른발 왼발』은 중풍 어르신들의 마음을 어루만진 책입니다. "내이야기가 책으로 나왔네", "나도 저랬어", "우리 손주가 생각나" 등 다양한 반응을 보이셨고 무엇보다도 중풍에 걸려 가족들의 짐이 되었다고 생각하는 어르신들의 마음을 누구보다 위로한 책입니다(김현희 외, 『상호작용독서치료사례집』, 학지사, 2010, 359-360쪽).

이 책의 등장인물인 할아버지와 손주 보비는 매우 각별한 사이입니다. 누구보다 손주를 사랑한 할아버지. 손주 보비와 할아버지는 단짝입니다. 그런데 어느 날 할아버지가 쓰러지고 맙니다. 손주 보비는 너무나 놀라고 슬펐지만, 할아버지가 예전처럼 다시 혼자서 밥을 먹고, 말을 하고, 걸을 수 있도록 도와줍니다. 예전에 할아버지가 보비를 가르쳤던 것처럼 말입니다.

책을 읽는 동안 몇 분이 졸기도 했으나 이내 책의 내용이 자신의 상황과 같음을 알고 집중하기 시작했습니다. 책을 다 읽고 난 뒤 어르신들을 바라보았고 중풍으로 신체의 한쪽이 마비된 어르신들도 무표정한 얼굴로 나를 바라보았습니다. 나는 "가장 기억에 남는 장면이 있나요"라고 질문하였고, 그 질문에 어르신들은 저마다 자신의 이야기를 시작했습니다. "그냥 작은 그림책인 줄 알았는데… 거기에 내 이야기가 나왔어. 신기하네", "나도 손자 걸음마를 가르쳐줬어. 할아버지가 손주의 걸음마를 가르쳐주는 내용이 기억에 남았어", "나도 그 장면이 기억에 남았어. 나는 아들 녀석에게 '한 발 한 발' 하면서 걸음마를 가르쳐주었지"라고 말씀하셨습니다. 다양한 관련 질문으로 책의 이야기와 나의 이야기를 연결하였고 그 안에서 자신의 마음을 표현하도록 하였습니다. 한 어르신은 "할아버지를 이해해 주는 손주의 모습이 참 좋아… 날 이해해 주는 가족이 있으면 좋겠어"라고 말하시며 눈시울을 붉혔습니다.

관련 질문에 대한 어르신들의 대답에서 어르신들이 가족들과의 관계에 주목하고 있다는 것을 알 수 있었습니다. 중풍으로 쓰러져 병원에서 정신을 차렸을 때, 중풍으로 변한 모습에 놀라고 두려웠을 자신의 마음을 살피지 못하고 오히려 예전과 같지 않은 나를 돌보게 된 가족들에게 미안해 아무 말도 못 했다고 합니다. 그런 어르신의 아픈 마음을 『오른발 왼발』은 누구보다도 알뜰하게 살피고 응원했습니다. 그 마음을 알았는지 상담이 끝날 무렵 편마비와 언어장애로 불편한 어르신이 일어나 "오른발, 왼발"이라고 말씀하시면서 제자리에서 걷는 모습을 보였습니다. 자신도 책 속의 그 할아버지처럼 그렇게 연습하겠다고 그리고 할아버지처럼 잘 걸어보겠다며 의지를 보여주셨습니다.

| III부 |

책,
사회의 질문에 답하다

Part 1.

진로, 직업 이야기
: 꿈과 함께 여행을 떠나요

『우리는 작은 가게에서 어른이 되는 중입니다』

박진숙, 사계절, 2017, 216쪽

공부를 좋아하지도 않고 무엇을 하고 싶은지도 몰랐던 청소년들이 이 책의 주인공들입니다. 도시락 가게 '소풍 가는 고양이'는 성미산 자락에서 시작한 청소년과 청년의 일터입니다. 학교가 아닌 사회로 나와 조금 일찍 일을 시작한 청(소)년들의 공동체이며, 구성원들과 회사의 소유권을 공유하고 책임과 권한 그리고 이윤을 나누는 '청(소)년 주식 공유제'로 운영하고 있습니다. 아직은 사회 안에 내재한 비대졸자에 대한 차별을 몸소 느끼며 스스로 자신의 진로를 끊임없이 고민합니다. 가치 있는 일과 적절한 성장을 위해 발걸음을 내딛는 그들을 응원하며 보게 되는 책입니다.

미래에 안정적이고 편안한 일을 찾는 것이 여전히 고민인 청소년들의 모습이 궁금하다면 이들의 우왕좌왕한 도시락 가게 창업기를 엿보아도 좋습니다. 서툴지만 함께여서 즐거운 에피소드들과 창업 과정이 진솔하게 펼쳐져 있습니다.

아이는 자라면 어른이 됩니다. 하지만 성장하는 곳이 꼭 학교는 아니어도 됩니다. 아이에게 학교가 아닌 다른 곳의 경험이 필요하다면 이 책을 함께 읽고 이야기를 나눠보세요. 그리고 무엇을 하고 싶은지 물어봐 주세요. 자신의 진로가 안정된 돈을 벌고 싶은 꿈인지, 아니면 꼭 이루고 싶은 직업인지 스스로 생각하고 대답하도록 기다려 주세요. 책을 읽는 동안 아이는 또래의 이야기 속에서 자신을 발견하고 비로소 자신의 미래에 한 걸음 내딛게 될 것입니다.

#일찍세상에나온청년들의이야기 #소풍가는고양이 #청소년주식공유제 #우왕좌왕 도시락가게 #학교밖청소년이야기

『내 꿈은 내가 만든다』
삼성사회정신건강연구소, 교육과학사, 2012, 189쪽

청소년 시기에 자신의 적성이나 가능성을 미리 안다면 그만큼 시간을 벌겠죠. 이 책에는 청소년의 자기 탐색부터 다양한 직업에 대한 정보, 창의적 체험 활동까지 실려 있습니다. 크게 두 분야로 프로그램 개요와 교사용 교재로 나누어져 있습니다. 먼저 프로그램에 대한 이해와 목표, 구성에 대한 준비 단계로 구성되어 있고, 최근 강화되고 있는 진로교육인 포트폴리오 작성 및 창의적 체험 활동이 제시되어 있습니다. 첫째 시간에는 "출발! 직업 여행 — 내 꿈은 내가 만든다", 직업 탐색, 직업의 소중함, 마무리 단계까지 자신의 숨겨진 재능과 적성을 탐색하고 꿈까지 도전해 보는 시간이 됩니다.

자신이 하고 싶은 일이나 자신이 무엇을 잘할 수 있는지, 반대로 자신의 재능이 무엇인지 전혀 모르는 청소년들, 앞으로 어떤 직업에 대해 좀 더 자세히 알고 싶은 청소년들이 읽으면 좋습니다.

책을 읽고 프로그램 중에서 진로 결정에 어떤 부분이 자신에게 도움이 될 수 있는지 정리해 보고, 자신의 적성이나 재능을 알게 된 계기가 있다면 자세하게 소개하고 또 친구에게 소개하는 광고를 만듭니다.

#청소년진로탐색프로그램 #청소년자기탐색 #출발직업여행

『십대, 꿈과 함께 가라』
MODU 매거진 편집부, 꿈결, 2013, 280쪽

이 책은 청소년들이 자신에게 맞는 모델을 찾아볼 수 있는 책입니다. 간단한 글과 그림이 책 읽기가 부담스러운 청소년의 마음을 충분히 반영하려는 면을 찾아볼 수 있습니다. 미디어를 통해 이미 이름이 많이 알려진 사람들인 총각네 야채가게 주인, 영유아의 우상인 뽀로로의 아버지, 주철환 PD, 신과 함께의 주호민 작가 등 여러 사람의 꿈과 삶에 대해 청소년들의 관심을 반영했습니다. 이처럼 책은 다양한 분야에서 주인공들의 도전과 실패, 성공 과정을 시각적 배치를 통해 청소년들이 흥미롭고 지루하지 않게 다가갈 수 있도록 도와줍니다.

성공하고 싶은 아동이나 청소년이 읽기를 권합니다. 또한 다양한 분야에서 성공한 사람들의 이야기가 궁금하거나 성공 과정을 좀 더 자세히 알고 싶은 청소년들이 읽으면 구체적인 도움을 받을 수 있습니다.

책을 읽고 주인공 두 명을 스스로 추천하고, 그 사람을 선정한 이유를 설명해 봅시다. 그런 다음 자신이 지닌 재능이나 희망을 정리해 보고 주인공의 성공 스토리와 미래의 자신 모습을 상상해 포스터를 만들어 보는 것도 좋겠습니다.

#경쟁에갇힌너에게 #말좀통하는어른들이랑 #총각네야채가게 #뽀로로의아버지

『어쨌든 밸런타인』

김윤희, 창비, 2014, 280쪽

이 책의 여섯 아이는 지독한 성장통을 겪고 있습니다. 소꿉친구인 유현과 재운은 늘 엇갈리기만 합니다. 어린 시절 아버지에게 몹쓸 짓을 당한 유현은 늘 자살 충동에 시달리고 재운이 그 곁을 지키지만 유현은 재운을 밀어냅니다. 쌍둥이인 홍석과 지석은 부모의 차별로 인해 남보다 못한 사이가 됩니다. 학교 일진이었던 지석은 모범생인 홍석을 위해 학교를 그만두고 자기 얼굴에 불을 지릅니다. 다정은 따돌림의 경험으로 무엇이든 지나치게 열심히 하게 되었고 이수는 동성 친구를 사랑합니다.

힘겨운 학창 생활을 보내고 있다면 이 책을 권합니다. 책 속의 여섯 아이는 부딪히고 다치고 갈등하면서도 한 걸음씩 앞으로 나아갑니다. 또 청소년기의 자녀들이 겪는 어려움을 알고 싶은 부모님들에게도 이 책은 도움이 될 겁니다.

여섯 명의 아이는 저마다의 선택을 합니다. 하지만 그 선택이 늘 좋은 결말로 이어지지는 않았습니다. 그럼에도 아이들은 스스로가 선택한 결과를 받아들이고 내일을 꿈꿉니다. 이 책의 여섯 주인공에게 자신의 이야기를 대입해도 좋을 겁니다. 또는 이들의 선택을 바꾸어 다른 희망을 보아도 좋겠지요. 아이들의 미래를 위해 새로운 제안을 해보는 건 어떨까요?

#달콤쌉싸름한우리들의속사정 #제자리걸음은아닐꺼야 #창비청소년문학상수상작

『오늘도 매진되었습니다』

이미소, 필름, 2021, 212쪽

서울에서 취업한 지 6개월 만에 아버지가 감자 농사를 도와달라고 하십니다. 판매할 곳을 찾지 못해 밭에 묻거나 저장고에 쌓여가는 감자를 감당하기 힘들어지셨던 겁니다. 2년 정도 아버지를 돕기로 하고 춘천으로 내려온 저자는 감자의 부가가치를 높이기 위해 건강에 좋다는 여러 가지를 첨가하여 감자빵을 만들어 보는데, 뜻대로 되지 않습니다. 이렇게 시행착오만 반복하는 딸에게 아버지는 "네가 뭘 해도 좋다. 혹시 힘에 부치거든 네 발등 네가 찍기 전에 내려놔"라고 하시며 지지해 줍니다. 처음부터 다시 시작하기로 한 저자는 뜻을 같이하는 사람들을 모으고 꽃따밭(꽃따러오는밭)이라는 프로젝트를 시작으로 조용하던 동네를 사람들로 북적거리게 만듭니다. 그리고 이곳에서만 맛볼 수 있는 감자빵을 만들게 됩니다. 이렇게 탄생한 춘천 감자빵의 이야기를 다룬 저자의 실제 성장기입니다.

저자는 '생각하는 사람이 아닌 행동하는 사람의 힘'을 이야기합니다. 어떤 결정 앞에서 망설여지고 시작할 엄두조차 나지 않을 때 대단한 비법이 숨어 있는 것은 아니지만 오늘을 어떻게 살아내야 하는지 이야기하고 있습니다.

저자가 어떤 가치를 위해 노력하고, 어디에서 힘을 얻고, 어떤 사람들과 함께 나아가는지 보면서 나에게 용기를 주는 이야기 한 단락을 찾아보기 바랍니다. 왜 그 부분에 집중하게 되었는지 곰곰이 생각하면 나의 삶의 방향을 돌아볼 수 있을 거예요.

#이미소대표의7전8기창업기 #춘천감자빵 #꽃다밭 #행동하는사람의힘 #청년창업

『그녀들의 방』

류승희, 보리, 2019, 264쪽

공장에서 일하며 생계를 잇는 엄마는 이혼한 아버지 집의 제사를 아직도 지냅니다. 큰딸은 공무원 준비를 한 지 5년째지만 합격은 멀기만 합니다. 둘째는 대학을 졸업하고 아르바이트 중이고, 막내는 휴학과 복학을 번갈아 합니다. 네 모녀의 삶은 몇 년째 반지하에서 더 나아지지 않죠. 그러다 큰딸은 공무원이 되고, 둘째는 사랑하는 남자가 생깁니다. 하지만 여전히 그들의 삶은 반지하에 머물 뿐입니다.

삶이 힘들고 암울해도 여전히 자신의 생에 한 줄기 희망이 남았다고 생각한다면 평범하고 씩씩한 모녀를 만나보면 어떨까요? 모녀의 삶은 여전하지만, 그 여전함이 우리의 일상을 돌아보게 하기 때문입니다. 이 책은 남성들보다는 여성들에게 더 공감받을 겁니다. 여성의 빈곤은 남성과는 또 다른 지점에서 발생하니까요. 또 여성들은 쉽게 지치지 않거든요. 반지하에서도 모녀는 햇살이 비치는 곳에 꽃을 심습니다. 언제 해고될지 모르는 상황에서 운동하고, 도서관에서 공부하고, 아르바이트를 합니다. 한 발씩 떼는 걸음이 무겁지만 그 무거움은 이제 걸어온 길이 되어 작은 희망을 만듭니다.

세 자매는 MZ세대의 현실을 그대로 보여줍니다. 남편의 폭력과 무능함 때문에 이혼한 후에도 자식들의 조상 제사를 지내는 어머니의 고단함 또한 노년 노동에 몰린 우리네 부모님과 다르지 않습니다. 그들은 우리 평범한 사람들의 모습과 다르지 않습니다. 이 책은 혼자 읽는 것보다 또래나 주변 사람들과 함께 읽으며 이야기하는 것을 권합니다. 네 모녀 중 한 명은 반드시 우리 모습일 테니까요.

#단편만화집 #네모녀의삶 #어둠속의작은반짝임

『주무시고 가실래요? 뉴욕의 집』

송순빈 글·그림, 창이있는작가의집, 2022, 252쪽

이 책은 일종의 판타지입니다. 대가족 속에서 성장해 프랑스로 유학을 떠났다가 미국 교포와 결혼해 자리를 잡고 40대에 퇴직한 후에는 손님들을 초대하면서 뉴욕 시내와 바닷가의 집과 프랑스 농촌집을 오가며 사는 할머니의 삶. 이것은 잘 살아온 삶에 대한 일종의 환상과 같죠. 하지만 실제 그 안을 들여다보면 거기에는 오래된 우리 삶의 냄새가 진합니다. 어려운 형편에도 오가는 사람들에게 선뜻 밥상을 내어주셨던 친정어머니의 삶이 고스란히 이어진 미국에서의 생활. 여섯 자매와 부대끼던 집에는 식객들이 넘쳤어도 우애롭던 기억이 가난한 미국 신혼집에 오갈 데 없는 유학생들을 몇 달씩 묵게 하고 몇 다리 걸친 지인도 선뜻 초대하는 생활이 됩니다. 그 삶을 그림과 글로 그려낸 책입니다.

책의 내용은 그다지 거창하지 않습니다. 사람 좋아하는 남편과 그 못지않게 함께 부대끼는 걸 좋아하는 부인이 주변 사람들과 밥을 먹고 잠을 나누는 이야기입니다. 그런 소소한 이야기가 그리운 분들이 이 책을 보시면 좋을 것 같습니다. 대가족이 아니지만 나누고 살다 보면 대가족처럼 친척 같은 지인들이 늘어나는 기적을 볼 수 있으니까요.

낯선 곳의 삶을 상상하며 읽어도 좋고 군데군데 소개된 이국적인 요리의 레시피를 따라 해봐도 좋습니다. 연륜이 느껴지는 글과 소녀처럼 설레는 고백을 읽으며 해보는 상상도 좋겠네요. 저자처럼 자신이 좋아하는 일에 대해 낙서해 보는 건 어떨까요? 이 책은 손님을 너무 많이 초대하는 자신을 돌아보려 한 메모에서 시작되었다고 하니까요.

#스물세살부터시작된 #뉴욕댁의손님초대일지 #식사하고가실래요 #집과음식과사람이야기

『BTS 덕분에 시작하는 청소년 심리학 수업』

김현경, 명진서가, 2020, 228쪽

청소년들이 좋아하는 대중가요를 통해 심리학에 대한 지식을 배우고 자신의 심리를 진단해 보는 책입니다. BTS의 찐팬인 저자는 BTS가 데뷔 시절부터 발표한 노래의 가사에서 심리학이 반영된 부분을 찾아냅니다. 그리고 심리학에 대한 지식을 노래에 적용해 설명합니다. 특히 '자아' 혹은 '자아정체성'이라는 부분에 대해 집중하고 있습니다.

　이 책은 심리적인 문제를 겪는 청소년들보다는 마음의 움직임에 관심이 있는 혹은 심리학에 대해 알고 싶어도 너무 어려워서 선뜻 용기를 내지 못하는 청소년들에게 지식과 정보를 줍니다. 아울러 자신의 심리 상태에 대해 스스로 알아낼 수 있게 도와줍니다. 하루에도 수백 번씩 변하는 자신의 마음에 대해 궁금한 청소년들은 그 이유를 찾을 수 있을 겁니다.

　이 책은 질문이나 선언의 형식으로 된 제목을 통해 각 장에서 어떤 것을 찾아야 하는지 먼저 제시합니다. 그것을 찾아 스스로 답을 제시하는 것은 어떨까요? 또 각 장에 설명된 심리학 이론을 청소년들의 경험에 적용해 이야기를 나누어 보는 것도 좋을 겁니다. 또 책의 에필로그 부분에 제시된 우울증 진단표나 장별로 알아볼 수 있는 심리학 테스트를 이용해서 자신의 심리 상태에 대해 알아보는 것도 좋겠지요.

#가사를뜯어보니심리학 #융의영혼의지도 #자기사랑의입문서

『지식노마드가 되라』

이은주, 텔루스, 2020, 292쪽

"안타깝지만 보통의 직장에서 보통으로 일하면서 보통으로 살 수 있는 시대는 막을 내렸다." 격변의 시대에 직장생활이 더 이상 답이 아니라고 하는 토머스 프리드먼의 말입니다. 인터넷의 보급과 기술의 발달로 시간과 공간의 제약을 받지 않고 어디서나 능력을 보여줄 수 있는 시대가 되었습니다. 지식노마드란 지식과 경험으로 가치를 만들어 내는 전문가를 말합니다. 저자는 남편의 사업 실패로 하루아침에 반지하 방으로 내몰렸고 다섯 살, 세 살의 두 아이마저 돌봐야 했습니다. 그 와중에도 대단한 학력이나 경력은 고사하고 자본마저도 없는 마흔의 아줌마가 눈뜬 것은 변화된 세상이었습니다. 기업은 수익 창출이 생리이고, 지식노마드도 개인 기업이기에 저자는 강점을 살려 강사로 활동하면서 수익을 창출한 경험을 소개합니다. 육아와 가사로 경력이 단절되어 좌절하고 있는 여성들에게 권합니다. 학력이나 경력은 고사하고 자본마저 없는 암담한 상황을 극복하고 개인 기업가가 된 저자의 사례는 자신감을 줄 것입니다.

먼저 자신의 재능을 파악하고 그 분야에서 성공한 사람을 세세히 뜯어보며 벤치마킹해 보세요. 그리고 SNS를 이용해 멘토나 롤모델을 정해 자신을 알리는 가운데 신뢰를 쌓아가세요. '개인 브랜드 이름 알리기', '온라인 강의', '블로그 광고 수익', '전자책 만들기', '유튜브 방송', '스마트스토어 입점' 등 저자의 경험을 참고해 할 수 있는 일부터 시작하면 누구나 수익을 창출하는 지식노마드가 되리라 봅니다.

#직장을벗어나지식과경험을돈으로바꾸고싶다면 #지식노마드 #경단녀 #개인브랜드 #성장시스템

생태와 환경 이야기
: 지구와 함께 살아요

『이빨 사냥꾼』

조원희 글·그림, 이야기꽃, 2014, 36쪽

어른들의 사냥을 따라간 소년은 꿈을 꿉니다. 거대해진 소년이 코끼리들에게 사냥당해 이를 모두 뽑히는 끔찍한 꿈이었지요. 소년의 꿈속에서 사람들은 코끼리에게 사냥당해 이를 모두 뽑습니다. 이는 장신구가 되고 조각의 재료가 됩니다. 잠에서 깬 소년은 어른들이 코끼리를 사냥하려고 나서는 것을 봅니다. 소년은 결심하지요. 자신의 꿈 이야기를 다른 사람들에게도 들려주기로요.

많은 지역에서 사람들은 야생동물을 불법으로 사냥합니다. 생계 때문인 경우도 있지만 단순히 과시하기 위해 동물을 사냥하는 사람들이 있습니다. 그래서 멸종된 동물들도 있지요. 또 우리가 무심히 사용하는 물건들은 동물의 생명을 빼앗아 만든 것일 수도 있습니다. 환경과 동물에 관심이 있는 사람에게 권합니다. 또 자녀들에게 자연과 공존하는 방법을 일러주고픈 분들에게도 도움이 될 수 있습니다.

이 책은 글이 많지 않습니다. 어두운 색조의 그림과 의인화된 코끼리의 모습이 조금 기괴하기도 합니다. 사냥당하는 동물과 처지를 바꾸어 다시 보면 다른 생명체가 느끼는 공포가 실감이 납니다. 코끼리 외에도 다른 동물의 상황으로 바꾸어 보거나 소년의 입장에서 실제로 독자인 우리가 지구 환경과 우리와는 다른 생명들을 위해 어떤 일을 할 수 있을지 고민해 보는 것도 좋겠습니다.

#동물보호그림책 #코끼리상아밀렵꾼 #볼로냐라가치상수상작

『이토록 불편한 고기』

크리스토프 드뢰서 글, 노라 코에넨베르크 그림, 신동경 옮김, 그레이트북스, 2021, 112쪽

집에서 기르던 가축을 제 손으로 잡아 먹던 시대와 달리 요즘은 포장된 고기를 먹습니다. 따라서 고기를 제공하는 동물의 아픔을 직접 느끼지 못한 채 맛을 즐기곤 하지요. 책은 이런 가공된 고기 뒤의 불편한 진실들을 말해줍니다. 세계 여러 나라에서 얼마나 고기를 먹는지 또 어떤 고기를 먹고, 어떤 고기는 금지되었는지 설명합니다. 가축들이 매우 좁은 환경에서 짧게 생을 마감하기에 폭탄이라 할 정도로 항생제가 투여되는 것을 보면 이 악순환을 끊기 위해 무엇이 필요한지 생각하게 됩니다. 동물들이 어떤 환경에서 사는지, 자연 수명과 실제 수명이 얼마나 차이가 나는지, 어떻게 도축장으로 가는지, 그들이 최소한의 고통으로 죽게 하는 장치는 무엇인지 등을 그림으로 보여주어 동물 복지를 생각해 보게 합니다. 마지막으로 고기를 잘 먹는 방법으로 여러 인증마크와 배양 육고기, 곤충 고기 등을 소개하며 다양한 식단의 필요성을 알려줍니다.

이 책을 읽은 어린이를 비롯한 독자들이 육고기의 불편한 진실들을 알게 되어 고기를 단순히 식품으로만 여기지 않고 또 다른 생명체로서 받아들일 것 같습니다. 그래서 동물들이 살았을 때만이라도 삶다운 삶을 살도록 하는 동물 복지를 주장하는 사람들이 되었으면 합니다.

책 제목을 왜 "이토록 불편한 고기"라고 했는지 생각해 보고 읽으면서 불편했던 점들을 나누어 보면 좋겠습니다. 그 불편함을 최소화하기 위해 내가 할 수 있는 일들에 대해 말해봅시다. 그 길은 결국 다른 생명과 환경을 존중할 뿐 아니라 나 자신을 위한 길이 될 것입니다.

#평생몇마리나먹을까요 #육식이기후에미치는영향 #동물복지 #고기를잘먹는방법

『고기로 태어나서』

한승태, 시대의창, 2018, 464쪽

반려동물 천만 시대라고 합니다. 이제 반려동물은 가족만큼, 아니 가족보다 소중한 존재인 듯도 합니다. 그런데 같은 동물 중에 닭, 돼지, 개, 소 등 인간에게 단백질을 공급하기 위해 기르는 동물도 있습니다. 우리는 이들을 점잖게 가축이라 부릅니다. 인간은 맛있는 고기를 원하면서도 그 고기가 어떤 과정을 통해 우리 식탁에 오르는지에 대해서는 무관심합니다. 이 책은 그 문제에 대해 끔찍하리만치 현실적으로 다룹니다.

저자는 직접 10곳의 닭, 돼지, 개 농장에서 일을 하며 경험한 이야기를 에세이 형식으로 써내려 갑니다. 닭이 어떻게 사는지 보기 위해 산란계 농장과 부화장과 육계 농장에서 일하고, 돼지가 어떻게 사는지 보기 위해 종돈장과 자돈장과 비육농장에서, 개가 어떻게 사는지 보기 위해 두 곳의 식용개 농장에서 일합니다. 사육, 수송, 도살이라는 가축의 삶 중 필자는 '사육'에 집중하여 동물들을 사육하는 곳에서 얼마나 끔찍한 일들이 자행되는지 고발합니다. 그리고 그곳에서 일하는 노동자들, 이주노동자들, 사장들의 삶도 있는 그대로 그려냅니다. 읽고 나서 채식주의자를 선언할지도 모르겠습니다.

이제 우리 사회도 동물 복지에 대한 논의가 일기 시작했습니다. 이 책을 읽고 알게 된 사육 농장의 실태에 관해 이야기를 나누는 것만으로도 동물 복지에 대한 이해의 단초를 제공할 것입니다. 최근에 일어난 개 식용 금지 논쟁이나 동물보호법, 동물실험 찬반 논쟁 등 관련 분야의 실재적인 사례를 조사하면서 생각을 나누어보면 좋겠습니다.

#노동에세이 #동물복지 #반려동물천만시대 #육고기사육농장

『도시는 무엇으로 사는가』

유현준, 을유문화사, 2015, 391쪽

공간은 우리에게 감정을 불러일으킵니다. 누구나 한 번쯤 물리적 공간이 바뀌면 마음 상태가 변하는 경험을 한 적이 있을 것입니다. 이에 저자는 공간으로서의 건축물과 인문학적 시선으로 도시를 읽어갑니다. 건축물만큼 사람들의 땀과 노력이 들어간 결정체는 없기에 건축물은 한 나라와 시대를 보여주는 그림이라고 말합니다. 인간은 몸을 가지고 있는 존재이면서도 영혼이 있기에 도시가 기능적인 건축물 이상의 것을 제공해야 한다고 말합니다. 사람들이 살고 싶은 도시는 어떤 조건을 갖추어야 하는지, 어떤 거리를 걷고 싶은지, 죽은 아파트라 불리는 아파트가 갖추어야 할 진정한 조건은 무엇인지 장르별로 나누어 제시하고 있습니다.

아파트 등 공동주택에서 사는 인구 비율이 78%가 넘는 시대입니다. 좁은 회색 콘크리트 공간에 눌려 우울감이 있거나 이 공간에 숨 막혀 하는 이들이 읽으면 좋겠습니다. 또 공간에서 영감과 상상력이 절실한 사람들에게 추천합니다.

걷기에 즐거웠던 거리나 쾌적했던 공간을 반추해 보세요. 그리고 자연과 적절히 어우러진, 나만이 살고 싶은 곳을 디자인해 보세요. 언젠가 그곳에 닿으리라는 소망이 이루어질 날을 기대하면서 작은 화분 하나를 가꾸며 작은 실천을 해보는 것도 좋겠습니다.

#도시를보는인문적시선 #도시사색 #도시조건 #알쓸신잡2

『나의 비거니즘 만화』

보선 글·그림, 푸른숲, 2020, 460쪽

비건에 대해 그린 만화지만 사실 이 만화는 함께 살아가는 지구와 우리 사회에 대한 고민을 그리고 있습니다. 저자는 자신이 지닌 심리적 문제와 함께 자신이 비건을 지향하게 된 이유를 설명합니다. 그리고 일반적으로 알려진 비건의 개념을 정리합니다. 이 만화는 저자 자신의 이야기이기도 하지만 정보로서의 기능도 강하고 또 무엇보다 다양한 삶에 대해 말하고 있습니다.

조금 더 좋은 세상을 만드는 일에 관심이 있는 사람이라면 한번 읽어보기를 권합니다. 그렇게 거창한 이유가 아니더라도 환경과 먹을거리에 관심이 있다면 가볍게 읽어보기 좋습니다.

이 책은 베지테리언에 대해 그냥 채소만 먹는 사람으로 알고 있었던 우리의 상식이 잘못된 것임을 알려줍니다. 채식주의에도 여러 단계가 있고 또 궁극적으로는 함께 살아가는 세상을 조금 더 올바르게 만들기 위해 지향하는 것이 비거니즘이라고 말합니다. 그래서 동물 복지, 모피 동물 살육 반대, 플라스틱 줄이기 등의 실천적인 부분을 알려줍니다. 이 책을 읽는 동안 이러한 정보와 함께 몰랐던 사실들을 알아가는 재미를 느낄 수 있습니다. 읽으면서 더욱 마음이 열리는 책입니다.

#비거니즘의철학 #환경과먹거리 #삶의반경을넓히는방향성

『똥의 인문학』
김성원 외, 역사비평사, 2021, 256쪽

인간의 생존은 건강 상태에 따라 심각한 영향을 받습니다. 이 책에서는 생존을 식욕과 수면, 배설의 세 가지로 이야기하는데, 그렇다면 배설의 중요성 또한 부정할 수 없습니다. 이 책은 배설의 역사를 살피기 위해 르네상스 시대로 거슬러 올라가 우리가 부정적으로 인식하는 똥에 대한 의미를 다양한 관점에서 제안합니다. 즉, 역사적인 관점에서 똥을 순환하는 물질로 보고 밥과 동등한 관점에서 똥의 과거와 현재의 기능과 역할 또는 정신적 분석 관점에서 양가성을 흥미롭게 제시합니다. 나아가 생활 속에서 똥의 활용 가능성까지 확장합니다.

우리 몸의 건강의 근원에 대해 알고 싶거나 식생활과 배설의 관계에 관심이 있는 사람이나 똥에 대해 근원적으로 궁금해하는 사람이 읽으면 많은 도움을 받을 수 있는 책입니다.

똥이 갖는 근원적인 느낌과 의미를 책을 읽기 전과 후로 나누어 포스트잇으로 써 붙입니다. 정리한 다음 새롭게 발견하거나 알게 된 사실은 무엇인지 그리고 똥이 왜 중요한지 다양한 관점에서 이야기를 나누어 봅니다.

#아이들은왜똥을좋아할까 #배설의역사 #식생활과배설 #생태와순환의감각

Part 3.

아는 만큼 보이는 일상의 경제 이야기
: 부자가 되고 싶다고요?

『내 아이의 부자 수업』
김금선, 한국경제신문, 2021, 264쪽

하브루타부모교육연구소 소장인 저자가 자녀의 경제 교육법인 '하브루타' 교육법을 알려줍니다. 이 교육 방식은 어려서부터 남다른 교육을 통해 세계를 이끈 유대인의 경제 교육을 바탕으로 질문과 토론을 통해 답을 찾아가는 경제 교육 방식입니다. 어린 시기의 경제 교육이 아이의 미래와 관련 있다는 주제와 경제 교사가 되기 위한 부모의 자격 조건은 무엇인지, 경제 독립에 엄격한 문화와 제도 등을 살펴보며 우리와 무엇이 왜 그리고 어떻게 다른지 알 수 있습니다. 특히 부모의 경제 교육에 대한 새로운 패러다임을 찾을 수 있습니다.

이 책은 자녀를 가진 부모, 특히 자녀에게 제대로 경제 교육을 하고 싶은데 적절한 방법을 찾지 못해 고민하고 있거나 앞서 경제 교육을 시도했다가 어려움에 부딪힌 경험이 있는 부모님들이 읽으면 도움을 받을 수 있습니다.

책의 내용을 참고로 이전부터 알고 있던 경제 교육을 말해보고, '하브루타' 경제 교육법과 어떤 차이점이 있는지 비교해 보기 바랍니다.

#하부르타교육법 #유대인의경제교육 #돈공부

『100원이 작다고?』

강민경 글, 서현 그림, 창비, 2012, 60쪽

깜깜한 밤 모두 잠이 들어 조용한 방에서 동전들도 종이돈들도 깨어나 움직이기 시작합니다. 10원짜리 동전은 가게에서 자신이 인기 만점이라며 뽐내기 시작합니다. 100원짜리 동전은 100원으로 산 막대사탕으로 주인공이 누나와 화해한 이야기를 하며 자신의 쓰임새에 대하여 자랑합니다. 500원짜리 동전은 돈이 쓰이기 위한 것뿐만 아닌 저축의 기능도 있음을 이야기합니다. 1,000원 10,000원 50,000원짜리 종이돈들도 돈의 여러 가지 기능과 가치에 관해 이야기를 들려줍니다.

돼지저금통이 흔하던 시절에는 그래도 동전을 모으던 기억이 있지만, 지금은 동전에 대한 가치를 모르는 아이들이 많은 것 같습니다. 용돈을 주는 부모님들이라면 용돈의 액수를 놓고 아이와 실랑이해 보지 않은 분은 없을 것입니다.

아이들에게 500원이 모여 1,000원이 되고 또 10,000원이 되는 경험으로 돈에 대한 가치를 나누고 싶다면, 이 책을 읽고 난 후 오랜만에 문구점에 들러 돼지저금통 하나 마련해 보세요. 그리고 아이들과 함께 동전을 모아보세요. 그리고 각자 모은 동전으로 무엇을 하고 싶은지 계획도 세워보세요. 아이들의 경제 개념도 키우고 추억도 쌓는 시간이 될 것입니다.

#초등경제교육도서 #돈을배우는경제이야기 #작은돈일까큰돈일까 #돈의기능과가치

『워렌 버핏 투자 노트』

데이비드 클라크 · 메리 버핏, 이은주 · 이재석 옮김, 국일출판사, 2007, 216쪽

오늘날 경제 이슈는 블랙홀이라 할 수 있는데, 이 책은 오직 주식 투자만으로 세계 최고의 부자가 된 워렌 버핏의 이야기입니다. 어떻게 주식 투자만으로 세계 최고의 부자가 될 수 있었을까, 숨은 노하우는 무엇인지 알고 싶을 것입니다. 책은 주식 부자인 그의 투자 노트를 공개하면서 투자 과정은 물론이고 그 외에 소중한 정보까지 소개하고 있습니다. 오랫동안 기록해 온 노트에서는 성공 요소인 신념과 돈, 삶에 대한 철학도 함께 들여다볼 수 있습니다. 특히 어떤 생각과 삶으로 오늘의 워렌 버핏이 되었는지 그 비결을 엿볼 수 있습니다.

경제에 관심이 있는 사람이라면 누구나 관심 있게 읽을 수 있을 것입니다. 특히 주식에 관심이 있거나 앞으로 주식에 투자할 생각이 있는 사람 혹은 주식 투자로 어려움을 겪은 사람이 읽으면 실패한 이유를 찾는 데 도움이 될 수 있습니다.

한 사람의 주식 성공 스토리를 읽었다면 자신의 이름을 메모장에 쓰고, 주인공의 메모장에서 중요한 부분을 옮겨보거나 사진을 찍어봅시다. 그리고 차이점을 낱말로 쓰고 메모장에 붙여 정리해 봅시다.

#워렌버핏에게배우는투자 #투자귀재의노트 #워렌버핏의투자철학

『위대한 상인의 비밀』

O. G. 만디오, 홍성태 옮김, 월요일의꿈, 2020, 144쪽

'부와 성공'은 특히 요즘 많은 사람이 관심을 두는 분야입니다. 이 책은 부와 성공을 무엇보다 태도와 지혜를 통해 다가갈 수 있다고 안내합니다. 주인공 하피드가 어떻게 대상인이 될 수 있었는지 책을 넘길 때마다 긴장과 기대가 양립하며, 여덟 개 각각의 두루마리를 펼칠 때마다 그 비밀이 하나씩 밝혀집니다. 특히 성공을 이루는 방법에서 그것을 바라는 근원적인 태도인 마음과 습관에 대한 것을 중심으로 구성하고 있어서 누구나 도전해 볼 수 있을 것입니다. 그래서 마지막 두루마리까지 읽고 하피드가 성공한 것을 알고 난 뒤에는 깊은 울림과 동시에 고개가 끄덕여질 것입니다.

경제적인 성공에 관심이 있거나 실패하여 다시 출발점에 있는 사람, 이제부터 경제적 성공에 목표를 세우고자 하는 사람, 마음은 있지만 어떻게 준비해야 하는지 몰라 힘든 사람이라면 이 책을 통해 도움을 받을 수 있습니다.

책을 읽고 나서 자신에게 해당하는 두루마리 부분을 찾아 색지를 활용하여 나만의 두루마리를 만들어 봅시다. 그리고 큰소리로 낭독하면서 자신의 목표와 실행할 가능성에 관해 설명하고 예측해 봅시다.

#부의비밀이내게로 #대상인하피드 #여덟개의두루마리 #부와성공의이야기

『돈이 되는 빅데이터』

박병률·유윤정, 프리이코노미북스, 2014, 312쪽

빅데이터는 우리 생활에 어떤 영향을 주는 것일까요? 최근에는 동네 치킨집이나 빵집도 빅데이터를 바탕으로 시장조사가 진행되고 있습니다. 이 책은 마케터가 자신의 직접 경험을 토대로 데이터 전문가가 되기 위한 조언과 빅데이터를 보기 전에 알아야 할 내용을 담고 있습니다. 통계가 도마뱀이라면 빅데이터는 커다란 공룡이라는 말처럼 우리 사회의 정보는 짧은 시간에 큰 변화를 가져왔습니다. 따라서 통계의 축적인 빅데이터의 이해는 현재의 삶과 미래 사회를 준비하는 데 손을 내밀어 줍니다.

빅데이터에 관심이 있거나 취업을 준비하는 사람, 빅데이터 관련 일을 하고 싶은 청소년을 포함해 성인이라면 책을 통해 필요한 지식이나 도움을 얻을 수 있을 것입니다.

책 속에서 새로 알게 된 정보나 빅데이터 부분을 찾아서 자신이 이해한 것을 설명하고, 왜 그것이 미래의 경쟁력이 될 수 있는지 또는 직업으로서 전망이 있는지 근거를 찾아 서로 비교해 봅시다.

#아는만큼번다 #바로써먹는데이터기술 #빅테이터마케팅 #데이터과학역량

『마흔 살 경제적 자유 프로젝트』

박상택, 더퀘스트, 2021, 264쪽

시장주의 경쟁이 치열한 시대입니다. 평생직장이니 고용 보장이라는 말은 이미 먼 나라 이야기가 되었습니다. 내가 열심히 일한다고 미래가 보장되지 않는다는 말입니다. 저자는 자신이 잘하는 일보다 적성에 맞지 않는 일을 해나가야 하는 상황에서 '지금의 나를 바꾸지 않으면 10년 뒤에도 현재와 똑같이 살고 있을 것이다'라는 생각에 자발적 은퇴를 준비합니다. 이때 저자가 가장 고려한 것은 생활비만큼 일정한 수입이 들어오게 하는 것이었습니다. 목표를 세우고 소득을 만들 수 있는 여러 경로를 찾고 이를 리스트로 만들어 나갔습니다. 그리고 목표를 세워 3년 안에 월급만큼 수입이 들어오는 구조를 만들었습니다.

경쟁과 성과에 지친 직장인이나 일이 맞지 않아 변화를 생각해 보는 봉급 생활자에게 이 책은 훌륭한 나침반이 될 것입니다. 변화에는 두려움이 따르고 어디서부터 어떻게 시작해야 할지 막막할 때 롤모델이 중요한데, 이 책은 그 지침이 될 것입니다.

새로운 일을 계획하기에 막연하다면 먼저 3년 후의 삶이 어떤 모습일지 그려보세요. 그다음 자신의 강점에 맞는 일들을 목표로 세워보세요. 목표가 세워지면 여러 수입이 들어올 경로들을 정하고 그중 실현 가능성이 없는 일부터 지워나가다 보면 자본과 형편에 맞는 일을 찾을 수 있으리라 생각합니다. 먼저 고민하며 걸어간 저자의 노하우는 실질적인 도움을 줄 것입니다.

#파이어족 #자발적은퇴 #경제적자유시스템 #저축률높이기 #일억원만들기

『광고의 비밀』

김현주 글, 강희준 그림, 미래아이, 2012, 120쪽

요즘 광고를 보면 베란다에 있던 세탁기가 어느 날부터 거실에 있는 것을 발견할 수 있습니다. "상상이 현실로"라는 말처럼 광고는 우리의 사고와 소비 습관까지 변화시키고, 아동이나 청소년은 소비의 기준과 문제점에 대해 생각할 사이 없이 크나큰 영향을 받고 있지요. 이 책은 미디어와 상품에 대해, 창의력과 상상력이 돈이 되는 최근의 동향인 스타와 광고 효과, 맥도날드의 셀프서비스 속의 기업 이윤에 대해 알려 줍니다. 이처럼 광고와 소비의 관계를 이해하고, 성장기의 아동과 청소년에게 균형 있는 소비를 할 수 있도록 도와줍니다.

광고만 보고 쉽게 물건을 구입했다가 후회한 경험이 있거나 광고와 소비에 대해 잘 알고 싶은 아동이나 청소년이 읽으면 도움이 될 수 있습니다.

이 책을 읽고 합리적인 소비에 대해 알아보고 건강한 소비에 대해서도 생각해 봅시다. 또한 책을 통해 자신의 소비에 대해 점검하고 문제점을 주제로 선정해 함께 토의해 봅시다.

#초등경제도서 #생활속경제학 #왜자꾸사고싶을까 #건강한소비

『내일은 슈퍼리치』

임지형 글, 최재욱 그림, 이지북(자음과모음), 2021, 168쪽

이 책은 엄마의 공부 잔소리에 반기를 든 아이의 '슈퍼리치 되기' 프로젝트입니다. 공부를 잘해야만 돈을 많이 벌 수 있다는 엄마의 말이 틀렸다는 것을 증명하고 싶은 아이는 갖가지 방법으로 돈을 벌기 위해 노력합니다. 경로당 안마 서비스부터 중고마켓 거래, 운동 알려주기까지 열심히 노력해서 돈은 벌었지만, 친구와 놀 시간이 없어서 둘의 관계는 점점 멀어지고 정말 중요한 것이 무엇인지 생각해 보게 되지요. 돈을 많이 벌면 정말 행복한지, 행복의 기준은 무엇인지 아이와 함께 이야기 나누어 볼 수 있는 책입니다.

아이들에게 꿈을 물어보면 직업을 말하는 아이가 많습니다. 그리고 커다란 집을 사고 싶다거나 돈을 많이 벌 것이라고 목표를 이야기하기도 하지요. 이 책은 돈의 가치와 그것을 얻기 위한 노력에 대해 다루고 있습니다. 부자를 꿈꾸거나 진로에 대해 고민하고 있다면 이 책을 한번 읽어보세요. 무엇을 위해 어떤 과정을 거쳐 어른이 되어가는지 생각해 볼 수 있습니다.

경제를 다루고 있지만, 책에 흐르는 전반적인 주제는 진짜 소중한 것은 무엇인지에 대한 것입니다. 책의 내용과 상황을 이야기하며 "왜"라는 질문을 던져본다면, 소중한 것과 자신의 미래에 대한 아이의 생각을 깊이 있게 들어볼 수 있을 것입니다.

#어린이경제동화 #공부하기싫을때읽으면좋은책 #슈퍼리치되기

『오늘은 용돈 받는 날』

연유진 글, 간장 그림, 풀빛, 2021, 96쪽

초등 3학년이 되어 처음 용돈을 받기 시작한 현우가 충동구매, 필요 물품의 선택, 소비와 저축의 시행착오를 겪으면서 용돈 관리를 잘하게 된다는 이야기입니다. 책을 보며 아이들의 천진난만함에 웃음 짓게 되기도 하지만, 사실적인 이야기 구조가 공감과 이해를 불러일으키기도 합니다. 아이에게 잔소리 대신 꼭 필요한 조언을 주는 부모의 모습도 함께 생각해 볼 수 있는 책입니다.

경제 교육을 어디서부터 어떻게 시켜야 하는지 막막하다면 아이와 함께 이 책을 읽어보세요. 아이들의 눈높이에서 쓰인 책이라 이론을 알려주는 것보다 훨씬 쉽게 읽히고 필요한 내용들을 습득할 수 있을 것입니다.

내가 현우라면 이런 상황에 어떻게 했을지 질문해 보고 아이의 이야기를 들어주세요. 용돈에 대해서 어떤 생각을 갖고 있는지, 적정 금액은 얼마라고 생각하는지, 주로 어디에서 사용하고 싶은지 이야기를 나누어 본다면 돈에 대해 진지한 아이의 생각을 들을 수 있을 것입니다. 용돈 기입장의 장점과 단점에 대해서도 의견을 나눠보세요. 한 달간 아이의 수입과 지출을 기록해 보고 어떤 부분의 지출이 많은지 함께 이야기를 나누어 보아도 좋습니다.

#초등경제도서 #내아이첫경제개념 #용돈관리의첫걸음

『마케팅 한 잔 하실래요?』

박규희, 학현사, 2022, 227쪽

"마케팅을 어떻게 하면 효율적일까요?" 저자는 차 한 잔 마시는 시간이면 마케팅을 충분히 할 수 있다고 말합니다. 즉, 마케팅에 많은 시간이 필요하지는 않다는 것입니다. 특히 마케팅을 할 때 꾸준함과 집요함을 강조합니다. 저자는 마케팅 용어 알기에서 시작해 누구에게 어떻게 팔 것인가 하는 대상자를 제대로 아는 것이 마케팅의 첫 단추라고 말합니다. 또한 시장조사, 심리학 알기 기술에서는 잘 팔리는 이미지와 기획의 중요성을 알려줍니다. 그뿐만 아니라 1분 안에 웹 디자이너가 되는 방법으로 네이버와 구글을 제시하고, 광고 채널 활용과 블로거나 기자단도 마케팅 통로로 추천합니다. 마케터가 되기 위한 배움은 성장과 비례한다고 주장합니다.

마케팅에 관심이 있거나 현재 자신이 소속된 곳의 마케팅에 문제가 있다고 생각하여 변화를 주고 싶다면 이 책을 통해 다양한 관점에서 구체적이고 실질적인 풍부한 팁을 얻을 수 있을 것입니다. 이 책을 통해서 자신에게 도움이 되는 것을 발췌하거나 새로 알게 된 사실, 자신에게 꼭 필요한 정보 목록을 작성하고 중요한 정도를 색으로 표시해두는 등 효과적으로 책을 이용해 봅시다.

#실전마케팅노하우 #1인마케터시대 #마케팅채널

『앨빈 토플러 청소년 부의 미래』

앨빈 토플러 · 하이디 토플러, 이노을 엮음, 청림출판 2007, 256쪽

미래학자인 앨빈 토플러와 하이디 토플러의 『부의 미래』를 청소년이
읽을 수 있도록 기획한 책입니다. 이 책은 주로 미래의 변화에 대하여
경제를 통해 설명하고 있지만, 실제로는 경제, 사회, 정치, 환경, 빈부
격차 등 청소년이 알아야 할 다양한 지식을 담고 있습니다. 한국의 청
소년을 위해 앨빈 토플러가 쓴 편지에는 이 책을 읽고 청소년들이 세상
을 현명하게 살아갈 지식을 얻기를 바라는 소망이 담겨 있습니다.

어른들은 청소년들이 알아야 할 것은 박제된 지식이 아니라 세상이
라는 단순한 명제를 쉽게 잊습니다. 이 책은 다양한 인문학적 지식을
바탕으로 과거와 현재, 미래에 대해 통찰하고 있지만 단정하거나 확정
하지는 않습니다. 대신 인간 사회에 대해 청소년들이 스스로 생각하고
고민해 볼 질문을 던집니다. 미래와 자신의 진로에 대해 진지하게 고민
하는 청소년들이라면 저자들이 제시하는 길을 찾을 수 있을 겁니다.

다양한 일러스트와 만화풍의 삽화는 복잡하고 어려운 지식을 쉽게
전달하는 역할을 해줍니다. 또 저자들이 청소년들에게 하는 질문도 삽
화의 말풍선이 전달하고 있지요. 이 책은 그러한 질문들에 대해 청소년
들이 생각해 보고 또 다른 자료를 통해 사실을 확인하고 지식을 찾아보
면서 더 많은 것을 알 수 있도록 구성되어 있습니다. 질문에 답하는 과
정에서 청소년들은 미래에 대한 식견과 사고 능력을 성장시킬 수 있을
거예요.

#청소년경제도서 #부는우리를어디로 #제4의물결 #프로슈머경제

『부자의 그릇』

이즈미 마사토, 김윤수 옮김, 다산북스, 2020, 224쪽

광장에 한 중년의 남자가 앉아 있습니다. 그는 사업 실패로 3억 원이라는 빚만 떠안은 채 몸이 약한 딸과 아내마저 떠나고 홀로 지내는 형편이라 사람 구경이라도 할 수 있는 광장에서 대부분의 시간을 보냅니다. 그곳에서 자신을 조커라고 칭하는 한 노인을 만납니다. 초면에 무례하다고 느낄 만큼 노인은 무심히 한마디씩 툭툭 던집니다. 남자는 화를 냈다가도 노인과 이야기하는 사이 자신이 광장에서 시간을 보내는 신세가 된 이야기를 점점 터놓게 됩니다. 이 책은 그렇게 둘이 광장에서 보낸 하룻밤 동안의 이야기입니다. 노인은 누구일까요? 노인과 남자의 만남은 정말 우연이었을까요?

새해가 되면 덕담처럼 주고받는 말이 있지요. "부자 되세요!" 하지만 돈이 많다고 모두 부자가 될 수 있는 것은 아니라고 합니다. 돈의 덩치가 커진 만큼 그것을 담을 수 있는 나의 그릇도 준비가 되어 있어야 한다고 합니다. 그릇을 만드는 데는 성공만큼 실패도 중요하지요. 또한 돈으로 가질 수 없는 것도 있습니다.

노인은 우리에게 여러 가지 질문을 던지고 다양한 이야기를 들려줍니다. 나에게 가장 인상 깊게 다가온 질문과 이야기는 무엇인가요? 그렇다면 내가 진정 원하는 것을 위해서 나는 어디에 무게 중심을 두고 살아갈 것인지 생각해 볼 수 있을 것입니다.

#경제경영교양소설 #다룰수있는돈의크기 #돈을다루는능력 #돈의교양

『오십부터는 노후 걱정 없이 살아야 한다』

강창희 · 고재량 지음, 포레스트북스, 2021, 352쪽

저출산과 저성장 시대의 오늘날 노후에 대한 불안은 그 누구도 피해 갈 수 없는 문제입니다. 그렇다면 어떻게 경제적으로 편안하고 즐거운 노후를 맞이할 수 있을까요? 책은 이에 대한 정보와 전망을 담고 있습니다. 저자들은 우리나라 특유의 문제인 자녀의 교육비 과다 지출을 큰 요인으로 제시하며 나이가 들어서도 경제적 활동이 필요함을 주장합니다. 특히 100세 시대인 만큼 자산 관리 때 꼭 기억해야 하는 것과 불완전한 금리 변동 때 자금 운용법에 대해서도 똑똑하게 알려줍니다. 먹고살 걱정이 없는 노후를 꿈꾼다면 재테크보다 더 중요한 노후 지킴이가 될 수 있을 것입니다.

다가오는 노후 삶이 걱정되나요? 노후 대비가 미비하거나 정보를 몰라 걱정하는 사람들 또는 노후 경제를 준비하는 모든 세대에게 이 책은 도움이 될 것입니다.

책을 읽으면서 자신이 생각하는 노후 경제의 부족한 부분이나 수정해야 할 부분을 점검합시다. 만약 노후 대비에 대해 문제를 찾았다면 구체적인 정보를 통해 자신의 노후 경제를 다시 재구상하고 노후 설계를 평가해 봅시다.

#셀프부양시대 #노후를위협하는리스크 #노후준비의새로운패러다임

Part 4.

지금, 여기, 우리
: 어떻게들 살아가고 있나요?

『더 해빙』
이서윤·홍주연, 수오서재, 2020, 344쪽

어떻게 하면 부자가 될 수 있을지가 뜨거운 화두입니다. 이에 대한 답으로 이서윤 크루는 'Having'이란 말을 제시합니다. 물에 손을 담그면 시원한 감촉을 느낄 수 있듯이 Having은 누구나 돈을 누릴 수 있다고 합니다. Having은 돈을 쓰는 순간 '가지고 있음'을 충만하게 느끼는 것입니다. 대개는 보통 '없음'의 렌즈로 세상을 바라보는데 '있음'의 렌즈로 바꾸는 Having은 부를 끌어당긴다고 합니다. 단돈 1달러라도 '지금 나에게 돈이 있다'는 것에 집중하며 돈을 누리면 물질은 자연스럽게 따라온다는 것입니다. 무엇보다 중요한 것은 감정이기에 불안이 끊임없이 밀려올지라도 배가 흔들리는 것이 항해의 일부이듯 그것을 과정의 일부로 받아들이고 자신에 집중하는 것이 중요하다고 말합니다.

세속을 초월하지 않는 이상 물질로부터 자유로운 사람은 없을 것입니다. 만약의 불행한 사태를 대비하기 위해 늘 돈에 전전긍긍하기도 하고요. 특히 돈을 쓸 때마다 걱정이 앞서 불안한 마음으로 온전히 쓰지 못하는 사람들이 Having을 제대로 이해한다면 '있음'을 충분히 누릴 것 같습니다. 기쁨이 솟고 긍정의 에너지로 행운도 찾아올 듯합니다.

내가 가지고 있는 것을 확인해 보고 거기에서 오는 감정을 오롯이 즐겨보는 Having 노트를 써보세요. 'I HAVE~', 'I FEEL~'로 시작하여 쓰다 보면 있는 것에 집중할 수 있어 감사하게 되고 운도 따를 듯합니다. 받은 것에 감사하는 마음으로 남의 필요에 반응하는 상생을 실천하다 보면 복이 선순환되는 사회가 될 것입니다.

#부와행운을만나는출발점 #부와행운을끌어당기는힘 #있음의렌즈 #Having노트

『우리도 행복할 수 있을까』

오연호, 오마이북, 2014, 320쪽

인터넷신문 〈오마이뉴스〉 대표 기자 오연호 씨가 세계행복지수 1위의 나라 덴마크에 대해 1년 6개월에 걸쳐 취재한 기록입니다. 덴마크에서 행복이 가능한 이유는 '자유(스스로 선택하니 즐겁다), 안정(사회가 나를 보호해 준다), 평등(남이 부럽지 않다), 신뢰(세금이 아깝지 않다), 이웃(의지할 수 있는 동네 친구가 있다), 환경(직장인의 35퍼센트가 자전거로 출퇴근한다)'의 6가지 키워드로 요약됩니다. 이 책은 자존감과 연대 의식을 바탕으로 즐겁고 자유롭게 사는 덴마크인들의 삶이 어떻게 가능했는지 개인, 사회, 기업, 교육 등 다방면으로 다룹니다.

이 책은 덴마크의 사례를 통해 아이를 행복하게 양육하고 싶은 부모, 스스로 삶의 주체가 되어 진로를 개척하고 교육을 실천하고자 하는 학생과 교사와 학교, 협력과 소통에 기반하여 성장을 추구하고자 하는 기업, 배려와 연대로 하나가 되는 이웃과 지역사회 등 진정한 행복을 꿈꾸는 다양한 이들에게 생각할 거리를 제시합니다.

우리 사회에서 행복하게 살 수 있는 조건이라면 고학력, 전문직, 부의 축적 등을 떠올리기 마련이지만 실제로 행복하다고 생각하는 사람은 많지 않습니다. 저자가 제시하는 6가지 키워드를 통해 지금 우리 사회의 현실을 어떻게 변화시켜야 할 것인지 토론해 봅시다. 그리고 현실 속에서 행복을 추구하며 사는 우리가 어떻게 살아야 할 것인지 생각하는 시간을 가져봅시다.

#덴마크인의행복 #휘게라이프 #행복사회의비밀 #세계행복지수

『우리도 사랑할 수 있을까』

오연호, 오마이북, 2018, 272쪽

〈오마이뉴스〉 대표 기자 오연호 씨가 『우리도 행복할 수 있을까』에서 발견한 행복의 원리를 우리나라에서 실현하려는 시도를 기록한 책입니다. 저자는 행복해질 방법을 '스스로, 더불어, 즐겁게'라는 세 단어로 줄이고, 이를 "쉬었다 가도 괜찮아, 다른 길로 가도 괜찮아, 잘하지 않아도 괜찮아"의 세 가지 '괜찮아'로 요약합니다. 누구도 사회적 눈치를 보거나 주눅 들지 않고, 경쟁의 승리자를 위해 다수의 패배자를 만들지 않고, 함께 행복해지기 위해 지금 여기에서 실천할 방법들을 모색합니다. 자기와 자기 일과 이웃과 세상을 사랑하는 것이 밥벌이가 되는 세상, 사랑이 밥 먹여주는 세상을 위하여 "지금-여기에서 나부터 꿈틀거릴 것"을 제안합니다.

책은 타인이 정한 기준으로 삶의 성공과 실패를 규정하고 끝없는 경쟁 속에 불안해하는 학생과 학부모, 교육과 취업과 사회적 관계를 고민하는 여러 세대에게 근본적 질문과 실천적 대안을 제시합니다.

스스로의 한계를 사랑하고, 내면의 존엄과 가치를 지키며, 일평생 성장하면서 내 안의 또 다른 나를 발견하고 싶은 사람들이 함께 읽고 토론하기에 좋습니다. 우리는 행복해지기 위해 지금, 어디서, 누구와, 어떻게 꿈틀거리고 있나요? '스스로, 더불어, 즐겁게' 행복할 방법, '쉬면서 가도, 다른 길로 가도, 잘하지 않아도' 괜찮은 행복의 방법에 대해 구체적으로 생각하고 이를 글로 써본다면 멋진 행복 목록을 만들 수 있을지도 모릅니다.

#행복하려거든사랑하라 #에프터스콜레 #꿈틀리인생학교 #스스로더불어즐겁게 #지금여기에서나부터꿈틀

『조선에서 백수로 살기』

고미숙, 프런티어, 2018, 288쪽

제도권 학문에 기대지 않고, 자연스러움을 추구하면서 나와 대상의 상생을 꿈꾸는 학자 고미숙. 일찍이 18세기를 살아간 연암 박지원의 삶을 통해 시대를 통찰했던 저자가 젊은이들에게 당혹스러울 만큼 단호한 메시지를 전합니다. 4차 산업혁명 시대, 이제 노동자가 주인이 되는 노동 해방이 아니라 노동 그 자체에서 벗어나는 노동 해방의 시대가 오고 있으니, '타임푸어'인 정규직이 아니라 '타임 수퍼리치'인 비정규직 백수의 삶을 어떻게 살지 궁리하라는 작가의 역설적 제안입니다.

2030 대다수가 대박을 꿈꾸면서도 명문대, 전문직, 공무원 등 그들의 마지막 꿈이란 안정적으로 사는 것입니다. 그러나 현실에서 이 안정이라는 기본 조건을 갖추는 것 자체가 참 어렵습니다. 상당수 청년은 결국 비정규직이나 백수의 삶을 살게 될 테니까요. 이 책은 안정이라는 꿈을 이루기 위해 지금, 여기의 삶을 희생하며 현실을 감내하는 것을 당연하게 여기는 청년들에게 전환적인 성찰 기회를 제공합니다.

사회적 안정을 위한 이들의 노력을 폄훼할 수는 없습니다. 그러나 그 이면에 비정규직, 실업이라는 더 많은 불안정이 기반하고 있다는 사실도 기억해야 합니다. 저자는 비정규직이 대세가 된 현실에서 정규직을 확대하기보다는 계약직이나 프리랜서의 위상을 높이자고 제안합니다. 서로가 각자의 길을 마음껏 가도 좋은 세상, '지금, 여기'를 살아도 충분한, 오히려 그런 독보적인 삶을 통해 값진 창조적 성과물이 만들어질 수 있는 세상을 위해 할 수 있는 일이 무엇일까 토론해 봅시다.

#인문학적백수론 #타임투어 #타임수퍼리치 #연암박지원 #지금여기의행복 #수유너머

『내가 버릇이 없다고?』

베스 브래컨 글, 리처드 왓슨 그림, 북드림 옮김, 노란우산, 2013, 40쪽

버릇없는 아이에게 어떻게 예절을 가르쳐줄 수 있을까요? 주인공 피트는 아무 데서나 트림하고 코를 후빕니다. 입 안에 음식이 가득 든 채로 입을 벌리고 말하기도 합니다. 피트는 다른 사람을 신경 쓰지 않는 듯한 이런 행동으로 관심 끄는 것을 즐거워합니다. 어느 날 가족끼리 식사를 하는데 아빠가 큰소리로 트림하고 방귀를 붕붕 뀌면서도 "미안해"라고 하지 않고, 여동생은 코를 후볐습니다. 피트가 이상하다고 하자 엄마는 네가 하는 것을 따라 했을 뿐이라고 답했어요. 그 후로 피트는 어떻게 되었을지 궁금해집니다.

예의가 무엇인지 모르고 장소와 상관없이 마음대로 행동하는 아이 또는 예의 없는 행동을 일부러 하는 아이, 이런 아이 때문에 고민하는 부모가 읽으면 도움을 받을 수 있습니다.

책을 읽고 피트가 한 행동이 왜 문제가 되는지 생각해 보세요. 그럴 때 옆에 있는 사람이 느끼는 기분이 어떨지 말해보세요. 옆 사람과 바꾸어 적용해 보고 예의 노트를 만들어 보세요.

#생활예절그림책 #버릇없는아이피트 #코후비는아이 #예의노트

『오늘도 상처받았나요?』

마스다 미리 글·그림, 박정임 옮김, 이봄, 2021, 216쪽

스낵바 딱따구리의 손님들은 오늘도 사회와 사람들에게 받은 상처 때문에 분노하고 또 슬퍼합니다. 그들은 스낵바 주인에게 하소연하고 주인과 함께 한바탕 노래를 부르고는 화나고 슬펐던 마음을 위로받고 집으로 돌아가지요. 그러나 사실 스낵바에 방문한 열 명의 손님은 서로서로 상처받고 상처 준 사람들입니다. 직장에서 동료에게 휘둘려 손해를 봤다고 생각한 아다치는 홈쇼핑 콜센터의 나카타에게 화풀이하고, 나카타는 전철에서 다리를 벌리고 앉은 중년의 사토를 무시하지요. 이처럼 서로 연쇄적으로 영향을 주고 마음을 다칩니다. 그들은 자신이 상처받은 일로 인해 생겨난 감정을 다른 사람들에게 풀어 자신도 누군가를 상처 입히고 있으면서도 그 사실을 알지 못합니다.

이 책은 일상 만화를 주로 그리는 일러스트레이터 겸 만화가 마스다 미리의 작품입니다. 늘 손해 보는 듯해서 속상하거나 다른 사람과 관계에서 상처받고 지친 사람들이 읽으면 좋습니다. 그림체는 가볍고, 한 명씩 등장하는 이야기는 간단합니다. 누군가에게 상처받았다는 것이죠. 하지만 그들은 자신도 누군가를 아프게 했다는 사실을 모릅니다.

이 만화의 등장인물들은 서로 여러 개의 원으로 엉킨 듯 상처를 주고받습니다. 그리고 스낵바의 사장과 함께 누군가는 끝말잇기로, 누군가는 여행 이야기로, 또 누군가는 자작곡 혹은 자작시를 써서 위로받습니다. 우리 상처는 어떻게 치유할 수 있을까요? 우리도 스낵바의 괴상한 사장처럼 자신에게 처방을 내려보면 어떨까요? 또 누군가에게 나의 감정을 전이해 상처를 주지 않았는지 생각해 봐도 좋겠습니다.

#힐링만화 #상처입은사람에게만보이는 #스낵바딱따구리 #상처의연쇄

『영원한 유산』

심윤경, 문학동네, 2021, 284쪽

일본은 우리와 지리적으로 가장 가까운 나라입니다. 다양한 먹거리와 문화로 최고의 관광지로 꼽히기도 합니다. 그러나 툭하면 불거지는 과거사 문제와 정치인들의 망언으로 여전히 심적으로 먼 나라이기도 합니다. 해방 이후 청산되지 못한 일제 잔재는 아직도 우리 사회에 아프게 남아서 미래로 향해 가는 양국 관계의 발목을 잡기도 합니다.

이 책은 일제가 남기고 간 적산가옥(敵産家屋) '벽수산장'의 이야기를 통해 친일 문제를 다룹니다. 우리나라가 후진국에서 벗어나지 못하고 있던 1960년대 한국 사회를 외국인의 시선, 친일 후손의 시선, 독립운동가 후손의 시선으로 바라봅니다. 그리고 오늘날까지 여전히 남아 있는 한국 사회의 친일 문제에 대해 진지하게 묻습니다.

잊을 만하면 과거 청산과 친일 문제가 이슈화되고는 합니다. 물론 과거사 문제에 대해서는 여러 가지 관점이 있을 수 있습니다. 다만 침략의 가해자와 피해자가 아직도 동시대를 살아가고 있기에 과거사 문제는 여전히 현재 진행형일 수밖에 없습니다. 아직도 남아 있는 식민 잔재들을 조사한 정보를 나누고 식민지 역사와 과거사 문제를 토론해 보는 것도 좋은 방법입니다. 1960년대 도심 풍경을 상상하면서 읽는 재미는 덤으로 얻을 수 있습니다.

#적산가옥 #벽수산장 #언커크 #친일파후손 #친일잔재

『담을 넘은 아이』

김정민 글, 이영환 그림, 비룡소, 2019, 164쪽

신분이 분명하고 남녀 차별이 존재했던 조선 시대. 가난한 집안의 큰딸 푸실이는 병약한 남동생과 갓 난 동생이 있습니다. 어머니는 아픈 남동생을 살리기 위해 신세를 진 양반댁 유모로 불려 가고 푸실이에게 가장의 짐을 지게 되지요. 나무를 하러 간 뒷산에서 『여군자전』이라는 언문 책을 만난 이후로 푸실이는 책을 읽기 위해 언문을 배우고 내용을 이해하기 위해 노력합니다. 그리고 양반댁 아기씨로 자랐으면서도 여자라는 이유로 막힌 담 안에 있는 효진 아가씨와 우정을 나누게 됩니다. 그렇게 푸실이는 관습의 담을 넘어 세상 속으로 당당하게 나아가기 위해 조금씩 성장합니다.

아직도 우리 사회에는 보이지 않는 담이 있습니다. 예전보다 좋아졌다고는 하지만 차별은 항상 존재하기 마련이니까요. 그렇다면 앞이 막힌 상황에서 늘 좌절해야만 할까요? 작은 탈출구가 필요할 때 이 책을 읽어보세요. 어린 소녀들이 지금의 상황을 바꾸기 위해 환경이 아닌 스스로의 마음 변화를 일으키는 모습을 보며 내 안에 일렁이는 마음의 파도가 있을 것입니다.

나를 가로막고 있는 담은 무엇인가요? 직장일 수도, 가족일 수도, 나의 마음일 수도 있습니다. "문이 막히면 담을 넘으면 되지 않습니까?"라고 말하는 푸실이의 말 속에서 내가 놓치고 있는 것은 무엇인지 생각해 보며 읽으면 더 좋겠지요.

#관습과차별을뛰어넘은 #큰딸푸실이 #여군자전 #편견과차별 #황금도깨비상수상작

『스마트폰 이제 그만』

마리나 누녜스 글, 아비 오페르 그림, 윤사라 옮김, 베틀북, 2021, 40쪽

주인공 아이에게 오늘은 아주 중요한 날입니다. 꼭 해야 할 일이 있거든요. 바로 사람들 눈에서 스마트폰을 사라지게 만드는 거예요. 어른 아이 할 것 없이 집에서나 대중교통을 이용할 때나, 심지어는 공원에 산책을 나와서도 사람들은 스마트폰만 쳐다보지요. 어쩌다가 내가 엄마, 아빠의 관심을 끌기에 성공했나 싶으면 그건 엄마, 아빠의 스마트폰 카메라가 나를 찍고 있는 순간일 뿐입니다. 스마트폰이 사라질 수있게 해줄 지혜를 얻을 곳이 한 군데 있습니다. 바로 할머니이지요. 아이의 계획은 성공할 수 있을까요?

스마트폰에 붙여주고 싶은 별칭이 있습니다. '애물단지'. 스마트폰 덕분에 우리의 생활이 편리해졌는지, 스마트폰 때문에 우리의 생활이 너무 피곤해졌는지 알 수 없는 순간이 참 많은 것 같습니다. 가족이나 아이들의 과도한 스마트폰 사용 때문에 어려움을 겪기도 하지만, 나의 스마트폰 사용 습관도 한 번쯤 돌아볼 필요가 있지는 않나요?

주인공은 스마트폰을 사라지게 만들기 위해서 스마트폰 대신 할 수있는 다른 것들을 해보라고 권합니다. 효과가 전혀 없지는 않았지요. 여러분은 어떤 방법이 떠오르나요? 하루 한 시간만이라도 가족들과 다함께 실천해 보는 것도 좋겠습니다.

#생활습관그림책 #애물단지스마트폰 #포노사피언스 #스마트폰디톡스 #스마트폰
사용습관

『하얼빈』

김훈, 문학동네, 2022, 308쪽

우리는 안중근을 이토 히로부미를 척살한 독립운동가로 기억하며 그의 업적을 기립니다. 그러나 그가 어떤 생각을 가지고 그 시대를 살아갔는지, 그의 삶이 우리에게 어떤 물음을 제기하는지 무관심합니다. 이책은 안중근과 이토가 하얼빈을 향해 가는 여정을 기반으로 몰락해 가는 조선을 바라보는 두 인물의 심리를 김훈 특유의 문체로 다룹니다. 책 속의 안중근은 영웅적이거나 투사적이지 않고 야만적인 시대에 맞서는 고독하고 처연한 모습으로 그려집니다. 그의 사후 가족들이 겪었던 고난의 삶에 대한 기록은 위대한 독립운동가의 삶이 우리에게 어떻게 기억되고 있는지에 대한 의문을 제기합니다.

일본과의 관계를 재정립하는 것은 친일 잔재 청산만큼이나 중요합니다. 그러나 과거사 문제 재정립은 우리가 일제의 강점에서 벗어나고자했던 독립 노력을 온전히 알아가는 것에서 출발해야 합니다. 중국 지방정부가 하얼빈역에 안중근기념관을 세우고, 뤼순 감옥에 안중근의 독방과 처형당했던 곳을 복원하여 기리는 모습을 보면서 정작 우리는 우리의 독립 영웅을 위해 어떻게 노력하고 있는지 생각해 보게 됩니다.

친일 문제, 과거사 청산 문제는 양국 관계의 재정립만큼이나 요원한 것일 수 있습니다. 하지만 고난의 시대에 독립을 위해 목숨을 던졌던 독립운동가의 삶을 기리는 일이 정치나 외교와 같은 명제에 밀려야할까요? 그들의 희생을 생각하며 어떻게 살아야 할지, 그 정신을 어떻게 계승해 나가야 하는지 다양하게 이야기를 나누어 보면 좋겠습니다.

#김훈역사소설 #서른한살안중근 #하얼빈으로가는여정 #이토히로부미 #독립운동가가족의삶

『할머니는 죽지 않는다』

공지영, 해냄, 2017, 244쪽

오늘내일 할머니가 돌아가신다고 가족들이 모였습니다. 그런데 금방이라도 돌아가실 것 같던 할머니는 멀쩡히 살아 배가 고프다며 밥을 드시고 오히려 건강하던 막내 외삼촌이 갑작스럽게 죽습니다. 이상한 일은 계속되어 할머니 주변 사람들뿐만 아니라 도둑고양이, 까치 몇 마리 등이 이유 없이 죽고 산송장 같은 할머니는 미음을 한 숟가락씩 넘기며 생명을 이어갑니다.

할머니가 죽지 않는다는 이야기는 설화적 상상력을 더하여 언뜻 보기에는 거짓말 같은 신기함과 오싹한 분위기를 더해줍니다. "이번 주를 넘기지 못한다"는 의사의 말에 모여든 가족들은 할머니의 안타까운 죽음보다는 할머니의 재산 상속을 기대하며 자리를 채울 뿐입니다. 이 책에서 죽음은 부의 욕망을 드러내는 현대 사회의 민낯을 그리고 진시황처럼 영원한 삶을 유지하고 싶은 인간의 욕망을 보여줍니다.

당신이라면 이 책을 읽고 난 후, 어떤 질문을 하겠습니까? 왜 그런 질문을 하게 되었는지 생각한다면 내가 이 이야기의 등장인물에 대해서 그리고 할머니의 죽음과 주변 인물들의 죽음이 가지는 의미에 대해서 다시 한번 생각해 볼 수 있을 것입니다.

#설화적상상력 #할머니의죽음 #현대사회의민낯 #권력의욕망

Part 5.

연대하는 삶의 이야기
: 차별 없이, 고통 없이, 함께 살아요

『지니의 퍼즐』

최실, 정수윤 옮김, 은행나무, 2018, 196쪽

재일 동포 3세인 지니는 학교에서 '더러운 조센진'으로 불리며 집단 따돌림의 피해자가 되었습니다. 조선학교로 전학을 갔지만 조선말을 하지 못하는 데다가 다소 강박적인 북한 중심의 학교 문화에 거부감을 느껴 김부자의 초상화를 훼손하고 학교를 나옵니다. 조선학교 교복을 입었다는 이유 하나로 성폭행을 당할 뻔한 지니는 결국 일본을 떠나 미국으로 갑니다. 미국에서도 지니는 정착하지 못하고 하와이, 오리건 주의 학교들을 전전하다 스테파니를 만나게 되지요. 그녀의 집에서 홈스테이를 하면서 처음으로 자신을 있는 대로 봐주는 사람들을 만나 여전히 삐걱거리면서도 천천히 걸어가기 시작합니다.

지니는 말합니다. "내가 맞서야 할 상대는 어디일까요. 누구일까요. 내가 틀린 거예요? 나는 이름을 잃어버렸어요. 더는 일본 이름도, 한국 이름도, 어느 쪽도 말할 수가 없어요." 이 책은 일본에서 차별받는 재일 동포의 이야기를 담고 있지만, 사실상 세상 어디에나 있는 편견과 차별 속에서 정체성을 찾으려는 소녀의 이야기입니다. 준비되지 않은 다문화 사회를 만난 모든 이에게 지니가 가는 길은 생각할 거리를 줍니다.

소수자의 처지에서 우리가 살고 있는 세상을 살펴보면 어떨까요? 혹은 우리가 만나는 다문화인이나 외국인들의 시선에서 우리 사회를 보는 것은 어떨까요? 지니가 머나먼 미국에서 비로소 만나게 된 자신과 자유의 실체가 무엇인지 생각해 보는 것도 좋겠습니다.

#재일조선인3세소설가 #재일조선인학교 #차별과편견 #혐한문제

『위클래스 사용설명서』

이정준 · 전성은, 박영스토리, 2021, 184쪽

힘들고 짜증 날 때, 도움이 필요할 때 누군가에게 나의 이야기를 털어놓고 싶어지지 않나요? 학교에서는 그런 학생들을 위해 위클래스라는 상담 교실을 운영하고 있습니다. 하지만 정작 아이들은 '상담'이라는 단어 앞에서 머뭇거리지요. 꼭 문제가 있어야 상담을 받아야 한다고 생각하는 경우가 많기 때문입니다. 이 책은 상담이 무엇인지와 상담실의 환경 그리고 상담 절차까지 자세하게 알려주어 위클래스 문 앞에서 망설이는 아이들이 조금 더 쉽게 다가올 수 있도록 하는 친절한 안내서가 되어줍니다.

청소년기는 마음의 문제로 괴로운 일투성입니다. 순간의 화를 참지 못해 다른 사람에게 아픔을 주기도 하지요. 그렇다고 내 마음이 편해지는 것도 아닙니다. 내 감정을 마주하고 싶을 때, 지금 내 모습에 변화가 필요하다고 생각될 때, 아무도 내 마음을 몰라줄 때 학교에 있는 위클래스가 떠오른다면 이 책을 읽고 다가가 보세요.

상담실을 다녀간 뒤 마법처럼 고민하던 문제가 해결되지는 않습니다. 하지만 용기 내어 상담실 문을 열어본다면 그곳에서 나의 마음을 위로 받을 수 있는 따뜻한 말과 눈빛을 마주할 수 있습니다. 심리학을 전문적으로 배운 선생님들이셔서 실질적인 도움이 되기도 합니다. 이곳에서 나의 힘듦을 밖으로 꺼내보는 것은 어떨까요?

#위클래스 #청소년상담 #학교상담 #상담실앞에서주저하는당신에게

『잠깐, 이게 다 인권 문제라고요?』

김도현 외 5인, 곰곰, 2021, 232쪽

인권 문제는 어렵거나 우리의 일상생활과는 동떨어진 것으로 생각하기 쉽습니다. 또 우리와는 관계없는 것으로 여기기도 합니다. 이 책은 청소년, 디지털, 기후 위기, 젠더, 장애, 난민 등 여섯 가지 주제와 관련된 인권에 대해 그 분야의 전문가 여섯 명이 구체적이고 실제적인 예를 들어 설명하고 있습니다. 우리는 기후 위기를 환경 문제로만 여깁니다. 그러나 기후 위기는 저개발국가 국민의 인권이나 소외 계층의 생존권에 큰 영향을 줍니다. 또 생각 없이 찍는 사진은 디지털 환경에서 사람들의 인권을 침해하기도 합니다.

이 책은 초등학교 고학년 학생부터 어른들까지 인권에 대해 알고 싶은 사람들이라면 쉽게 읽을 수 있습니다. 인권이 우리가 살아가는 일상과 관계된다는 것을 알려주기도 합니다. 그래서 우리가 사는 사회에 대해 관심이 있는 사람은 누구나 읽고 이해할 수 있습니다.

인권에 대해 여섯 가지 주제로 나누어 이야기하고 있지만 자신이 관심 있는 주제만 읽을 수도 있습니다. 또 이 책은 질문에 대한 대답 형식으로 구성되어 있습니다. 본문을 읽기 전에 이 질문에 대해 스스로 대답해 보고 읽어본 뒤 달라진 생각을 확인해 보는 것도 좋겠습니다.

#청소년인권 #디지털인권 #장애인인권 #차별과혐오 #불평등과배제

『선량한 차별주의자』

김지혜, 창비, 2019, 244쪽

우리가 별생각 없이 사용하는 말 중에 '결정장애'라는 표현이 있습니다. 이렇게 무언가에 '장애'를 붙이는 건 '부족함', '열등함'을 나타내는 의미로 사용되어 '장애인'을 늘 부족하고 열등한 존재로 여겨지게 만든다고 합니다. 또는 약자의 목소리가 조금이라도 커지면 그 반대편에 있는 사람은 약자에 비해 많은 것을 누리고 있음에도 자리를 비켜주어야 하는 상황을 손해 본다고 느끼게 되어 약자의 목소리가 불편하게 느껴집니다. 이렇듯 장애인을 폄하하려는 의도가 전혀 없는 선량한 사람이라도 장애인을 부족하고 열등한 존재로 만들어 버리거나 가해자는 없고 피해자만 있는 상황을 저자는 '선량한 차별주의자'라고 말합니다. 우리도 모르는 사이 당연하게 또는 무지해서 차별인지도 모른 채 넘어갔던 일들이 한편으로는 불편함으로, 또 한편으로는 깨달음으로 다가옵니다.

나 또는 우리 가족이 상황에 따라 어떤 경우에는 소수에, 어떤 경우에는 다수에 놓이는 일은 얼마든지 존재합니다. 나도 모르는 사이 선량한 차별주의자가 되고 싶지 않다면 혹은 차별을 차별로 인식하지 못한 채 살아가고 싶지 않다면 이 책을 읽어보세요.

어떤 이야기에 가장 공감되었나요? 공정하고 평등한 세상은 가능한 것일까요? 이것을 가능하게 하려면 우리는 '평등'과 '공정'을 어떻게 정의할 것인지도 함께 생각해 보시기 바랍니다.

#혐오와차별 #차별인줄모르고 #차별의사각지대 #차별이보이나요

『아픔이 길이 되려면』

김승섭, 동아시아, 2017, 320쪽

저자는 질병의 사회적 원인을 찾고, 부조리한 구조를 바꿔 사람들이 더 건강하게 살 길을 찾는 학문인 '사회역학' 연구자입니다. 차별 경험과 고용 불안 같은 사회적 요인이 비정규직 노동자나 성소수자 같은 사회적 약자의 건강을 어떻게 해치는지 연구합니다. 차별의 경험, 학교 폭력, 재난 불평등, 동성애 혐오 등 사회 성원들이 겪는 상처를 몸이 어떻게 기억하는지 데이터에 기반하여 과학적으로 증명해 갑니다.

개인이 겪는 실패의 경험, 재난의 경험, 차별의 경험에 우리 사회는 너무 둔감합니다. 이 책을 통해 사회 문제에 관심이 많은 청소년과 청년 세대 그리고 기성세대가 다양한 사회 문제에 대해 문제의식을 공유하고, 어떻게 해결할 수 있는지 방안을 고민해 볼 수 있습니다.

정리해고와 비정규직 문제가 보편화된 현실에서 이들이 안고 있는 불안과 소외의 문제를 우리 사회가 어떻게 해결해 나가야 할까요? 아직도 차별과 혐오의 굴레에서 벗어나지 못하는 성소수자를 어떤 시각으로 바라봐야 할까요? 열악한 작업 환경에 몸과 마음이 아파도 참고 일하는 근로자들에게 어떤 대책을 세워주어야 할까요? 아직도 단일민족 신화를 믿으며 인종차별이 너무도 흔하게 일어나고 있는 우리 사회가 함께 서로를 인정하며 살아갈 방법은 무엇일까요? 조금만 관심을 가지고 바라보면 알 수 있는 누구에게나 일어나고 있는 문제에 대하여 우리 사회가 어떻게 함께 해결해 나가야 하는지 각 장의 문제의식을 바탕으로 해결 방안을 모색하는 활동을 하면 좋겠습니다.

#사회역학 #질병의사회적책임 #우리가아픈진짜이유 #재난불평등 #소수자의불안과소외

『우당탕탕, 할머니 귀가 커졌어요』

엘리자베트 슈티메르트 글, 카를리네 케르 그림, 유혜자 옮김, 비룡소, 2020, 50쪽

아래층 할머니는 위층 아이들이 큰소리로 웃거나 울기만 해도 쫓아 올라와 잔소리하고, 천장을 빗자루로 찌르거나 난방기를 두드리기도 했어요. 아래층 할머니 때문에 엄마, 아빠가 속상해하자, 아이들은 네 발로 기어다니고 귓속말하며 생쥐처럼 행동하기 시작했어요. 위층에서 아무 소리가 나지 않자, 할머니는 천장 가까이에 귀를 쫑긋 세우고 소리를 들어보려고 했어요. 하지만 소리는 들리지 않았고 오히려 할머니의 귀가 커지더니 길게 자라났어요. 의사는 '못 들어서 생기는 병'이라며 위층 가족에게 할머니가 시끄러운 소리를 들어야 병이 나을 수 있으니 도와달라고 했어요. 위층 가족은 이 방 저 방 돌아다니며 춤을 추었고 할머니의 귀는 점점 작아지기 시작했답니다.

층간소음 때문에 발생하는 사건들은 우리를 충격에 빠지게 합니다. 이웃 간에 발생하는 여러 가지 문제에서 일방적인 승자는 없습니다. 문제를 나누고 소통할 수 있을 때 그 문제를 해결할 수 있는 좋은 방법을 찾을 것입니다.

책을 읽고 어느 대목이 기억에 남았는지, 왜 그 부분이 기억에 남았는지 이야기해 보세요. 층간소음에 대한 객관적인 입장에서 자기 생각을 정리해 볼 수 있을 겁니다. 또한 책에서 제시한 해결 방법을 보면서 우리에게 필요한 해결 방법은 무엇인지 생각해 보세요. 내 주변에 일어나는 문제에 대해 적극적으로 생각해 볼 수 있는 기회가 될 것입니다.

#층간소음그림책 #못들어서생기는병 #귀가왜그렇게커요 #이웃과의소통

『친구를 만지지 않아요』

육월식 글·그림, 비룡소, 2021, 40쪽

어느 날 둥글이 선인장이 전학을 왔습니다. 둥글이 선인장 몸에는 초록색 새가 살고 있었어요. 길쭉이 선인장이 너무 신기해 자신도 모르게 둥글이 선인장을 만졌습니다. 그때 친구들도 선생님도 모두 놀랐고 그 일로 두 선인장은 선생님에게 혼이 났어요. 하굣길에 만난 두 선인장은 아무도 없는 놀이터에서 마음껏 놀았지요. 길쭉이 선인장이 둥글이 선인장 탄 그네를 밀어주자, 세상이 초록색으로 물들기 시작했답니다.

코로나-19로 사람들은 얼굴을 가리고 예전과는 다른 일상을 보냈습니다. 다행히도 백신이 나와 다시금 일상을 되찾았지만, 코로나-19로 인해 사회 곳곳에서 나타난 변화 그리고 그에 따라 발생하는 문제로 깜짝 놀라게 됩니다.

이 책은 그림만으로도 우리의 변화된 삶을 잘 보여줍니다. 책을 보고 그림이 담고 있는 이야기와 코로나로 인한 나와 내 주변에 어떤 변화가 있는지 이야기해 보세요. 무심코 지나쳤던 우리의 일상에 대한 그리움을 느끼게 될 것입니다. 그리고 자신만의 방법으로 그동안 잊힌 우리의 예전 모습을 찾을 수 있기를 바랍니다.

#둥글이선인장 #길쭉이선인장 #코로나19거리두기 #황금도깨비상수상작

『도망치는 아이』

핌 판 헤스트 글, 아론 테이크스트라 그림, 김경희 옮김, 길벗어린이, 2020, 36쪽

전쟁은 누군가의 이익을 좇기에 너무 큰 희생을 만듭니다. 그러한 전쟁의 위험 속에 안전을 갈망하는 아동들이 있습니다. 이 책은 아동의 시각에서 쓰인 전쟁의 참상입니다. 아이의 눈에 비친 전쟁의 모습은 커다란 불길과 무너진 집, 사라진 친구들입니다. 그리고 아이는 두려움에 떨며 무서운 현실로부터 도망치고 있습니다. 새로운 세상을 꿈꾸는 아이의 바람은 이루어질 수 있을까요?

　지금 세계의 어딘가에는 전쟁의 위험 속에 고통을 겪거나 다른 나라로 도망친 난민들이 있습니다. 전쟁이 왜 일어났는지, 그로 인해 어떤 결과가 생기는지 아이와 함께 이야기 나누고 싶다면 이 책을 권합니다. 전쟁의 상황을 남의 이야기로 보는 것이 아닌 지구 반대편 내 또래의 이야기로 공감할 수 있을 것입니다.

　글보다는 그림의 숨겨진 의미들을 파악하며 읽기를 권합니다. 날아가는 새들, 신문 보는 사람들의 시선, 신문 안에 있는 그림들이 의미하는 게 무엇인지를 말이지요. 전쟁에 관한 기사나 내용을 찾아보며 사실적, 감정적으로 각각 접근을 해보아도 좋습니다. 난민을 어떻게 생각하며 그들에게 무엇이 필요한지 함께 이야기하고, 적극적인 지원에 대한 확장으로 말이지요.

#난민인권그림책 #세이브더칠드런 #아동난민 #유엔아동권리협약

『기차를 기다리는 소년』

다니엘 에르난데스 참베르 글, 오승민 그림, 김정하 옮김, 양철북, 2021, 84쪽

나는 우표를 모으는 게 취미입니다. 우체국에서 일하는 아버지는 일주일에 한 번 기차역으로 가서 다른 도시에서 온 우편물 행낭을 받아 마을에 배달하시지요. 아버지를 따라다니며 편지 주인들의 양해를 얻어 편지에 붙어 있는 새로운 우표를 수집하는 게 내 취미이기도 하고요. 그날도 아버지를 따라나선 길에 기예르모를 보게 됩니다. 소년과 이야기를 나누자, 아버지가 불같이 화를 냅니다. 하지만 나는 이해할 수 없습니다. 그 아이는 그저 기차역에서 언제 돌아올지 모르는 아버지를 기다렸을 뿐이니까요. 학교에서도 기예르모는 학교 폭력에 시달리는데 저항조차 하지 못합니다. 그 아이의 아버지는 절도범으로 감옥에 있었거든요. 기예르모와 만나는 게 금지된 후, 나는 우표 수집을 그만둡니다. 교도소에서 나온 아버지를 따라 기예르모가 떠나고 아주 오랜 시간이 지난 후 나는 낯선 지역의 우표들을 받게 됩니다.

이 책은 범죄자의 가족이 처한 상황을 그립니다. 아버지가 감옥에 간 후 기예르모는 어른들의 무관심, 아이들의 폭력, 때로는 동정심에 시달립니다. 선악의 경계 혹은 행위에 대한 대가에 대해서 그리고 도덕이나 윤리의 개념에 대해 함께 이야기하기 좋은 책입니다.

책을 읽으며 우리는 기예르모, 나, 나의 아버지, 파베르 신부님 등 다양한 사람의 관점에서 마을 사람들의 행동을 이야기해 볼 수 있습니다. 죗값을 치른 뒤에도 혹은 가족이나 친구들이 비난과 폭력을 당하는 현실에 관해서 말이지요. 또 이처럼 범죄로 인해 일어나는 이차적인 일들에 관해서도 토론해 볼 수 있을 겁니다.

#범죄자의가족 #가해자의인권 #원더풀월드 #빌라디비문학상수상작

사회, 다양성-부조리-성과주의, 복지, 빈곤 / 청소년, 2030, 중년

『지금은 없는 이야기』

최규석 글·그림, 사계절, 2011, 200쪽

최규석의 우화는 불편합니다. 우리 사회에 가득 찬 부조리와 구조적 모순에 대한 인식이 독자들을 불편하게 합니다. 냄비 속의 개구리가 현실의 고통을 감수하며 서서히 죽어가는 것, 사회의 권력자들이 우매한 백성들을 속이거나 분열시키고 더 이상 어려운 사람들을 돌보지 않은 채 그들의 단단한 체제를 유지해 가는 것, 그러면서 마치 세상 원리는 원래 그렇다는 듯 거인이나 괴물과 같은 존재로 커간다는 사실이 여간 불편하지 않습니다.

그런데 더 큰 불편함은 부조리한 사회에 순응하며 살아가는 인간들의 내면에 열등감이나 우월감이 도사리고 있다는 사실입니다. 남보다 우월해지기 위해, 남들이 나보다 우월해지는 것이 싫어서, 남보다 우월하다는 사실을 입증하기 위해 따돌리고, 외면하고, 빼앗습니다. 결국 우리는 부조리에 우리 자신을 내어주면서 그 길을 아무렇지도 않은 듯 걸어가고 있었던 건지도 모릅니다.

출간된 지 꽤 오래된 이 책에서 다루는 주제가 지금 우리에게 여전히 현실적이라는 점에서 이 우화집의 풍자는 현재 진행형입니다. 이 책에서 다루는 어떤 주제로도 많은 이야기를 나눌 수 있습니다. 주제가 유사한 작품을 찾아 그 이유를 이야기하는 방식만으로도 충분히 깊이 있는 토론이 가능할 것입니다.

#최규석우화집 #냄비속의개구리 #잔혹한우화 #성과주의의한계 #망각과웃음

책, 질문에 답하다 tip - 사회

"어떻게 살아가고 있나요"라는 질문을 받는다면 당신은 어떤 대답을 하겠습니까? 우리는 살아가면서 나는 지금까지 어떻게 살아왔고 앞으로는 어떻게 살아갈 것인가를 고민합니다. 그에 대한 답이 정해져 있다면 이런 고민도 필요 없이 그대로 살면 될 텐데, 저마다의 삶에서 답을 찾기 때문에 정답을 찾을 수 없습니다.

복지관에서 어르신을 대상으로 '책으로 함께하는 행복한 여정'이라는 독서 모임을 했습니다. 책을 선정하여 미리 책을 읽고 일주일에 한 번씩 만나 이야기를 나누었지요. "다 늙어서 어떻게 살긴 그냥 사는 거지"라고 말씀하시던 어르신들은 회기가 흐를수록 진지하게 자신의 삶을 이야기하기 시작했습니다.

『할머니는 죽지 않는다』는 어르신들이 많은 이야기를 주고받았던 책입니다. 이 책을 읽고 어떤 생각을 하셨는지 나누는 자리에서 한 어르신은 "이번 주를 넘기지 못한다"는 의사의 말에 모여든 가족들이 할머니의 안타까운 죽음보다는 할머니의 재산 상속을 기대하며 자리를 채우는 모습에서 나는 어떻게 살아야 할지 그리고 내가 어떻게 죽는 것이 좋은 것인지 고민했다고 하셨습니다. 그리고 어떤 분은 요즘 현대 사회에서 부가 차지하는 부분이 너무 많다고 하면서 경제가 발전하는 것도 좋지만 부에 대한 추구로 부정적인 부분도 많아졌다며 혀를 찼습니다.

관련 질문을 통해 다양한 이야기를 나누고 활동으로 생각을 정리했습니다. 활동으로는 짧은 글쓰기를 했습니다. 어르신들은 활동지에 적힌 대상에 따라서 자신이 어떻게 기억되고 싶은지를 적었습니다. 그리고 그렇게 기억되기 위해서 자신에게 필요한 변화가 무엇인지를 하나씩 써 내려갔습니다.

1. 배우자에게: 가장으로 모범이 되는 훌륭한 분이었다고
2. 자녀들에게: 생활에 안위를 주심에 감사하다고
3. 그 누구에게: 주위 분들에게 존경받는 인물로 되었으면

1. 지금부터 하지 말아야 할 일: 수없이 많지만 내가 꼭 실천하고 싶은 것은 잔소리를 안 하는 것이다.
2. 지금부터 할 일: 그동안 천천히 하자 미루고 하지 않은 것이 있는데… 그것을 해야겠다.
3. 오늘 중으로 실천할 작은 일 한 가지: 나를 위해서 돈을 써보자.

글쓰기 활동을 마친 어르신들은 자신은 어떤 사람으로 살고 싶은지보다 어떤 사람으로 기억되고 싶은지를 중요하게 생각한 것 같다고 말씀하셨습니다. 그동안 가족들만 생각하며 직장생활을 해왔고, 사회와 부모님께서 나를 어떻게 보는지 눈치만 보며 살아왔다고 하셨습니다. 어르신들은 이제부터 자신을 위해서 돈을 써보는 것도 내가 어떤 사람으로 살고 싶은지를 아는 중요한 방법이라고 말씀하셨습니다. 그리고 무엇보다도 자신을 위해 사는 것이 다른 사람을 위하는 중요한 방법이라는 사실을 아셨다고 합니다.

| IV부 |

책,
다양성의 질문에 답하다

Part 1

특별한 다름
: 우린 모두가 특별해

『그냥 물어봐』

소니아 소토마요르 글, 라파엘 로페즈 그림, 김보람 옮김, 불의여우, 2020, 36쪽

소니아는 친구들과 함께 뒷동산을 가꿉니다. 자연 속에서 만난 꽃과 열매, 잎사귀들이 모두 다른 것을 보고 친구들과 자신의 모습도 생각해 보지요. 소니아의 친구들은 당뇨와 천식이 있기도 하고, 앞이 보이지 않거나 걷는 게 힘들기도 합니다. 난독증이나 말더듬이, 자폐성 장애가 있어서 조금 달라 보이기도 하지요. 하지만 그럴 때 소니아는 선생님이나 부모님께 그냥 물어보라고 말합니다. 서로 다른 사람들이 모이기에 더 신나는 세상이 되는 것처럼 각각의 특별한 힘을 궁금해하면서 말이지요.

똑같은 사람은 아무도 없습니다. 나와 주변의 이야기는 모두 다르지요. 우리가 서로 다르다는 사실을 이해하고 나면 공통점을 찾기 쉬워지고, 차이를 두려워하기보다는 호기심을 가지고 궁금해하게 됩니다. 자신이 남들과 다르다고 생각한다면 이 책을 읽어보세요. 그리고 책 속의 아이들처럼 자신들의 다름을 당당하고 솔직하게 꺼내보세요. 그리고 물어보세요. 이제 우리의 힘으로 무엇을 할 수 있을까요?

책에 나온 아이들의 모습은 그들의 특징 중 하나입니다. 장애와 비장애인이 무엇이 같고 다른지, 그것이 지금 우리의 사회 속에서 어떻게 공존해야 하는지 아이와 이야기 나누어 보세요. 배려 속에서 사회구성원이 함께 살고 존중받는지 그리고 나는 무엇을 바라고 있는지 생각해 보는 계기가 될 것입니다.

#모두가달라서세상은멋진것 #용기를내 #달라도괜찮아 #그냥너니까 #차이와공존

『미스터리 게시판』

김명진 글, 전명진 그림, 청어람주니어, 2019, 176쪽

돌아가신 아빠와 함께 대문 밖에 붙인 게시판에 의뢰된 사건을 해결했던 견우는 동생 열매와 친구 수영과 함께 다시 미스터리 게시판을 시작합니다. 그런데 첫 사건부터 이상한 사진이 게시판에 붙어 있습니다. 사진을 계기로 마을의 오래된 사건을 풀던 아이들은 십수 년 전 입양되었다가 버림받은 한 소년의 이야기를 알게 됩니다. 견우와 아이들이 찾아낸 이야기는 범죄가 아니라 가족에 얽힌 슬픈 이야기였습니다. 아이를 입양했다가 친자식이 생기자, 그 아이를 방관하고 결국 버리는 부모가 등장하거든요. 반면, 견우 가족처럼 입양한 견우와 친자식 열매를 차별 없이 대하는 가족도 있습니다. 입양과 아동학대로 인한 트라우마를 지닌 사람들과 입양이나 가족 간의 폭력에 관심을 가진 사람들이 생각할 거리가 많은 책입니다.

책이 끝날 때까지 견우가 입양된 아이라는 사실은 알 수 없습니다. 열매와 엄마에게 견우는 입양한 아이가 아니라 그냥 오빠고 아들이니까요. 한 아이를 지키지 못한 마을의 슬픈 이야기는 보육원에도, 치매로 기억을 잃어가는 할머니에게도, 친구를 지키지 못해 자책하는 사람에게도 남아있습니다. 가족의 의미와 다양한 가족의 형태를 함께 이야기해 보면 좋을 거예요.

#어린이그림동화 #사진속의비밀을찾아라 #입양과파양 #황금열쇠어린이추리문학상수상작

『합★체』

박지리, 사계절, 2010, 252쪽

난쟁이의 아들로 태어나 키 콤플렉스를 가지고 있는 쌍둥이 소년 합과 체의 성장기를 다룬 이 책은 조세희 소설『난장이가 쏘아올린 작은 공』을 떠올리게 합니다. 어쩔 수 없는 유전적 작은 키라는 것을 알고 있지만 공부도 운동도 열심히 하며 좀 더 나은 사람이 되기 위해 노력하는데요, 위대한 혁명가 체 게바라와 이름이 같다고 자랑스러워하는 모습에 어린아이 같은 순수함이 느껴지고 계룡산 할아버지를 따라 동굴에서 생활하는 모습은 짠한 분위기를 만들어 내기도 합니다. 조금이라도 키 크기 위한 이들의 고군분투 투쟁기를 읽다 보면, 지금 나의 현실쯤은 다른 사람의 시선으로 보면 코미디일 수도 있다는 생각도 듭니다.

콤플렉스는 자아존중감과 연결되며 나를 귀하게 여기지 않고 낮추어 생각하게 합니다. 지금 나의 콤플렉스는 무엇인가요? 투덜대는 데서 그치나요, 아니면 극복하거나 감추려는 다른 노력을 하고 있나요? 이 책에는 선택의 여지가 없어서 더 안타까운 콤플렉스가 나옵니다. 이 쌍둥이 형제가 작은 키를 대하는 태도를 살펴보세요. 잠식되지도 꺾이지도 않게 이겨나가는 형제의 모습에서 어떤 생각이 드시나요?

지금 나의 삶이 너무 팍팍하다면 잠시 상상의 나래를 펼쳐보면 어떨까요? 내게 없는 것이 있고, 있는 것이 없다면 지금의 삶과 조금 달라졌을까요? 합체는 남들보다 작은 키를 가졌지만, 그렇기에 더 끈끈한 형제애와 동질감이 있습니다. 부족하기에 간절했던 그들의 마음에 공감한다면 나의 일상 속 간절함은 무엇일지 한번 생각해 보면 어떨까요.

#청소년성장소설 #난쟁이쌍둥이형제 #코믹무협열혈성장분투기 #사계절문학상대상수상작

『어른이 되면』

장혜영, 시월, 2020, 288쪽

통계에 따르면 우리나라의 등록 장애인의 수는 250만 명 이상으로 인구 대비 5%가 넘습니다. 그런데 왜 우리는 일상에서 장애인을 만나지 못할까요. 중증장애인들은 시설에 격리되어 있고, 집 밖으로 나가서 활동하기에는 장애인들이 자유롭고 안전하게 이동할 수 있는 시설이 턱없이 부족하기 때문입니다.

이 책은 18년간 시설로 보내져 떨어져 살았던 동생을 시설 밖으로 데리고 나와서 함께 사는 이야기를 통해 우리 사회의 장애인 문제에 대해 현실감 있게 다룹니다. 이를 통해 우리 사회에 여전히 존재하는 사회적 약자에 대한 편견과 차별의 문제, 탈시설 장애인의 문제, 장애인들의 자립에 대한 문제에 더욱 근본적인 문제를 제기합니다.

등록 장애인의 절반 이상이 후천적 장애인입니다. 삶의 과정에서 누구나 장애인이 될 수 있으므로, 장애인 문제에 관심을 가지고 사회적 대책을 마련하는 것은 나와 내 가족에게도 있을 수 있는 일들에 대한 대비책의 성격이 강합니다. 이 책은 장애 문제와 관련하여 어려움을 겪는 당사자뿐만 아니라 장애 문제의 해결에 대한 사회적 관심을 가지기 위한 토론을 위해서도 매우 실제적인 사례를 제공해 줍니다.

#장애인거주시설 #장애인탈시설 #장애인인권 #장애인편견과차별 #장애인활동지원

『스웨덴식 성평등교육』

크리스티나 헨켈 · 마리 토미치, 홍재웅 옮김, 다봄, 2019, 304쪽

흔히 가르쳐주지 않아도 여자아이들은 인형을, 남자아이들은 자동차를 가지고 노는 방법을 알고 있다고 하는데, 이는 사실일까요? 또 꽃무늬는 여자 옷이라거나 색깔 등에 고정된 관념을 갖고 있지는 않은지 저자는 반문합니다. 이는 기존의 완고한 성역할 관념에서 기인한 것이라지요. 여러 시대에 걸쳐 뭔가 반복되는 것이 전통이라면 지금 뭔가를 적극적으로 실험해서 새로운 전통을 만들어 갈 수 있다고 합니다. 책은 사례 중심으로 엮여있습니다. 게다가 사례별로 성역할 솔루션을 제공하고 있어 알게 모르게 나에게 고정된 성역할 관념을 깨뜨립니다.

젠더가 이슈가 되고 사회적 성역할 경계를 재정립해야 한다는 목소리가 힘을 얻는 시대입니다. 어린아이를 돌보는 부모와 교사, 의사, 아동복지 관련 직업을 가진 분들에게 적극 추천합니다.

먼저 저자가 말하는 '재구성하기' 전략을 써보세요. '남자, 여자, 아들, 딸'이라는 말 대신에 '아이'라는 말을 사용하여 성 중립적 단어를 사용하는 것입니다. 다음은 '새로운 내용 채우기'로 장난감과 옷, 감정 등에 새로운 의미와 평가를 부여하여 여성성과 남성성의 균형을 이루어 가세요. 마지막 '빼버리기'로 젠더 프레임을 강화하는 것들을 없애가며 아이를 어떻게 대할지 고민했으면 합니다.

#성역할고정관념 #젠더이슈 #꿈과가능성에는성별이없다 #성중립적단어

『아나톨의 작은 냄비』

이자벨 카리에 글·그림, 권지현 옮김, 씨드북, 2014, 32쪽

아나톨은 어느 날 갑자기 머리 위로 떨어진 작은 냄비를 끌고 다닙니다. 냄비 때문에 아나톨은 평범한 아이가 될 수 없습니다. 아나톨은 재능이 많은 아이이지만 사람들은 냄비만 쳐다봅니다. 냄비 때문에 불편한 아나톨은 숨어버리기로 합니다. 그러나 냄비를 가지고 살아가는 방법을 알고 있는 사람을 만나 그 방법을 알게 됩니다. 과연 아나톨은 어떻게 변했을까요?

어쩌면 우리도 냄비를 하나씩 가지고 살아가고 있는지도 모릅니다. 나와 다른 점을 가진 이에게 경계의 눈빛을 보낸 경험이 있다면 이 책을 읽어보시길 권합니다. 주변에 아나톨과 같은 이가 있다면 책 속 등장인물 중 아나톨을 도와주는 그 사람이 되어 함께 극복할 수 있도록 도와준다면 어떨까요?

책을 읽고 떠오르는 사람이 있나요? 나에게 냄비는 무엇일까요? 내가 가지고 있는 냄비를 넣을 가방을 만들어 보세요. 만들고 나서 그 가방에 담고 싶은 것에 관해 이야기를 나누어 보세요.

#인성그림책 #냄비를달고다니는아나톨 #냄비와함께살아가는방법을알려주는 #소르시에르상수상

『콤플렉스의 밀도』

고재현 외, 문학동네, 2014, 204쪽

아이들은 다양한 콤플렉스를 지니고 있습니다. 그중 가장 큰 것이 외모에 대한 것일 겁니다. 어떤 아이는 피부가 나빠서 또 어떤 아이는 키가 작아서 말이죠. 또 다소 살찐 몸집 때문에 마음을 다치기도 하고, 어떤 경우는 날씬해지기 위해 자신의 건강을 해치기도 합니다. 또 때로 아이들의 콤플렉스는 질병으로 인한 것일 수도 있고 혹은 부모의 차별이나 무신경 때문에 생기기도 합니다. 이 소설에 등장하는 청소년들은 저마다 가진 콤플렉스로 힘들어합니다. 자신을 저주하기도 하지요. 저마다 다른 이유로 콤플렉스를 겪듯이 그 극복도 모두 다릅니다.

이 책은 마음이 아픈 모든 청소년과 젊은이가 나눌 수 있는 이야기입니다. 작은 가시 같았던 콤플렉스는 자연스럽게 치유되기도 하지만 어떤 경우에는 생명을 위협하는 염증이 되기도 합니다. 일곱 아이의 이야기를 함께 읽는 동안 저마다 가진 마음의 무게를 잴 수 있을 겁니다.

콤플렉스는 때로는 기이하게 극복되기도 하고 스스로의 의지로 극복되기도 합니다. 반대로 작은 콤플렉스로 인한 마음의 무게가 점점 버거워져 자신을 잠식하기도 하지요. 그런 이야기들을 통해 자신을 돌아보았다면 자신이 극복한 방법 혹은 아직 극복 중인 방법을 서로 나누어도 됩니다. 혹은 어떻게 극복할지를 함께 나누어도 좋겠지요. 그래서 이 책은 혼자보다는 함께 읽기를 권합니다.

#상황별청소년소설 #콤플렉스단편집 #말못하는가슴앓이 #콤플렉스극복기

『깃털 없는 기러기 보르카』

존 버닝햄 글·그림, 엄혜숙 역, 비룡소, 1996, 36쪽

어느 봄날, 플럼스터 부부가 낳고 부화시킨 여섯 개의 알 중 하나에서 깃털이 하나도 없는 아기 기러기 보르카가 태어났습니다. 부모와 형제들이 떠나자, 혼자가 된 보르카는 크롬비호에 올랐습니다. 배에서 일을 하며 지내던 보르카는 템스강에 들어와 큐 가든 공원에 도착했습니다. 온갖 기러기들이 살고 있는 공원에서는 아무도 보르카를 이상하게 보지 않았습니다. 공원에서 친구를 사귄 보르카는 배에서 내려 공원에 남기로 했습니다.

　남들과 다른 점은 때로 상처가 되고 장애가 되기도 합니다. 깃털이 없어 엄마가 떠준 뜨개옷을 입어야 했던 보르카는 다른 기러기들에게 놀림거리가 됩니다. 가족들에게도 버림받은 보르카는 크롬비호에서 일하며 동등한 대접을 받습니다. 그리고 큐 가든에서 자신을 이상하게 보지 않는 기러기들을 만나 행복하게 살아갑니다. 조금 부족하다는 이유로 혹은 남들과 다른 점 때문에 마음을 다쳤다면 이 그림책의 화사한 색들을 따라가며 용기를 내보면 어떨까요?

　이 책은 혼자 읽기보다 함께 읽으면 더 좋을 것 같습니다. 남들과 다른 점 때문에 상처를 받았던 경험을 나누거나 달라서 특별한 점들을 이야기해 보면 좋을 겁니다. 그리고 보르카를 버린 가족들과 동등한 일꾼으로 대해준 크롬비호의 선장과 프레드, 파울러에 관해서도 이야기해 보면 어떨까요? 우리 속의 수많은 보르카는 어떻게 평온과 행복을 찾을 수 있을지도 함께 생각해 봅시다.

#존버닝햄그림책 #기러기보르카 #강아지파울러 #다양성존중

Part 2.

문화의 다름
: 내가 너와 달라도 우린 친구야?

다양성-다문화-소외감/ 모든 연령

『두 도시 아이 이야기』

ㅎㅂㅆ 글, 바둑이하우스, 2020, 36쪽

한국과 베트남을 배경으로 한 다문화 이야기입니다. 책을 반으로 나누어 반대로 읽어도 같은 이야기입니다. 베트남 가족으로 한국에 사는 주인공은 다른 친구들처럼 매일 아침 학교에 갑니다. 하지만 그는 늘 혼자였고, 주변에서 가족을 보면 귓속말하거나 부자연스러운 표정을 지었지요. 그런데 오늘따라 옆자리에 앉은 친구의 슬픈 표정이 보입니다. 수업 준비물을 깜박 잊고 온 것이지요. 주인공은 살며시 그 친구에게 준비물을 건넸어요. 그러자 마음이 편해지고 집에 가는 길은 모든 게 이전과 달라 보였습니다.

다문화 가족이 점점 증가하고 있지만, 피부가 다르고 언어가 다르다는 이유로 학교생활이나 관계에 어려움을 겪는 학생들이 있습니다. 또는 문화가 다른 경우 이런 친구와 어떻게 잘 지낼 수 있을까 고민하는 친구들이 읽으면 도움이 됩니다.

책을 읽으면서 주인공이 힘든 점과 그 이유를 정리해 보고, 책 속 주인공의 마음이 변화한 계기를 찾아서 함께 이야기를 나눠보고 또 베트남의 언어와 문화를 찾아서 서로 잘 소통할 수 있는 지점을 찾아 나눠보세요.

#다양성그림책 #다르고도같은두아이 #생김새가다른건틀린게아니잖아요

『민낯들』

오찬호, 북트리거, 2022, 272쪽

저자는 알려진 이슈를 낯설게 봄으로써 새로운 관점을 제시하고자 했습니다. 책 내용은 크게 1, 2부로 나누어져 있으며, 1부는 말줄임표, 2부는 도돌이표의 소제목으로 나누어져 이야기가 전개된다. 1부의 말줄임표를 보면, "살고 싶다는데도 별수 없다"에서 고인이 된 변희수, 현장에서 최소한의 보호도 받지 못한 김용균, 성북 세 모녀 등 6명을 주목하고 살펴보았습니다. 2부 도돌이표에서는 망각에 익숙한 우리의 모습 중 코로나 팬데믹, n번방 사건, 세월호, 조국 사태 등 사회적인 일련의 이슈를 주목하고 독자들에게 의식의 전환이 왜 필요한가를 예리하게 제시하고자 노력했습니다. 저자는 사회문제에 새로운 시각을 통해 문제의식을 보여줍니다.

일련의 사회적 이슈나 사건들에 대해 궁금하고 관심이 많거나 이런 이슈에 안타깝고 아쉬운 마음을 가진 청소년 이상의 독자가 읽으면 다양한 관점에서 사고하기에 도움이 될 것입니다.

책 속에 나오는 인물과 사건 중에서 자신이 관심을 가진 사건이나 인물을 소개하고 자신이 알고 있는 정보와 책을 통해 알게 된 새로운 정보를 정리해 보고, 이슈에 대한 주제를 정하고 퍼즐을 만든 다음 포스터로 완성해 보세요.

#잊고또잃는사회의뒷모습 #민낯을드러낸열두사건 #문제적죽음 #잊지않겠습니다

『내 영혼이 따뜻했던 날들』

포리스트 카터, 조경숙 옮김, 아름드리미디어, 2014, 384쪽

부모를 잃은 인디언 소년 '작은 나무'는 조부모와 함께 산속에서 살게 됩니다. 소년은 할아버지에게 정직함과 올곧음을, 할머니에게 지혜와 다정함을 배웁니다. 그리고 두 분의 사랑 속에서 산속 모든 생명과 나누며 사는 지혜를 배웁니다. 간혹 속이려 들거나 권위로 무시하는 사람들도 있지만 늘 즐거운 파인 빌리와 다정한 와인 씨, 진정한 전사 윌로존과 같은 어른들에게 사랑과 보호를 받습니다. 여전히 인디언들은 소수자로 억압받고 무시당하지만, 작은 나무는 늘 당당한 조부모님과 함께 세상의 셈속과는 다른 삶의 방식을 체득합니다. 두 분이 돌아가시자, 작은 나무는 체로키 인디언들이 정착했다는 땅으로 떠납니다.

어떤 결과를 얻을지보다 어떻게 살아야 하는지가 더 궁금하다면 작은 나무와 그 가족들을 만나보세요. 주인이던 땅에서 소수자로 살아야 했던 체로키 인디언 소년은 인디언만이 아니라 모든 가난하고 소외된 사람들의 이야기를 들려줍니다. 책 속에는 다양한 군상들이 등장하고 그들 중 몇몇은 무례하고 거만해도, 그런 이들에게조차 인디언 가족들은 이해와 아량을 보여줍니다.

작은 나무 가족도, 파인 빌리도, 와인 씨도, 윌로존도 가진 것은 별로 없지만 결코 가난하지 않습니다. 그들이 세상을 보았던 방법을 함께 찾아보면 어떨까요? 인디언 가족들이 만났던 다른 미국인들이 왜 그런 무례하고 거만한 태도를 보일까요? 책 속에서 작은 나무의 가족들이 세상을 보는 특별한 방식을 내 삶에 적용해 보면 어떨까요?

#체로키인디언 #세상을보는방법 #늘즐거운파인빌리 #다정한와인씨 #진정한전사윌로존

『노란 우산』

류재수 그림, 신동일 작곡, 보림, 2007, 26쪽

이 책은 글이 없습니다. 대신 13곡의 피아노 연주곡이 실린 CD가 있습니다. CD의 곡들은 책의 13장면을 음악으로 그려내지요. 때로는 조용하고 또 때로는 경쾌한 음악이 글을 대신합니다. 그림은 맨 마지막까지 우산을 쓴 사람들을 보여주지 않습니다. 혼자 등장한 노란 우산이 파란 우산, 빨간 우산, 초록색 우산, 보라색 우산을 만나서 골목을 걸어가고 놀이터에 모이기도 합니다. 그러다 더 많은 우산이 모여 횡단보도를 건너고 비 내리는 길을 걸어 학교로 갑니다. 우산꽂이에는 다양한 빛깔의 우산들이 사이좋게 꽂혀 있지요.

이 책은 어린이들이나 청소년들에게 다르더라도 함께하는 방식을 알려줄 수 있습니다. 각기 다른 색의 우산들이 빗속에서 모여 학교로 들어가는 모습과 각양각색의 우산들이 하나의 우산꽂이에 들어 있는 모습을 통해 서로 다른 성격과 성장을 보이는 학생들이 학교라는 하나의 공간에 모여 생활하는 방식에 대해 알려줄 수 있을 겁니다. 청년들에게도 서로 다름을 인정하는 방식을 알려줄 수 있겠지요.

이 책은 피아노곡을 들으며 읽어도 좋겠지만 그림만 먼저 보는 것도 좋습니다. 우산들이 모이고 여러 공간을 지나는 모습을 각자가 생각한 방식으로 읽을 수 있으니까요. 비 내리는 공간들이 의미하는 것이 무엇인지 생각해 보고, 각기 다른 색의 우산을 쓰고 있는 사람들의 모습을 상상해 보면 어떨까요? 각 장면을 음악과 함께 들으며 자신의 느낌이나 생각을 정리해 보는 것도 좋을 거예요.

#글없는그림책 #노란우산테마동요 #피아노소나타와함께듣는그림책 #뉴욕타임즈 우수그림책

『낯선 이웃』

이재호, 이데아, 2019, 328쪽

난민은 복잡하고 어려운 국제사회의 정치적인 문제라고 생각하기 쉽습니다. 난민 유입은 국내에 여러 문제를 발생시킨다는 부정적인 시각도 많습니다. 기자인 저자는 2년 동안 취재하며 만난 다양한 사람들을 통해 난민에 대해 설명합니다. 다양한 국가에서 온 12명이 난민으로 한국에 정착하게 된 이야기를 통해 상황에 따라 아주 평범한 사람들도 난민이 된다는 것을 알 수 있습니다. 또 2018년에 제주도로 들어온 예멘 난민들을 취재한 작가는 난민으로 인해 발생할 것이라고 예상했던 문제들 대부분이 오해나 억측이라는 점을 실제적인 예를 통해 설명합니다.

난민에 대해 알고 싶지만 복잡하고 어려운 내용이 부담스럽다면 이 책을 통해 접근해 보세요. 난민은 국가 간 이동을 통해서만 발생하는 것이 아니라 거주, 경제, 취업 등의 이유로 자국 안에서도 난민이 될 수 있음을 알 수 있습니다. 국제사회, 한국 사회 그리고 난민에 대해 관심이 있는 분들이 읽으면 좋을 것입니다.

취재를 바탕으로 한 책이기 때문에 어려운 이론이나 저자의 강한 주장은 없습니다. 사례를 중심으로 읽어가며 난민에 대해 몰랐던 점들을 알 수 있습니다. 전쟁 난민, 경제 난민 배출국이었으나 현재 난민 인정 세계 최하위 국가인 우리 사회의 폐쇄성과 배타성에 대해 생각해 볼 수도 있습니다. 우려하는 문제들에 대한 대안이나 해결책을 제시해 볼 수도 있겠지요.

#한국의난민들 #난민혐오문제 #난민인정율 #제주도예멘난민 #평범하게살아갈수없는이들

『다 같은 나무인 줄 알았어』

김선남 글·그림, 그림책공작소, 2021, 48쪽

우리 동네에는 나무가 참 많은데요, 꽃이 피기 전에는, 녹음이 우거지기 전에는, 열매를 맺기 전에는, 겨울에 눈이 내리기 전에는 다 같은 나무인 줄 알았습니다. 봄이 되어 꽃이 피어서야 벚나무인 줄을, 여름에 시원한 그늘을 드리워서 느티나무인 줄을, 가을에 다람쥐가 획획 날쌔게 다녀서 도토리나무인 줄을, 눈이 내려도 잎이 지지 않아 크리스마스 나무인 줄을 알았거든요.

사람들 속에 묻혀 자신이 누구인지 모를 때 이 그림책을 찬찬히 읽어보면 좋을 것 같습니다. 세밀하게 그려진 나무 하나하나의 모습이 서로 비슷하지만 저마다 다른 현대인들의 모습 같거든요. 또 자신이 너무 평범하다고 느껴지거나 개성이 없다고 생각될 때도 숨은 나뭇잎 하나, 둥치에 떨어진 열매 하나 세밀하게 그려진 이 책을 보면서 각기 다른 나무의 개성처럼 자신의 특징도 찾아볼 수 있을 겁니다. 사람들은 모두 비슷하면서도 또 모두 다르니까요.

책장을 넘길 때마다 나무들은 계절에 따라 그 개성을 드러냅니다. 이 책은 그 달라지는 모습을 찾아보는 재미가 있습니다. 나무들이 계절에 따라 드러내는 특징을 확인하고 그 의미를 찾아보는 거지요. 짧은 문장에 자신의 상황을 대입해 보아도 좋을 것 같습니다. 자신에게 맞는 계절을 찾아 계절과 나무를 가리키는 문장을 자신의 상황과 자신이 성격 혹은 개성에 맞는 말로 바꿔보는 거죠. 그런 과정을 통해 진짜 자신의 성격과 개성을 확인해 볼 수 있지 않을까요?

#다양성과고유성을생각하는그림책 #있는그대로조화롭게 #다다른나무 #여러분은 언제빛이나나요

Part 3.

달라도 괜찮아
: 진짜 나의 모습을 봐주세요

『루빈스타인은 참 예뻐요』

펩 몬세라트 글·그림, 이순영 옮김, 북극곰, 2014, 44쪽

발리우스 서커스에서 가장 유명한 출연자인 루빈스타인은 너무 아름답지만, 사람들은 그녀의 덥수룩한 수염만 보느라 다른 것은 보지 못합니다. 서커스가 쉬는 날 공원으로 산책을 나간 그녀는 코가 긴 파블로프를 만나게 됩니다. 사람들은 루빈스타인의 수염만, 파블로프의 유별나게 긴 코만 보았어요. 파블로프 역시 거스톤 서커스에서 아주 유명한 '코끼리 남자'였습니다. 처음 만난 루빈스타인과 파블로프는 서로에게 호기심을 가지고 바라보다 반해버리고 말았습니다. 두 사람은 서로 눈을 바라보았지만, 사실 서로의 눈 속에 있는 따뜻하고 사랑스러운 마음을 읽고 있었습니다.

우리는 종종 상대방에게 중요한 것은 보지 못한 채 살아가기도 합니다. 내 마음은 그런 게 아닌데 상대는 마음이 아닌 보고 싶은 것만 본다고 생각하지요. 그런 내 마음이 위로받기를 원한다면 이 책을 읽어보세요. 마음 깊은 곳을 알아주는 나만의 루빈스타인과 파블로프를 만나게 될 것입니다.

책을 읽고 떠오르는 사람이나 기억이 있다면 이야기를 나누어 보세요. 혹시 나와 다르다고 해서 상대에게 상처를 주는 행동이나 말을 한 적은 없었나요? 지금 나에게 소중한 사람과 마주 앉아 손을 맞잡고 눈을 바라보세요. 루빈스타인과 파블로프처럼 서로의 마음의 눈이 느껴질 수도 있으니까요.

#발리우스서커스 #수염난루빈스타인 #거스톤서커스 #코가긴파블로프 #눈이아닌마음으로 #그림책

『반달』

김소희 글·그림, 만만한책방, 2018, 132쪽

친구들에게 송이는 공부도, 운동도, 노래도 잘하는 만능캐입니다. 하지만 사실 지하 술집의 창고 방에서 살며 술집에서 일하는 언니, 오빠들에게 '도깨비'란 별명으로 불리는 가난한 아이일 뿐입니다. 누구에게도 자신의 상황을 들키고 싶지 않은 송이는 반달 모양의 술집 무대 뒤편 창고 방에서 숨죽이며 살아갑니다. 그런 송이는 자신에게 친절한 미스 김 언니가 아파도, 자신을 따르는 다문화 가정 친구도 때로는 외면합니다. 지하 술집 창고 방 도깨비가 자신이라는 걸 들키면 안 되니까요. 사업에 망해 가족들을 지하 술집으로 몰아넣은 아빠는 바람을 피워 엄마와 이혼하고 담임은 엄마의 술집으로 찾아와 공짜 술을 요구하며 행패를 부립니다. 그 모든 상황에도 송이는 늘 즐거운 가면을 쓰고 지내야 합니다.

　남이 보는 나는 사실 내가 만들어 낸 가면일지도 모릅니다. 그 차이 때문에 아픈 사람이 있다면 외로워도 슬퍼도 울지 않는 지하 술집의 '도깨비'인 송이를 만나보기를 권합니다.

　이 만화의 배경은 이십 년 전입니다. 그렇지만 현재 우리 사회에 빗대어도 다른 점은 별로 없습니다. 여전히 가난은 아이들을 위축되게 하고 그로 인한 비밀을 간직한 아이들이 있으니까요. 가난한 친구를 멀리하고 가정 사정이 딱한 친구를 모르는 척하면서 자신도 상처를 입습니다. 이 짧은 만화를 읽으며 상처를 치유하는 방식을 찾아보면 어떨까요? 송이가 시간을 보내는 방법에 대해서도 이야기를 나눠볼 수 있습니다. 또 왜 송이가 친구들에게 비밀을 만들 수밖에 없었는지도 생각해 봅시다.

#청소년성장만화 #만능캐송이 #지하로숨어드는도깨비 #내가만든가면

『어디로 가게』

모예진 글·그림, 문학동네, 2018, 40쪽

어디로든 갈 수 있는 버스표를 파는 '어디로 가게'의 주인 묘묘 씨는 여행을 떠나보지 못했습니다. 여행자들이 가게에 와서 버스표를 사 가지만 자신은 정작 어디로 가야 할지 몰랐으니까요. 여행자가 한 명도 가게에 찾아오지 않던 어느 날, 묘묘 씨는 한 번도 본 적 없는 문을 발견하고 열어봅니다. 그리고 그 문을 통해 사막을, 바다를, 우주를 가고 자신의 가게에서 버스표를 샀던 이들의 뒤를 따르지요. 현실로 돌아온 묘묘 씨는 처음으로 버스표를 한 장 꺼냅니다. 어디로 갈지 떠올랐거든요.

우리는 모두 어디로 가야 할지 모르는 묘묘 씨와 같습니다. 자신의 미래를 분명하게 알고 있는 사람은 많지 않습니다. 불확실성의 위험에서 스스로를 지키는 것은 묘묘 씨처럼 흑백의 세계에 머물러 있는 것과 같지요. 이 책은 안정적이지만 생동감 없는 흑백의 세계에서 불투명하지만 가슴이 뛰는 천연색의 세계로 들어서는 과정을 보여줍니다. 자신의 길을 고민하는 사람이라면 묘묘 씨의 가게에 들러보는 것도 좋을 겁니다. 그곳에서 자신이 탈 버스표를 살 수도 있을 테니까요.

흑백의 작은 상자와 같은 가게에서 묘묘 씨는 여행자들에게 어디로 가는지 묻지요. 문을 열자, 그 안은 이전에는 없었던 색들로 가득합니다. 이런 변화는 무엇을 의미할까요? 묘묘 씨를 둘러싼 세계의 소소한 변화를 찾아보고 묘묘 씨가 뒤쫓는 여행자들이 누구인지 알아보는 것도 좋겠지요. 묘묘 씨의 가게에서 어디로든 갈 수 있는 표를 살 수 있다면 어떤 표를 사고 싶은가요?

#어디로든갈수있는버스표 #어디로가게의주인묘묘씨 #한번도본적없는문 #흑백의세계에서천연색의세계로

『동화가 있는 철학 서재』

이일야 지음, 담앤북스, 2019, 248쪽

30편의 동화를 철학자의 시선으로 전해주는 이야기로, 인성 서재와 감정 서재로 나뉘어 있습니다. 인성 서재의 동화 『여우와 두루미』에서 여우는 자신의 입장에서 가장 좋은 그릇에 가장 좋은 것을 대접했지만 두루미에게는 그림의 떡이었는지도 모르겠습니다. 그렇다면 여우에게는 무엇이 부족했던 걸까요? 감성 서재의 동화 『파랑새』에서는 "행복은 어디에 있나요?"라는 물음과 함께 과거, 현재, 미래의 의미 그리고 성공의 의미를 이야기하고 있습니다. 동화 속 이야기를 단순히 선과 악, 권선징악의 시선으로만 보는 것이 아닌 그 속에 들어 있는 더 깊은 이야기들을 찾아 한 번 더 생각하게 해줍니다.

요즘은 밥도 혼자 먹는 사람이 많아서 '혼밥'이라는 말이 너무도 익숙하지요. 하지만 우리는 혼밥을 하듯이 언제나 혼자 살아갈 수는 없는 존재인 것 같습니다. 조금 더 행복한 더불어 사는 세상을 위해 우리에게 필요한 건 무엇일까요? 관계 속에서 나는 어떻게 삶을 살아가고 싶은지 생각해 볼 수 있는 책입니다.

어떤 동화 속 이야기가 가장 기억에 오래 남으셨나요? 아마도 그 지점이 자꾸만 나를 길 잃고 방황하게 했던 지점이 아닐까 싶습니다. 그곳에서 왜 길을 잃었는지 찾으셨다면 해답을 향해 한발 가까이 다가가고 있는 게 아닐까요.

#자기성찰의인문학 #동화에빠져든철학자 #인성서재 #감성서재 #행복은어디에있나요 #동화는자신을비추는거울

『뒤늦은 답장』

정원 글·그림, 창비, 2022, 256쪽

아버지가 떠나던 날, 남우는 아버지의 정수리에 선명한 원형탈모 자국을 보게 됩니다. 아버지를 떠나게 한 엄마와 왕언니의 미묘한 관계가 거슬리면서도 남우 역시 학교 영화 동아리에서 만난 재근을 사랑하게 되지요. 영화를 찍으러 간 여행에서 남우는 재근에게 고백하고 입을 맞춥니다. 두 사람과 가장 친한 성호와 영화 동아리 친구들은 둘의 관계를 받아들입니다. 그런데 재근의 이사로 둘은 멀어집니다. 왕언니와 살기 위해 엄마도 떠나 혼자가 된 남우는 재근이 준 MP3에 남겨진 편지를 듣지요. 그제야 남우는 뒤늦은 답장을 씁니다.

다양한 관계와 이별이 등장하는 이 책의 가장 큰 화두는 남우와 재근이 겪는 사랑과 그 과정의 상처이지만 그로 인해 남우는 오히려 엄마와 주변 사람들을 이해합니다. 관계에서 상처를 입은 이들은 다른 이들이 겪는 청춘의 상처를 통해 자신의 상황을 이해할 수 있을 겁니다.

이 책의 인물들은 아주 사소한 일들로 상처받고 멀어지기도 합니다. 성호는 두 친구보다 자신의 생계 문제가 더 심각합니다. 지현 선배는 둘의 관계를 선뜻 받아들이지만, 다른 모든 것에 관심이 없습니다. 샤론은 지극히 일반적인 반응을 보이며 당황하지요. 재근의 부모님과 남우의 어머니와 아버지, 왕언니는 우리 사회의 어른들을 대변합니다. 독자들은 자신과 비슷한 인물을 찾아 자신을 투영하고 반응할 수 있습니다. 촘촘하지 않은 구성과 그림체는 오히려 독자들이 각 인물의 입장에 공명하는 것을 가능하게 합니다.

#청소년성장만화 #함께했던시절에보내는 #우리동네처럼너를사랑해 #새롭게배우는사랑의말

『사랑하는 이모들』

근하 글·그리, 창비, 2022, 216쪽

이 책의 제목은 '내가 사랑하는 이모들'로도 '서로 사랑하는 이모들'로도 읽을 수 있습니다. 엄마가 돌아가시고 아빠마저 효신을 돌볼 수 없게 되자, 효신은 이모가 사는 대구로 내려가게 됩니다. 이모는 동성 애인인 주영 이모와 함께 살고 있었습니다. 처음에 효신은 두 사람의 관계가 불편했지만, 자신을 진심으로 대하는 이모들에게 점차 마음을 열게 됩니다. 추석 때 친척들 때문에 아버지와 다툰 효신은 이모들과 지내겠다고 선언하지만 결국 서울로 돌아가게 됩니다. 효신이 떠나기 전 마지막 남은 한 주 동안 세 사람은 최선을 다해 행복하게 지냅니다.

이 책은 동성애자인 이모들의 삶을 말하지만, 동성애에 관한 이야기가 아니라 상실을 극복하고 갈등을 해결하는 성장 과정이 초점입니다. 서로 다르다는 점 때문에 상처를 받은 사람이라면 누구나 효신, 진희, 주영의 관계를 통해 치유하는 방법을 찾을 수 있을 겁니다. 또 엄마를 잃은 효신이 아버지와도 헤어지게 되면서 겪는 상실감이 어떻게 해소되는지도 살필 수 있습니다.

가족이 남들과 다르다는 것은 갈등을 일으키기도 하고 때로는 부끄럽게 느껴지기도 합니다. 어린 효신은 그런 당혹감을 그대로 보여줍니다. 누군가를 이해하는 것은 한순간에 이루어지지 않습니다. 그럴 때 이모들처럼 해보면 어떨까요? 솔직한 감정을 편지로 써보는 겁니다. 그 과정에서 우리는 그 사람에 대한 나의 감정만이 아니라 내가 몰랐던 나의 마음도 들여다볼 수 있을지도 모릅니다.

#청소년성장만화 #엄마처럼따뜻한품 #정상가족 #또다른가족

책, 질문에 답하다 tip - 다양성

사람들은 자신만의 고유한 신체적, 정신적 특성이 있으며 이러한 특성에 따라 자신이 선택한 삶을 살아갑니다. 각 개인의 취향, 가치관, 생활 양식 등은 서로 다른 형태로 나타나기 때문에 모든 인간을 고유한 인격체로 존중하기 위해서는 개인 간의 다양한 차이를 존중해야 합니다. 또한 다양한 가치관과 아이디어가 뒷받침되는 사회일수록 창조적인 공동체로 발전할 가능성이 큽니다.

도서관에서 만나는 느린 학습자인 아이들! 그 아이들이 가진 고유한 특성을 이해한다는 것은 이론서에서 아이들이 지닌 특성을 이해한다는 것과는 거리가 있습니다. 한 개인 개인으로서의 차이를 알고 인정하는 것에서 아이들이 가진 다양성을 이해하는 첫걸음이 시작되기 때문입니다. 그리고 아이들이 타인과의 차이를 인정한다는 것은 자신이 못하는 것과 잘하는 것을 알아가는 것에서부터 시작됩니다.

그림책『나는 코끼리야』는 코끼리의 일상을 글과 그림으로 차분하고 평온하게 담았습니다. 잔잔한 그림과 간단하고 간결한 문장, 쉬운 어휘로 되어 있어 느린 학습자들이 읽고 그 뜻을 이해하는 데 어려움이 없습니다. 특히 "용감하지 못해도 나는 어디든 갈 수 있어. 힘은 세지 못해도 나를 지켜줄 가족이 있고… 나는 코끼리입니다"라는 반복적인 문장 구조는 책의 내용을 기억하고 자신의 이야기와 연결하기에 좋습니다.

책을 읽고 관련 질문으로 아이들에게 가장 기억에 남는 장면을 물었습니다. 아이들은 코끼리들이 친구들과 노는 모습에서 친구들과 함께 놀고 싶은 마음을 표현하였고, 가족들과 함께 있는 코끼리의 모습에서 가족들에 대해서 이야기했습니다. 활동으로 책의 내용을 바탕으로 짧은 글쓰기를 했습니다. "○○하진 못해도 나는 ○○할 수 있어. 나는 ○○○야"라는 글의 형식을 아이들에게 설명했고 아이들은 자신이 못하는 것과 잘하는 것에 대해서 생각한 후 글을 쓰기 시작했습니다.

— 말하지 못해도 나는 그림을 잘 그릴 수 있어. 나는 ○○○야.
— 다리가 아파 걸을 수 없지만 나는 발표를 잘할 수 있어. 나는 ○○○야.
— 난 그림을 못 그려도 퍼즐을 잘 맞출 수 있어. 나는 ○○○야.
— 난 노래를 잘하지 못해도 피아노를 잘 칠 수 있어. 나는 ○○○야.

아이들은 "○○하진 못해도 나는 ○○할 수 있어. 나는 ○○○야"라는 형식으로 짧은 글쓰기를 하면서 자신이 잘하지 못하는 것도 있지만, 잘하는 것도 있다는 것에 만족감을 표현했습니다. 평소 못하는 것에 대한 부정적인 피드백을 많이 받았던 아이들은 오늘만큼은 자신 있게 "나는 ○○을 잘해"라며 큰 소리로 대답했습니다.

| V부 |

책,
건강의 질문에 답하다

Part 1.

가족의 질병 바라보기
: 아파도 변해도 괜찮아요

『엄마는 해적이에요!』

카린 쉬히그 글, 레미 사이아르 그림, 박언주 옮김, 씨드북, 2019, 32쪽

엄마는 보물섬을 찾아 바다를 항해하는 해적입니다. 하얀 가운을 입은 프로 해적들과 함께 매주 목요일이면 바다를 항해하러 떠나지요. 거대한 폭풍우에 맞서 가슴 한쪽에 흉터를 남기기도 하고, 머리를 빡빡 밀어 스카프를 쓰기도 합니다. 오랜 여정 끝에 엄마는 드디어 보물섬을 발견합니다. 엄마는 동료 해적들과 헤어져 집으로 돌아오고, 험난한 바다에서의 모험은 끝이 납니다. 흉터는 아직 남아있지만, 창백했던 안색도 다시 돌아와 엄마는 진짜 건강한 해적이 된 것 같습니다.

주인공 엄마는 어린아이를 둔 유방암 환자입니다. 어린아이가 있는 환자의 경우, 힘겨운 치료 과정을 아이에게 이해받기란 쉽지 않습니다. 이 책은 암을 치료받는 엄마와 그 가족의 입장에서 쉽게 이해할 수 있도록 쓰였습니다.

암 환자와 그 가족은 모두 힘겨운 항해를 이어가고 있고, 응원받아야 하는 사람들입니다. 이 책에서 표현하는 폭풍우가 무엇이고 해적은 누구인지 이야기해 보세요. 엄마가 찾는 보물섬에는 무엇이 숨겨져 있을까요? 그림책 속 이야기처럼 힘겨운 모험을 끝내고 집으로 돌아온 엄마의 모습을 보며 우리 가족만의 보물을 찾아본다면 지금 상황을 이겨내고 희망적인 삶으로 나아가는 한걸음이 될 수 있을 것입니다.

#암환자가족 #암과싸우는엄마 #흰가운해적 #엄마가진짜해적이라는증거 #아들을 위해들려주는자전적그림책

『우두커니』

심우도 글·그림, 심우도서, 2020, 440쪽

이 책의 부제는 "늙은 아버지와 사는 집"입니다. 결혼하면서 내가 아버지를 모시게 된 이유는 막내로 아버지의 사랑을 가장 많이 받았기 때문이지요. 그러나 얼마 후 혼자 방 안에서만 우두커니 지내시던 아버지에게 치매가 찾아왔습니다. 인자하던 아버지는 의심이 많아지고 버럭버럭 화를 내시거나 전에 없는 행동들이 합니다. 결국 우리 부부는 언니가 있는 청주로 이사 가지만 아버지의 증세는 나날이 심해지기만 했습니다.

이 책은 치매 환자 자신과 가족이 겪는 당황스러운 일상들을 사실적으로 그리고 있습니다. 익숙했던 일상이 한순간에 지옥으로 변해가는 날들과 그 안에서 환자와 가족들이 겪어야 하는 육체적, 정신적 고통이 실감 나게 전달됩니다. 누구나 경험하게 되는 노화와 가장 두려운 질병인 치매가 결국은 생의 한 과정임을 잔잔히 그려내기 때문에 환자와 가족에게는 위로가 됩니다. 노후를 걱정하는 성인이라면 누구나 읽어도 좋을 겁니다.

이 만화에는 서로 다른 입장의 가족 구성원들이 등장합니다. 환자 자신은 물론 이혼하고도 관계를 끊지 못하는 아내, 같은 집에 사는 사위, 막내면서 아버지를 모시는 딸, 결혼 후 따로 사는 딸, 할아버지의 치매를 이해하지 못하는 어린 손자 등. 가족이라는 오래된 공동체 속에서 병마와 마주한 누군가는 자신의 모습을 하고 있을 겁니다. 때로 아버지, 딸, 사위, 손자의 관점으로 읽어보면 좋을 겁니다.

#치매 #치매아버지 #늙은아버지와사는집 #아버지를모시게된이유 #부천만화대상수상

『파랑 오리』

릴리아 글 · 그림, 킨더랜드, 2018, 40쪽

아기 울음소리를 듣고 헤엄쳐 간 파랑 오리는 연못에서 아기 악어를 만나 따뜻하게 안아 주었습니다. 기다려도 엄마 악어는 오지 않고 아기 악어는 파랑 오리를 엄마라고 부르게 되었습니다. 아기 악어는 성인이 되었고 어느 날부터 파랑 오리의 기억들이 사라지기 시작했습니다. 이제는 파랑 오리가 아기 악어에게 해주었던 것처럼 어른이 된 악어가 파랑 오리에게 해주었답니다.

가족 구성원이 건강하지 못한 일은 참으로 힘든 일일 것 같습니다. 파랑 오리의 모습에서 떠오르는 누군가가 있나요? 그 또는 그녀와의 관계는 어떠한가요?

책 표지의 파란 물 위에 오리 엄마와 아기 악어의 모습이 평화롭게 느껴집니다. 책을 읽기 전 표지의 그림을 보고 각자의 느낌을 나누어 보세요. 파랑 오리와 악어의 모습에 떠오르는 사람이 있다면 누구인지 이야기를 나누어 보세요.

#그림이예쁜그림책 #나는엄마의아기였지만 #이제엄마가나의아기예요 #아기악어 #새로운가족의형태 #입양과치매

『우리 가족입니다』
이혜란 글·그림, 보림출판사, 2005, 30쪽

시골에서 혼자 사시던 할머니가 우리와 함께 살게 되었습니다. 엄마와 아빠가 둘이서 운영하는 작은 식당은 늘 바빴는데 할머니가 오시고 더 바빠졌어요. 할머니는 젓갈을 옷장에 넣어 구더기가 생기게도 했고 길에서 잠을 자거나 옷에 오줌을 싸거나 똥을 가리지 못했거든요. 아빠는 할머니를 씻기고 챙기고 업고 오느라 바쁘고 힘들었어도 할머니를 버리지 못했습니다. 할머니는 아빠의 엄마잖아요. 그래서 우리 가족은 함께 삽니다.

치매를 앓는 가족을 간병한 경험이 있는 이들이나 질병이 있는 가족이 있는 독자들은 이 책을 통해 자신을 돌아볼 수 있을 겁니다. 가족 때문에 힘든 경험이 있는 사람이라면 다른 어떤 이유도 아니고 가족이라는 이유로 힘겨움을 견디는 아버지에게 공감할 수도 또 반발할 수도 있습니다.

할머니는 어릴 때 아버지를 버렸습니다. 그러다 늙고 병이 들자, 아버지에게로 왔습니다. 아버지는 할머니의 보살핌도 받지 못하고 자랐는데 할머니 때문에 힘든 일을 도맡아 합니다. 그리고 엄마와 우리가 그 사이에 있습니다. 사진보다 사실적인 이 그림책을 읽으며 역할극을 해보면 좋을 겁니다. 각자 할머니, 아버지, 엄마, 아이들의 처지에서 이 책을 읽어보면 각자의 입장에 따라 가족의 의미가 달라질 수 있을 겁니다. 또 치매에 걸린 할머니를 꼭 집에서 모셔야 하는지와 같은 해결 방안을 찾는 것도 의미가 있을 거예요.

#할머니와함께살기 #치매할머니 #어린이의눈과목소리로 #보림창작그림책공모전 수상작

Part 2.

마음의 아픔 다독이기
: 내 마음의 표정을 찾아서

『불안』
조미자 글·그림, 펑거, 2019, 48쪽

나를 어지럽게 하고 불안하게 하는 것이 있습니다. 그것을 만나보려고 끈을 잡아당겨 보니 아주아주 무서운 것이 떡하니 나옵니다. 머릿속에 온통 두려움뿐이지만 용기 내어 끈을 더 당겨보니 무서운 그것이 조금 작아져 있습니다. 그때부터 나의 마음도 조금씩 수그러듭니다. 나를 졸졸 따라다니는 그것과 이야기도 하게 되고, 영화도 보고, 마치 오래 전부터 함께 있었던 것처럼 이제는 친구가 될 수 있을지도 모른다고 생각합니다.

보이지 않는 불안의 모습을 강렬하고 다양한 색채감으로 나타낸 그림책입니다. 처음에 커 보이던 불안의 모습이 나에게로 당길수록 점점 작아지는 현상을 통해서 불안을 대면하며 내 안의 감정으로 인정하기까지의 과정이 담겨 있습니다. 다양한 감정의 대면과 표출이 필요한 사람에게 감정을 시각화할 수 있는 책입니다.

나의 감정을 한 개의 단어로 표현하기는 조금 어렵습니다. 상황에 따라 다양한 감정의 단어들을 만나보세요. 그리고 그중에 몇 개를 골라 시각적으로 표현해 보면 보이지 않는 감정을 자신에게로 당겨오는 작업에 직면할 수 있을 것입니다.

#감정그림책 #감정바라보기 #난이제그것을만나볼거야 #위로받고싶어하는감정 # 불안의색채

『나는 내가 우울한 사람인 줄 알았습니다』

뜬금 글·그림, 빌리버튼, 2020, 204쪽

저자는 우울이 타고난 성격이라고 생각했는데, 병원 진단 결과 우울증의 한 형태인 '기분부전증'입니다. 이것을 진단받기까지 많은 시행착오를 겪고 자신이 왜 이러는가에 대한 자책도 있었지만 결국 정신의학과를 방문하여 치료받기로 합니다. 이 책은 정신의학과를 방문하기 전까지의 고민과 수면과다증, 조증, 공황장애를 겪으며 힘들었던 순간들을 무겁지 않은 스토리의 만화와 짧은 일기 형식으로 풀어냈습니다.

저자는 조용함을 좋아하고 일상의 작은 기쁨을 수집합니다. 자신을 다독이는 방법을 가장 잘 아는 것이지요. 뜬금없이 나를 행복하게 하는 것들을 찾으며 자신의 감정에 고요한 위로를 건넵니다. 그리고 자신의 우울도 타인의 우울도 별것이라고 생각하며 자신의 아픔이 누군가에게는 공감과 이해가 되길 바라지요.

우울은 보이지 않는 감정이지만 스스로를 깊은 아픔으로 몰아넣기에, 빠져나오기 위해서는 본인의 의지와 주변인들의 노력이 필요합니다. 그리고 그 과정에서 이해와 공감은 서로의 손을 맞잡는 훌륭한 도구가 되어줍니다. 지금 내 마음속에 우울이 있다면 이 책을 읽어보는 것은 어떨까요? 가볍게 읽어도 고요한 평온을 만날 수 있습니다.

같은 어려움을 겪고 있는 사람을 만나 대화를 나누거나 책으로 위로를 받는 것도 좋습니다. 나를 사랑하기 위한 10계명을 써보거나 지금 가장 하고 싶은 버킷리스트를 써보는 것은 어떨까요? 편안한 내가 되기 위한 과정에 잠깐의 행복을 연습할 수 있을 것입니다.

#그림에세이 #편안한내가되기위한연습 #우울을제대로마주보는법 #기분부전증 # 나만의행복찾기

『윌리와 구름 한 조각』

앤서니 브라운 글·그림, 조은수 옮김, 웅진주니어, 2016, 32쪽

어느 따뜻하고 밝은 날 공원에 간 윌리는 아주 작은 조각구름이 자신을 따라다니는 것을 알고 피해 숨을 곳을 찾습니다. 집으로 돌아온 윌리가 구름을 없애기 위해 고민하는 동안 구름은 더 크고 어두운 모습으로 윌리를 덮어버립니다. 윌리는 고작 구름에 걱정하고 있는 자기 모습에 화가 나고, 밖으로 뛰쳐나가 구름을 향해 가버리라고 소리칩니다. 윌리는 내리는 비를 맞으며 노래를 부르고 춤을 춥니다.

　실체가 없는 막연한 두려움과 불안감을 느껴보셨나요? 그때 당신은 어떻게 했나요? 대부분의 사람들은 감정을 느끼지 않으려고 자신의 감정을 부정하거나 막연한 자신의 감정에 빠져 어려움을 호소하기도 합니다.

　이 책은 자신을 따라다니는 구름이 무엇인지 생각해 보고, 그 구름 때문에 일상에서 겪는 어려움을 이야기하기에 좋습니다. 특히 윌리가 두려움을 풀어내는 것처럼 "네가 두려워하는 게 진짜 뭔지 잘 생각해 봐!"라는 질문에 당신이 대답을 찾는다면 내 안에 있는 두려움과 불안감을 풀어낼 용기가 생길 것입니다.

#앤서니브라운그림책 #아주작은조각구름 #고작구름걱정 #실체없는두려움 #겁쟁이윌리

『나는 가끔 화가 나요』

칼레 스텐벡 글·그림, 허서운 옮김, 머스트비, 2020, 32쪽

주인공은 "나는 늘 즐거워요", "그렇지만 가끔은 화가 나요!"라고 하면서 가끔 화가 날 때의 상황을 이야기합니다. 책을 읽는 내내 주인공의 마음을 따라 화가 나는 순간의 내 모습을 떠올리고 고개를 끄덕이게 됩니다. 그리고 이 책은 화가 나는 상황만을 이야기하는 것이 아니라 화가 났을 때 주변 사람들이 화난 마음을 푸는 방법에 대해서도 알려주고 주인공이 화난 마음을 푸는 방법도 들려줍니다.

자신의 감정을 알고 상황에 따라 감정을 조절할 수 있다면 얼마나 좋을까요. 많은 사람이 자신의 감정조차 읽지 못하고 그것을 표현하는 것에 낯설어합니다. 감정을 안다는 것은 자신을 알아가는 방법 중 하나이기도 합니다.

누구나 화를 냅니다. 그렇지만 그때 어떻게 화를 풀지 나만의 방법을 알아야 화를 잘 낼 수 있습니다. 그렇다면 차분히 자신의 감정을 살펴보세요. 지금 내가 왜 화가 났는지, 어떻게 화를 내는지 그리고 나만의 화를 푸는 방법은 무엇인지 생각해 보세요. 주인공이 그랬던 것처럼.

#마음을읽어주는그림책 #내마음왜그런걸까 #화를달래는방법 #화를내는마음 #화를내도나의마음

『사랑해 강아지야 사랑해』

캐롤라인 제인 처치 글·그림, 신형건 옮김, 보물창고, 2022, 16쪽

많은 사람이 강아지를 좋아하지만, 강아지가 좋아하는 것을 직접 말해 보라면 어려워합니다. 그렇다면 강아지가 정말 좋아하는 것은 무엇일까요? 자연에서 지낸다면 강아지는 뜨는 해와 구름을 좋아하기도 하고, 비 오는 날 물웅덩이에서 물을 튕기며 노는 것도 좋아합니다. 가을에 떨어지는 낙엽을 쫓아가는 것을 좋아하고, 추운 겨울에는 눈을 밟거나 얼음판에서 뛰놀 때 매우 즐거워합니다. 또한 벽난로 앞에서 불을 쬐며 따뜻함을 느낄 때 행복해한다고 합니다.

이 책은 반려견 또는 강아지를 아끼고 사랑하지만 잘 모르는 사람, 강아지에 대해 자세히 알고 싶은 어린이 또는 강아지를 키우고 싶은 사람에게 도움이 될 수 있습니다.

평소에 자신이 생각했던 강아지나 동물이 좋아하는 것을 적어보고 자신이 생각했던 것과 책의 내용을 비교해 보고 또 인터넷도 검색해 보세요. 그리고 자신이 점검할 점을 메모장에 적어보고 차이점을 나눠 보세요.

#사랑의보드북 #강아지가좋아하는것 #강아지와함께 #반려동물

『꽃 달고 살아남기』

최영희, 창비, 2015, 248쪽

강분년 씨와 박도열 씨의 업둥이인 감진마을 박진아는 어느 날부터 어린 시절 친구 선우가 시도 때도 없이 보입니다. 그러나 선우는 아무에게도 보이지 않습니다. 그런 진아를 조현병 증세로 진단한 사람은 X파일 광팬인 인애입니다. 진아와 인애 그리고 물리 선생님은 진아의 병이 진아의 엄마일지도 모르는 시장통 미친년 '꽃년이'에게 유전되었을 것으로 추측합니다. 세 사람은 여러 사건을 거친 후 꽃년이를 만나고 진아는 두 사람의 도움으로 조현병을 이겨내기 위해 노력합니다.

세상과 자신이 맞지 않는다고 생각한다면 진아와 그 조력자들을 만나보세요. 조현병인 진아, SF 광팬인 인애, 남자면서 소녀 캐릭터 마니아인 물리 선생님은 세상 사람이 보기에는 정상이 아닐지도 모르지만 당당히 세상과 맞섭니다. 또 감진마을 노인들도 만나봅시다. 세상에 버려진 진아를 받아주고 결국 시장통의 꽃년이까지 품어주는 말 많고 시끄럽고 정도 많은 사람들을 말입니다.

"더 트루쓰 이즈 아웃 데얼!" 인애가 늘 외치듯 진실은 이곳이 아닌 저 먼 곳에 있을지도 모릅니다. 이 책에서는 분명히 설명되는 것은 없습니다. 왜 진아가 존재하지 않는 선우를 보는지, 꽃년이가 정말 진아의 엄마가 맞는지 알 수 없습니다. 이 책을 통해 그 이유들을 설명해보면 어떨까요? 왜 진아에게 갑자기 선우가 보이게 되었는지, 감진마을의 노인들은 왜 꽃년이를 받아주었는지, 왜 인애와 물리 선생님은 X파일과 캐롤 캐릭터에 몰두하는지 그리고 '미친' 진아는 어떻게 미치지 않는지를 말이죠.

#감진마을업둥이 #꽃년이 #조현병 #창비청소년문학상수상

Part 3.

건강한 삶의 비결
: 100세까지 건강하게

『노인치매 예방과 치료방법』

조성자, 창지사, 2019, 312쪽

초고령화 시대에 노인에 대한 문제의식은 어느 때보다 중요합니다. 저자는 몬테소리가 지닌 교육적 요소와 철학의 원리를 통해 치매 노인을 돕고자 했습니다. 특히 치매 어른들의 인격, 존엄성, 자존감에 대한 인식을 향상시키고, 치매 어른들 개개인에게 맞는 환경 지원과 적극적인 지지로 이론을 실제에 적용하고자 했습니다. 이를 위해 통합적 이해, 치매 어른들을 위한 몬테소리 방법의 실제 제시 방법 그리고 치매 어른들의 인지능력 훈련과 몬테소리 영역별 활동으로 구성했습니다. 치매 노인을 위한 활동으로 치매 어른의 프로필 만들기, 주제와 연결되는 단어 찾기와 같은 인지 훈련 등이 실려 있습니다.

노인치매에 대해 잘 모르거나 노인기를 앞두고 치매에 대한 막연한 두려움이 있는 대상자, 치매 노인을 둔 가족 등이 함께 읽으면 치매에 대한 이해와 관련 프로그램을 통해 도움을 받을 수 있습니다.

치매 노인의 특징을 나열해 보고 책을 읽고 난 후의 차이점을 알아봅시다. 특히 몬테소리 교육을 통한 치매 노인 돌보기에서 자신이 치매 노인을 돕는다면 어떻게 도울 수 있는지 구체적으로 실행할 계획을 세워봅시다.

#초고령화시대 #노인인지능력훈련 #몬테소리 #치매어른프로필만들기 #치매노인을위한활동

『운동의 역설』

허먼 폰처, 김경영 옮김, 동녘사이언스, 503쪽

이 책은 다이어트와 운동에 대해 과학적인 접근으로 새로운 시각을 제시합니다. 이 책의 전반부는 흥미롭고 재미있는 인류학적 지식으로 가득하고, 후반부는 섹시한 몸을 만드는 10가지 진화인류학적 조언을 통해 결론에 도달합니다. 그러다가 마지막 장을 덮으면서 반전을 선사합니다. 즉, 신진대사와 에너지가 우리 몸에 중요한 역할임을 강조하면서도 산업화된 에너지는 결코 비만을 줄일 수 없다고 주장합니다. 왜냐하면 많은 사람이 대부분 태우는 칼로리보다 섭취하는 칼로리를 쉽게 접하고 먹기 때문입니다. 결론적으로 에너지 불균형이며, 이는 자연적인 식품이 아닌 가공식품에 의존한 결과라고 말합니다.

비만으로 고민하고 있거나 혹은 체중을 감량하고자 하려고 하는데 근원적인 이유나 구체적인 방법을 알고 싶은 사람이나 그런 정보를 찾는 사람이 읽으면 도움을 받을 수 있습니다.

책을 바탕으로 자신의 식생활을 정리해 보고 무엇이 문제인지, 그동안 잘못 생각하고 있었던 것을 포스트잇에 써서 붙이고 날짜를 정해 건강 프로젝트를 작성해 보세요.

#섹시한몸을만드는진화인류학적조언 #다이어트와운동 #산업화된에너지 #에너지불균형 #운동해서살뺀다는착각

『의사들의 120세 건강 비결은 따로 있다』 1, 2

마이클 그레거 · 진 스톤, 홍영준 · 강태진 옮김, 진성북스, 2017, 각 564쪽, 340쪽

저자인 그레거 박사는 의사이면서 영양학 전도사입니다. 그가 이 일에 관심을 둔 건 65세 때 사망신고를 받았으나 음식과 생활 방식을 바꾸면서 31년을 더 즐기며 살 수 있었던 할머니 덕분입니다. 지난 세기를 '전염병과 기근의 시대'로 보았다면, 지금 우리가 사는 시대는 '퇴행성 질환과 인간이 만든 질환의 시대'라 할 수 있습니다. 고혈압, 심장병 등 만성 질환의 만연은 고기, 유제품, 설탕 등 육식과 가공식품 위주의 식단에 있다는 건 이미 알려진 사실이지요. 수명은 늘었어도 질병 없이 사는 '기대 건강 수명'은 단축되었습니다. 저자는 건강하게 오래 사는 방법으로 건강한 생활 습관과 식생활에 주목합니다.

심장질환, 폐질환, 뇌질환, 소화기암, 감염, 당뇨병, 고혈압, 간질환, 혈액암, 신장질환, 유방암, 자살우울증, 전립선암, 파킨슨병 등의 질병으로 고생하는 환자들에게 권합니다. 질병에 걸리지 않았더라도 예방 차원에서 육가공 식품의 위험성을 깨달아 미리 좋은 식습관을 개선한다면 가래로 막을 것을 호미로 막는 효과가 있으리라 봅니다.

기름지고 '단짠' 음식이 넘쳐나는 중독성 높은 미식의 시대입니다. 책에서 제시하는 채식과 친해지다 보면 그 맛에 길들고 건강도 함께 얻을 것입니다. 대체로 나이가 들어서 질병이 나타나지만, 그 씨앗은 어릴 때부터 자라고 있으니 채식 위주의 식단으로 바꾸어 보기를 권합니다.

#영양학전도사 #단짠음식 #기대건강수명 #식습관개선

『어느 채식의사의 고백』

존 A. 맥두걸, 강신원 옮김, 사이몬북스, 2017, 312쪽

우리 몸은 지금껏 먹고 살아온 삶의 결과라고 합니다. 즉, 당신이 먹는 것이 당신을 만든다는 말이지요. 저자는 '지속 가능한 음식의 법칙'을 실행하여 40여 년 동안 '돈을 버는 의사'가 아닌 '병을 낫게 하는 의사'로서의 삶을 살았다고 자부합니다. 저자 자신이 잘못된 식습관으로 망가진 몸을 치유하며 그 원인을 밝혀냈기에 설득력이 있습니다. 흔히 탄수화물은 체중을 증가시킨다고 해서 기피하는 경향이 있는데, 저자는 녹말 음식이 몸을 건강하게 할 뿐 아니라 '뚱보'라는 허물을 벗게 한다고 말합니다. 게다가 단백질, 칼슘, 비타민 등 영양소가 부족할까 염려할 필요는 없다고 합니다. 음식 안에 자연적으로 들어 있기에 소비자의 불안을 부추기는 광고에 현혹되지 말라는 것이지요.

다이어트를 시도하다 실패해 건강도, 자신감도 잃은 이들에게 '지속 가능한 음식의 법칙'은 용기와 희망을 줄 것입니다. 독은 사람을 금방 죽이고 육식은 천천히 죽인다고 합니다. 육가공 식품에 길든 사람들에게 저자는 동물성 식품이 갖는 폐해의 심각성을 일깨워 줍니다.

우유와 치즈는 칼슘을, 소고기는 철분을, 닭가슴살은 단백질을 공급한다는 학설이 식품업계의 광고에 세뇌되었다는 저자의 말을 경청할 필요가 있습니다. 반대로 통곡물과 각종 채소와 과일이 어떻게 몸을 치유하는지 알려주는 말에 귀 기울여 채식 위주의 건강 식단으로 점차 바꾸어 가면 좋겠습니다. 생태계는 모든 게 연결되어 있습니다. 채식은 우리 몸을 정화할 뿐 아니라 환경도 정화할 것입니다.

#지속가능한음식의법칙 #동물성식품의폐해 #냉장고속가짜음식 #질병방아쇠

『미나리를 드셔야겠습니다』

이희재, 비타북스, 2017, 284쪽

사철 구입할 수 있고 가격도 그리 비싸지 않은 미나리가 당뇨, 고혈압 등 질병에 효험이 있다니 귀가 솔깃해집니다. 저자는 미나리를 환자들에게 처방하여 병을 호전케 한 경험이 있는 한의사입니다. 실제 사례들이 많아 신뢰가 갑니다. 미나리의 어떤 성분이 병을 낫게 할까요? 모든 질병의 원인을 만성염증으로 보고 있는데 미나리 성분이 통증과 염증을 유발하는 COX-2를 억제하는 것이 밝혀져 믿을 만합니다. 염증에는 아스피린이 주로 이용되었는데 미나리는 부작용도 없다니 마음 놓고 먹을 수 있겠지요. 책에는 미나리 복용법이나 미나리를 이용한 요리법이 소개되어 있어 적용하기가 쉽습니다.

당뇨합병증, 고혈압, 높은 간 수치, 증가하는 암세포, 숙취 등으로 고생하는 분들께 권합니다. 또 염증으로 야기된 여드름과 아토피 등의 피부질환, 설사, 변비 등에 고생하는 사람에게도 효과가 있을 것입니다.

미나리를 효과 있게 먹는 방법은 끓여서 먹는 수근차라고 합니다. 저자가 제시하는 미나리 수근차 만드는 법을 따라해 보세요. 수근차는 용량과 음용법에 맞게 마셔야 효과를 볼 것입니다. 여름철 자양 강장에도 효과가 있다고 하니 일반인들도 미나리차를 마시거나 음식으로 먹어서 건강을 지켜나가길 바라봅니다.

#미나리복용법 #미나리효능 #미나리요리법 #미나리수근차 #천연아스피린

암이란 큰 병에 걸렸다는 진단을 받으면 환자들은 부정적인 심리적 과정을 거치게 된다고 합니다. 암 진단 시기에 자신의 질병을 부정하고 부정의 감정이 분노로 변하여 타인에게 표출하거나 자신에게 향하여 우울 감정으로 나타나기도 합니다. 그리고 불확실한 치료 이후 삶에서 오는 "내가 지금과 같은 생활을 할 수 있을까" 하는 두려움을 호소하기도 합니다.

유방암에 걸려 묵묵히 치료 과정을 마치고 1년이 지난 환자들과 모임을 했습니다. 이들은 한목소리로 어떻게 그 시간을 보냈는지 모르겠다고 말합니다. 12회기를 만나는 동안 진단 이후 놀랐던 마음과 가족들과의 관계, 예전과 다른 나의 모습 그리고 지금의 삶에 대해 이야기를 나누었습니다.

조지훈의 시 〈병(病)에게〉(1968)는 병을 '오랜 친구, 정다운 벗, 공경하는 친구'로 표현합니다. 병은 받아들이지 않으면 오히려 달려들지만, 가슴을 헤치고 받아들이려 하면 떠나간다고 말합니다. 그리고 시 〈병에게〉는 언제든지 찾아와 인생을 이야기하자고 포용하는 태도를 보여줍니다. 시는 유방암 환자에게 병을 거부하지 말고 하나의 과정으로 받아들이고 극복하고 수용하는 여유를 가져야 한다고 위로합니다.

시를 읽고 참여자들에게 "어느 부분이 마음에 남는지" 질문했습니다. 그리고 그 부분에 밑줄을 그어보도록 했습니다. "내가 오래 시달리던 일손을 떼고 막 안도의 숨을 돌리려고 할 때면 그때 자네는 어김없이 나를 찾아오네"라는 부분에 줄은 그은 한 참여자는 자신이 처음 진단받았을 때를 생각나게 했다면서 그때 정말 "어이없고 황당하고 내게 이럴 수가 있나"라는 마음에 힘들었다며 그동안 가족들이 걱정할까 봐

표현하지 못한 진단 당시의 힘들었던 마음을 이야기했습니다. 그러면서 마지막 연의 내용처럼 이제는 병을 무서워하기보다는 삶의 일부로 받아들이는 여유를 가지고 싶다고 했습니다.

〈병에게〉를 모방하여 쓴 참여자의 시입니다.

여름 더운 날 자네를 처음 만났지.
자네는 나와 우리 가족들을 놀라게 했지만,
오히려 나와 가족들은 서로 위로하는 방법을 배웠다네.
자네는 나의 생활을 질책이라도 하듯 방문했지만,
나는 자네의 방문으로 그동안의 나의 생활을 뉘우치게 되었네.

생에의 집착과 미련은 없어도 이생은 그지없이 아름답고
지옥의 형벌이야 있다손 치더라도
죽는 것 그다지 두렵지 않노라면
자네는 몹시 화를 내었지.

다시 만날 날은 기약하고 싶지 않지만,
자네의 방문을 잊지 않고 살겠네.

참여자는 모방시를 통해 암에 걸렸을 당시에 힘겨움과 치료 과정에서 가족들의 위로로 극복할 수 있었음을 표현했습니다. 그리고 그동안 자신의 몸을 돌보지 않은 것을 고백하면서 이제는 자신을 돌보며 암의 방문을 잊지 않겠다고 합니다. 참여자들은 큰 병 앞에서 나약해질 수밖에 없었다고 합니다. 그런데도 병에 지지 않을 수 있었던 것은 무엇보다도 나를 둘러싼 사랑과 스스로를 사랑하는 힘이었다고 이야기했습니다.

| VI부 |

책,
죽음의 질문에 답하다

Part 1.

삶에서 죽음까지
: 나는 지금 어떻게 살고 있나요?

『내가 함께 있을게』

볼프 에를브루흐 글·그림, 김경연 옮김, 웅진주니어, 2007, 32쪽

길을 걷던 오리는 이상한 느낌에 걸음을 멈추고 뒤를 돌아봅니다. 그곳에는 오리를 따라오던 죽음이 있었습니다. 오리는 낯선 죽음의 모습에 당황하지만, 항상 곁에 있었다는 말에 그를 인정합니다. 죽음은 이제 오리의 옆으로 다가와 동행합니다. 시간이 지나 매일같이 연못에 가던 오리가 못 가는 날이 많아지고 추위를 느끼자, 죽음은 그의 곁에서 마지막을 함께합니다. 죽음은 오리를 강으로 떠나보내며 슬퍼하고, 삶에 대해 생각합니다.

죽음은 어느 순간 갑자기 닥치기도 하고 질병을 통해 서서히 준비할 시간을 주기도 합니다. 책 속에서 오리와 죽음은 서로의 존재를 담담하게 받아들이며 친구로서 위로가 됩니다. 죽음이 오리를 떠나보내며 그 것 또한 삶이라고 이야기하는 것은 지금 나의 모습도 죽음에 동행 중이라는 사실을 알게 합니다. 어느 순간 다가올 죽음에 대해 생각해 본 적이 있나요? 죽음이 무엇일까, 어떤 모습일까 궁금하다면 이 책을 읽어 보세요. 문장 하나하나 속에서 깊이 있는 생각을 발견할 수 있을 것입니다.

사랑하는 사람들과의 이별이 있기에 죽음이 두렵다면 죽음 이전에 내가 하고 싶은 일들을 떠올려 보는 것은 어떨까요? 죽음을 삶의 끝자락에 있는 과정으로 받아들인다면, 멈춰버릴 일상이 아니라 지금을 열심히 살아낼 삶의 의미로 바꾸어 생각한다면 담담하게 오늘 하루를 이어 나갈 수 있는 당신이 될 것입니다.

#낯선죽음 #오리를따르는죽음 #생명처럼가장진실한 #죽음은삶의한부분 #그림책

『할머니의 팡도르』

안나마리아 고치 글, 비올레타 로피즈 그림, 정원정 · 박서영 옮김, 오후의소묘, 2019, 32쪽

외딴집에 혼자 살고 있는 할머니의 집에 검은 그림자 하나가 다가오고 있습니다. 크리스마스를 며칠 앞둔 어느 날, 검은 자루의 사신은 할머니에게 함께 가자고 이야기합니다. 할머니는 그런 사신에게 크리스마스에 먹을 팡도르를 준비하며 죽음의 일정을 계속 미룹니다. 크리스마스 날 할머니는 아이들에게 쿠키와 팡도르를 주고 사신을 따라나섭니다. 오랜 시간 간직해 온 레시피의 비밀은 아이들에게 남겨주고, 차고 흰 눈길 위를 사신과 함께 걸어갑니다.

죽음이 할머니를 잊었다고 생각했을 때 사신은 할머니를 찾아옵니다. 그러나 할머니는 죽음보다 더 중요하다고 생각하는 일들을 하나씩 해냅니다. 이 책은 아이들을 위해 크리스마스 쿠키를 준비하는 할머니의 모습에서 인생의 마지막을 어떻게 보내야 하는지에 대해 한 번 더 생각하게 해줍니다. 가만히 죽음을 기다리는 것이 아니라 죽어가는 순간까지도 최선을 다해서 살아내야 한다는 것을 말이지요. 그리고 그러한 죽음의 자세는 나와 남겨진 사람 모두에게 필요한 메시지가 아닐까요?

오늘 하루가 너무 힘겨우셨나요? 막상 생의 마지막을 생각했을 때 떠오르는 것은 아주 작고 가벼운 일상일지도 모릅니다. 책을 읽으며 할머니의 팡도르는 무엇이었는지 그리고 나에게 팡도르는 어떤 것이 있는지 생각해 보세요. 오늘 하루가 가치 있고 특별해지는 경험을 하실 수 있을 것입니다.

#죽음이나를잊은게야 #죽음을유예하는할머니 #삶의맛에빠져든사신 #삶과죽음의경계 #그림책

『100만 번 산 고양이』

사노 요코 글·그림, 김난주 옮김, 비룡소, 2015, 31쪽

100만 년 동안 100만 번이나 죽고 100만 번이나 살았던 얼룩 고양이가 있었습니다. 100만 명의 사람이 그의 주인이었고 그를 사랑했고 그가 죽었을 때 울었습니다. 그러나 고양이는 자신의 주인들을 싫어했고 자신이 죽었을 때도 단 한 번도 울지 않았습니다. 고양이는 도둑고양이가 되고서야 처음으로 자신만의 고양이가 되었습니다. 고양이들도 얼룩 고양이를 좋아했지만, 그는 자신만을 좋아했습니다. 그러던 어느 날, 하얀 고양이를 만난 얼룩 고양이는 사랑에 빠졌습니다. 하얀 고양이가 나이가 들어 죽자, 얼룩 고양이는 백만 번이나 울었습니다. 그렇게 하얀 고양이 곁에서 죽어 되살아나지 않았습니다.

이 책은 사랑이 얼마나 우리를 변화시키는가에 대해 말하고 있습니다. 100만 년 동안 누구도 사랑하지 않았던, 그래서 자신의 죽음마저 슬프지 않았던 고양이는 하얀 고양이를 사랑하고 나서 처음으로 슬픔을 알게 됩니다. 그래서 얼룩 고양이 이야기는 사별의 슬픔에 마음이 다친 사람도, 아직 사랑을 잘 모르는 사람에게도 도움이 될 겁니다.

사별의 슬픔을 겪는 이들은 이 이야기 속의 사람들이나 고양이에게 자신을 투영해 볼 수 있을 겁니다. 그 슬픔에 공감하면서 그 슬픔을 극복할 방법을 찾아볼 수 있으니까요. 얼룩 고양이가 하얀 고양이를 사랑하게 되는 모습을 보면서, 사랑이 스스로를 변화시킨다는 것을 믿게 될 겁니다. 죽음과 사랑이 각자에게 주는 의미를 찾으며 죽음과 사랑 그리고 죽음조차 방해할 수 없는 사랑에 대해 생각해 보면 어떨까요?

#사노요코그림책 #울지않는고양이 #얼룩도둑고양이 #하얀고양이 #자신만의고양이

『나는 죽음이에요』

엘리자베스 헬란 라슨 글, 마린 슈나이더 그림, 장미경 옮김, 마루벌, 2017, 48쪽

죽음과 삶은 떼어놓을 수 없는 양면성을 지니고 있습니다. 내가 지금 살아가고 있는 것이 삶인 것처럼 죽음은 그냥 죽음인 채로 나의 주위에 있지요. 찾아가는 시간도, 만나는 대상도, 방법도 정해져 있지 않지만 죽음은 사람들의 생각 속에 머무르지요. 죽음이 있어야 생명의 자리도 마련이 되고 새로운 단어와 새로운 꿈을 꾸게 합니다. 그래서 삶과 죽음은 시작과 끝을 같이하는 하나의 의미를 지니지요. 하지만 이것이 두려움으로 느껴진다면 사랑을 기억하세요. 사랑은 슬픔과 미움을 없애주고, 매일 나를 찾아올 수 있는 마음입니다.

　태어나는 사람에게 동전의 뒷면처럼 함께 따라오는 것이 있다면 바로 죽음입니다. 죽음을 생각해 본 적이 있나요? 가까운 사람들의 죽음은 슬픔과 두려움의 감정으로 표현되고, 남겨지고 떠나는 모습으로 그려집니다. 죽음을 생각함으로 지금의 삶의 가치에 변화가 생긴다면 이 책을 읽어보세요. 당신에게 죽음은 어떤 모습일지 생각해 보는 시간이 될 것입니다.

　죽음을 한 줄로 쓴다면 무엇이라고 쓰고 싶으신가요? 떠오르는 단어들을 정리해 보는 것은 어떨까요? 우리의 삶이 죽음으로 가는 하루하루라고 생각해 본다면 사실 죽음은 추상적인 단어는 아닙니다. 죽음을 만나기 전에 숨 쉬고 있는 지금 꼭 하고 싶은 게 있다면 버킷리스트를 작성해 보는 것은 어떨까요? 자신을 돌아보면서 내가 정말 원하고 꿈꾸었던 일을 생각해 보는 계기가 될 것입니다.

#삶과죽음의조화 #삶이삶이듯 #죽음은그냥죽음 #죽음은나의또다른일부 #그림책

『밤의 숲에서』

임효영 글·그림, 노란상상, 2019, 40쪽

열 명의 자식이 있는 할머니는 열 명 자식의 집을 차례로 다니며 살았습니다. 딸은 바빴고 아들은 아들의 아들 때문에 머리가 아팠지만, 할머니는 이해했습니다. 그러던 어느 날 할머니의 머리에 파란 머리카락이 자랐습니다. 그리고 다른 자식의 집으로 가던 할머니는 길을 잃고 마음도 잃었습니다. 어두운 길에서 할머니는 많은 친구를 만났고 자신의 이름을 잃었습니다. 할머니의 팔에는 점점 깃털이 자랐고 새가 되었습니다. 마침내 가벼워진 몸으로 새로 태어난 할머니는 가족들을 만나러 갔습니다.

이 책은 오랜 투병 끝에 세상을 떠난 가족을 그리워하는 사람에게 권하고 싶습니다. 치매 혹은 마음의 병을 앓는 이들 혹은 그들의 가족들이 함께 이야기를 나누어도 좋습니다. 또 죽음을 준비하는 마음도 알 수 있습니다. 상징적인 표현이 많아 단번에 이해되지는 않지만, 그래서 오히려 차근히 가족과 질병에 대해 생각해 볼 수 있습니다.

할머니의 파란 머리카락은 무슨 뜻일까요? 할머니는 어떻게 새가 된 걸까요? 이 책의 다양한 그림은 오히려 글보다 많은 이야기를 전합니다. 가족들의 이야기에 등장하는 많은 그림이 지닌 의미를 하나씩 찾아보면 노쇠한 부모를 모시는 자녀의 마음을 또 삶에 지쳐 부모를 방관한 자녀의 입장을 이해할 수 있을 겁니다. 또 길을 잃은 할머니가 만나는 동물들과 바람, 구름을 통해 죽음에 직면한 사람의 마음도 짚어낼 수 있을 것입니다.

#파란머리카락 #할머니의이름 #한때는딸이고엄마였던 #그림책

Part 2.

가까운 사람의 죽음을 바라보기
: 지금은 마음껏 슬퍼해도 좋아

죽음-나-어떻게 살 것인가 / 청소년, 2030, 중년, 노년

『모리와 함께한 화요일』
미치 앨봄, 공경희 옮김, 살림출판사, 2017, 280쪽

고단한 생활에 지쳐가던 미치는 대학 시절 각별했던 모리 교수가 루게 릭이라는 희귀 질환에 걸렸다는 소식을 듣고 그의 집을 찾아갑니다. 미치는 매주 화요일마다 모리 교수를 찾아가 삶과 죽음을 잇는 여정을 함께합니다. 시한부의 삶을 사는 모리 교수는 '죽어간다'는 말이 '쓸모 없다'라는 말과 동의어가 아님을 증명하려 노력합니다. 특히 나, 관계 등 누구나 겪게 되는 어려움을 풀어가는 모리 교수의 이야기는 나도 모르게 고개를 끄덕이게 합니다.

평범했던 일상을 한순간에 잠식해 버리는 질병의 선고와 고통 그리고 도움을 줄 수 없어 안타까운 마음으로 지켜보아야 하는 가족들. 죽음과 가까워질 때 사람들은 자기 삶의 의미와 가치에 대해서 더 많이 생각한다고 합니다. 아마도 그동안 누렸던 평범한 일상과 늘 함께했던 가족과의 이별 때문이겠지요.

어느 날 갑자기 질병으로 고통받고 있거나 가까운 사람의 힘겨움을 지켜보고 있다면 모리 교수의 이야기로 위로받아보세요. 첫 페이지부터 읽어도 좋고 목차를 보고 관심 있는 주제를 살피며 읽어도 좋습니다. 어느새 마음 한편이 위로받아 따뜻해지는 것을 느낄 수 있습니다.

#살아있는이들을위한 #열네번의인생수업 #삶에서잃어버린것들찾기 #루게릭병

『너무 울지 말아라』

우치다 린타로 글, 다카즈 가즈미 그림, 유문조 옮김, 한림출판사, 2012, 32쪽

할아버지는 자신의 죽음을 모르는 어린 손자에게 두 사람이 함께했던 지난날을 회상하며 앞으로 성장할 손자의 미래를 담담히 예견합니다. 자신의 죽음 때문에 슬퍼할 손자에게 지나치게 슬퍼하지 않기를 당부하는 할아버지의 목소리가 잔잔하게 느껴집니다. 이 책은 전체적으로 죽음의 그림자가 전혀 느껴지지 않는 밝은 연두색의 파스텔화 같습니다. 연두와 초록 계열의 색채는 따뜻하면서도 정겹습니다.

세상을 떠난 할아버지는 남은 손자에게 슬퍼해도 좋다고 말합니다. 슬퍼하는 모습까지도 좋아했지만, 더 좋아했던 것은 웃는 모습이라며 위로합니다. 이 책은 죽음을 준비하는 분이 남은 가족에게 편지처럼 전할 수 있을 겁니다. 혹은 가족의 죽음을 경험한 이들에게는 가족의 메시지처럼 활용할 수도 있겠지요.

이 책의 그림은 손자와의 추억들을 다양한 그림으로 전합니다. 그림들은 봄날 혹은 초여름날의 풍경화처럼 따뜻하고 싱그럽습니다. 이런 그림을 이용해 가족과의 추억을 이야기해 볼 수 있을 겁니다. 또 할아버지처럼 남은 이들에게 편지를 써볼 수도 있겠지요. 또는 돌아가신 분에게 전하는 말을 남겨도 좋을 겁니다.

#생명의흐름을따뜻하게알려주는그림책 #할아버지와함께걷던길 #할아버지가남긴편지 #가족을잃은마음

『마음이 아플까봐』

올리버 제퍼스 글·그림, 이승숙 옮김, 아름다운사람들, 2010, 33쪽

세상에 대한 호기심과 열정으로 가득한 소녀 옆에는 늘 할아버지가 있
었습니다. 할아버지의 죽음은 소녀에게 두려움을 주었고 소녀는 자신
의 마음을 빈 병에 넣고 뚜껑을 닫습니다. 그러자 마음은 아프지 않았
지만, 세상에 대한 호기심과 열정은 사라졌고 소녀의 마음은 점점 더
무거워집니다. 어느 날 세상에 대한 호기심이 가득한 작은 아이를 만난
소녀는 용기를 내어 마음을 담은 빈 병을 깨기로 합니다.

　이 책은 상처를 치유하기 위해서는 시간이 필요하다고 말합니다.
주인공이 너무 아파서 그 마음을 병 속에 가둬버리는 것처럼 말입니다.
그리고 다시 상처를 치유하기 위해서는 용기도 필요하다고 합니다. 주
인공이 자신의 마음을 꺼내기 위해서 병을 깨는 것처럼 말입니다.

　가까운 사람을 떠나보내고 마음 아파하는 분이 옆에 있다면 이 책으
로 위로해 보세요. 할아버지의 빈 의자를 보면서 어떤 마음이 드는지,
소녀가 병 속에 담은 마음이 어떻게 느껴지는지 묻고 이야기를 나누는
사이에 꼭꼭 숨겨두었던 아픈 마음을 도닥여 줄 것입니다.

#성장그림책 #할아버지의죽음 #할아버지의빈의자 #마음을유리병에넣어버린소녀
#병속에간힌마음

『리버보이』

팀 보울러, 정혜영 옮김, 놀, 2018, 284쪽

제스의 할아버지는 성공한 화가로 고향에 돌아왔지만 이미 늙고 병들었어요. 제스는 곧 다가올 할아버지의 죽음을 예감하고 슬퍼합니다. 그러다 우연히 집 앞 강에서 수영하는 소년을 만나고 그를 따라 바다로 이어진 강 하류까지 헤엄쳐 내려갑니다. 하류로 헤엄치는 동안 제스는 그 소년이 할아버지라는 사실을 깨닫습니다. 강을 따라 바다로 헤엄치는 고단한 여정을 통해 제스는 할아버지의 죽음을 받아들이게 됩니다.

가족의 죽음을 받아들이는 일은 몹시 두려운 일입니다. 그러나 슬픔을 건강하게 극복해야 삶은 다음 단계로 나아갈 수 있습니다. 소녀가 할아버지를 잃은 슬픔을 수영과 그림으로 극복했던 것처럼 말입니다. 가족을 잃거나 죽음으로 헤어진 사람들은 소녀 제스가 헤엄쳤던 강물과 같은 절망에 빠져 있을 겁니다. 그런 분들에게 이 소설은 소녀의 여정을 통해 헤어짐을 받아들이는 법을 알려줄 겁니다.

할아버지의 죽음을 받아들일 수 없었던 제스는 소년과 함께 수영하는 과정에서 천천히 죽음을 받아들입니다. 고인을 사망할 때의 모습이 아닌 다른 모습으로 기억하여 슬픔을 극복한 겁니다. 제스는 성공한 화가로서의 할아버지와 가난한 고아였던 할아버지를 모두 받아들입니다. "그랬었지"와 "그랬을 거야"와 같은 표현을 통해 고인에 대해 내가 아는 모습과 내가 몰랐던 모습을 회상과 추측의 형식으로 그려내 슬픔을 분명한 인식으로 바꾸는 활동해 보면 어떨까요? 또 손녀를 두고 가는 할아버지의 시선으로 이 책을 읽어보는 것도 좋을 겁니다.

#청소년성장소설 #할아버지의죽음 #할아버지할아버지와손녀의특별한이별여행 # 카네기메달수상

『돼지가 한 마리도 죽지 않던 날』

로버트 뉴턴 팩, 김옥수 옮김, 사계절, 2017, 192쪽

로버트의 가정은 세이커교도입니다. 아버지는 하루도 쉬지 않고 마을의 돼지를 잡아 생계를 이어가지요. 가난해도 종교적 신념에 충실하여 자족하며 삽니다. 친구가 로버트의 옷을 보고 놀리는 바람에 학교를 빠져나온 어느 날 로버트는 우연히 테너 씨의 황소가 새끼 낳는 것을 도와주고 새끼 돼지를 선물로 받지요. 핑키라 이름 짓고 정성껏 키워 새끼를 불리는 희망을 품었으나 핑키는 새끼를 낳지 못합니다. 아빠가 기력이 쇠하여 돼지 잡는 일도 못 하게 되자 살림이 기울어 핑키를 잡기로 합니다. 핑키가 피를 쏟으며 죽어갈 때 로버트는 눈물을 삼키지만 피 묻은 손으로 자기를 감싸는 아버지를 이해하며 한 걸음 성장합니다.

가까운 가족의 죽음으로 애통해하는 친구들이나 가족처럼 소중한 반려묘나 반려견을 잃어 슬퍼하는 친구들에게 이 책을 권합니다. 늘 곁에 두고 정성을 다해 기르던 애완 돼지 핑키를 잡아야 하는 주인공에게 공감하면서, 그마저도 아빠의 죽음으로 더 이상 돼지가 한 마리도 죽지 않는 상황을 받아들이는 그의 마음을 따라가면서 우리에게는 삶과 죽음을 생각해 볼 수 있는 자연스러운 기회가 주어집니다.

책에는 살기 위해 먹고 먹히는 죽음의 모습이 여럿 나옵니다. 매가 날렵하게 토끼를 낚아채는 모습, 통 속에 갇혀 족제비와 싸운 개를 고통 없이 죽게 하려고 총으로 쏘는 모습, 호두를 얻기 위해 다람쥐를 잡는 모습, 정들었던 핑키를 떠나보내는 모습, 마지막 아빠의 죽음까지 여러 죽음 앞에서 어떤 삶이 가치 있는지 생각해 보았으면 합니다.

#죽음사이에서빛나는삶 #살아있는모든것의경외심 #가장예의바른돼지 #세이커교도

『철사 코끼리』

고정순 글·그림, 만만한책방, 2018, 40쪽

소년 데헷은 친구였던 아기 코끼리 얌얌이 죽은 뒤 철사를 모아 코끼리를 만들어 함께 다닙니다. 뾰족 튀어나온 철사에 찔려 상처를 입으면서도 걱정하는 사람들의 말을 듣지 않았습니다. 그러나 철사 코끼리는 얌얌이 아니었습니다. 그 사실을 깨닫고야 데헷은 비로소 얌얌의 죽음을 인정하고 대장장이인 삼촌에게 부탁해 철사 코끼리를 용광로에 넣습니다. 삼촌은 철사 코끼리를 녹인 쇠로 작은 종을 만들어 줍니다. 그 종소리 속에서 데헷은 다시 얌얌을 느끼게 됩니다.

가까운 사람의 죽음이나 반려동물의 죽음을 경험한 사람들은 깊은 상실감을 느낍니다. 그 슬픔은 때로 독이 되기도 합니다. 유일한 친구를 잃은 데헷이 슬픔 속에서 철사 코끼리를 만들어 상처를 입는 것처럼 말이지요. 사랑하는 사람을 잃고 또는 가족과 같은 반려동물을 잃고 슬픔에 빠진 사람들에게 이 책을 권합니다.

우리는 때로 진짜 슬픔보다는 내가 만든 슬픔에 사로잡혀 있을 때가 있습니다. 데헷이 철사로 코끼리를 만들었지만 실제로는 얌얌이 아니었던 것처럼요. 결국 데헷은 철사를 용광로에 녹인 뒤에야 진정한 애도를 할 수 있었지요. 그림, 찰흙, 종이 등으로 죽은 이를 형상화하며 슬픔의 실체를 조형화해 극복하는 작업은 어떨까요? 또 바위산의 모습, 철사, 고철의 그림들을 통해 죽음, 슬픔, 그로 인한 상처를 해석하며 이해해 보는 건 어떨까요?

#소년데헷 #아기코끼리얌얌이 #아무나오를수없는돌산 #제대로안녕하는마음 #그림책

죽음-가족-치유 / 아동, 청소년, 2030, 중년

『나의 사랑스러운 할머니』

모지예 글·그림, 북극곰, 2022, 52쪽

언덕 위 빨간 지붕은 할머니 집입니다. 할머니를 부르면 바둑이가 먼저 뛰어오지요. 할머니 집에서 수지는 할머니가 부엌에 숨긴 사탕도 꺼내 먹고, 오래된 화장대에서 멋을 부리고 할머니와 장에도 갑니다. 할머니가 맛있는 음식을 할 때는 할머니가 사준 크레파스로 그림을 그리지요. 그런데 이제 할머니의 물건은 마당에 산처럼 쌓여 있습니다. 그 물건 중에서 수지는 할머니가 제일 좋아하는 물건을 골라 할머니와 함께 보내야 합니다. 마당에 불을 피우고 물건을 태운 뒤 수지는 바둑이를 데리고 집으로 갑니다.

가족을 잃은 사람들에게는 그 과정에 대해 함께 이야기할 수 있는 책입니다. 아직 죽음을 경험하지 않은 어린 독자들은 이 책을 통해 죽음이 무겁거나 슬프기만 한 것은 아님을 알 수 있죠.

할머니에 대한 수지의 추억은 따뜻하고 화려한 색감으로 표현되어 있습니다. 그 장면들은 모두 할머니와의 추억이 가득합니다. 이 책을 읽으며 이미 고인이 된 가족들과 보냈던 즐거운 추억을 생각해 보면 어떨까요? 또 수지는 할머니가 좋아했던 물건을 골라 할머니께 보내드리는 경험을 합니다. 우리는 어떤 물건을 통해 가족이나 사랑하는 사람을 기릴 수 있는지 생각해 봅시다. 그 물건이 어떤 의미를 지니고 있는지도 함께 나누어 보면 좋겠네요.

#아름다운추억을담은그림책 #사랑을표현하는방법 #할머니의집 #사탕을숨겨놓은할머니의부엌 #오래된화장대

『슬픔의 위안』

론 마라스코 · 브라이언 셔프 지음, 김설인 옮김, 현암사, 2019, 328쪽

슬픔은 살면서 누구나 경험하는 감정 중의 하나입니다. 우리가 슬픔에 놓였을 때 그 상황과 반응을 표현하기 어렵습니다. 따라서 책은 먼저 슬픔을 경험한 사람들의 이야기를 통해 다가옵니다. 특히 죽음을 직접 경험한 이야기에서 일부는 신분을 공개하거나 익명으로 나오는데, 슬픔의 경위와 겪는 과정을 통해 누구나 겪을 수 있는 슬픔의 흔적을 세밀하게 보여줍니다. 중요한 것은 슬픔을 직면한 사람에게 슬픔은 나 혼자만 겪는 게 아니며 한발 물러서서 슬픔을 객관적으로 응시하게 해줍니다.

관계의 상실이나 가족의 죽음 등으로 슬픔에 놓인 사람, 그런 사람이 주변에서 힘들어하는 데 도움을 주고 싶거나 받고 싶은 사람에게 권합니다.

책의 내용 중 자신에게 닥친 슬픔의 상황은 무엇인지 이야기를 나누고 찾아봅니다. 그리고 자신에게 닥친 슬픔이나 주변의 슬픔에 대해 어떻게 수용해야 하는지 책 내용을 참고하여 상황에 따른 슬픔의 길이를 생각해 줄자로 체크해 봅니다.

#슬픔의경위 #슬픔의흔적 #슬픔을응시하기 #관계의상실 #상실로인한감정

『무릎딱지』

샤를로트 문드리크 글, 올리비에 탈레크 그림, 이경혜 옮김, 한울림어린이, 2010, 32쪽

오늘 아침에 엄마가 죽었습니다. 그래서 아이는 잔뜩 심통이 나 있습니다. 아이가 할 수 있는 일이라고는 엄마의 냄새가 나가지 않게 문을 꼭꼭 닫아두는 일뿐입니다. 그리고 넘어져서 생긴 무릎의 상처를 자꾸 덧나게 해서 다시 피가 나게 하는 일뿐입니다. 그래야 엄마의 목소리를 들을 수 있으니까요.

모성은 절대적인 사랑으로 존재합니다. 그것이 온전한 역할을 다했을 때 혹은 그렇지 못했을 때라도 모성의 부재는 말할 수 없는 슬픔으로 반복 재생됩니다. 그 재생은 고통스럽지만 살아 있는 이들에게는 남은 그리움의 다른 이름입니다. 살아가면서 누구나 경험하게 되는 죽음에서 비롯되는 이별 중 엄마와의 이별은, 그것이 갑작스러운 것이든 준비된 것이든, 오래오래 슬픕니다. 그 슬픔을 자기 안에서 재생산하는 과정에서 성장해 간다는 사실이 우리를 더 슬프게 하는 것인지도 모릅니다.

이 책은 죽음에서 비롯된 이별의 고통을 겪어본 사람과 그렇지 않은 사람 모두에게 삶과 죽음에 대한 소중한 성찰 기회를 제공합니다. 엄마와의 관계를 통해 현재의 자기 삶에 대해 진지하게 돌아볼 기회를 제공한다는 점에서 모든 연령대에 적합합니다. 각자의 슬픈 사연에 귀 기울이다 보면 현재의 관계들이 얼마나 소중한지 자연스럽게 깨닫게 될 거예요.

#엄마의죽음 #엄마를잊지않으려면 #내가아빠를잘돌봐줄게 #그림책

죽음-친구-우울 / 청소년, 2030, 중년, 노년

『하루거리』

김휘훈 글·그림, 그림책공작소, 2020, 64쪽

순자는 어려서 엄니, 아버지 모두 여의고 큰집에서 더부살이로 지냅니다. 친구들은 노는데 순자는 매일 일만 했지요. 어느 날 멍하게 누워있는 순자에게 큰아버지는 게으르다고 하며 일을 시키지만, 친구들이볼 때는 순자가 하루거리에 걸린 것 같습니다. 분이가 순자에게 물할머니에게 병을 낫게 해달라고 빌라고 하자 순자는 죽게 해달라고 빕니다. 깜짝 놀란 분이는 친구들과 모여 순자의 병을 낫게 하는 방법에 대해이야기하고 순자와 함께 여러 가지 방법을 시도해 봅니다. 아무리 해도병이 낫지 않는 순자에게 친구들은 가짜 약을 만들어 줍니다. 순자는그 약을 먹고 친구들과 함께 처음으로 해가 저물도록 놀았습니다.

하루거리는 '학질'이라는 병으로 가난하고 굶주리던 아이들이 많이앓았던 병이라고 합니다. 분이의 생각과는 달리 순자의 병은 하루거리가 아닌 엄마, 아빠가 보고 싶어 생긴 마음의 병인입니다. 외롭고 슬플때 함께 걱정하고 위로해 주는 친구가 있다는 것은 참 감사한 일입니다. 힘들 때 주변을 둘러보세요. 내 마음을 따뜻하게 받아줄 친구가 있을 겁니다.

순자의 병이 낫게 하려고 친구들이 다양한 치료 방법을 만듭니다. 당신 옆에 순자와 같은 친구가 있다면 병을 낫게 하는 치료 방법으로무엇을 하겠습니까? 내가 할 수 있는 작은 관심과 위로 그리고 내가받고 싶은 관심과 위로에 대해 생각해 봐요.

#우정그림책 #수묵그림책 #순자의더부살이 #마음의병을앓는이들 #학질

Part 3

죽음을 기억하기
: 생명의 끝에서 깨달은 것들

『탈북 마케팅』

문영심, 오월의봄, 2021, 308쪽

탈북민, 최근에는 새터민으로 불리는 자유를 찾아 북에서 목숨을 걸고 온 사람들의 이야기입니다. 이 책은 새터민들이 겪는 어려움과 절망, 보호받지 못한 인권에 대해 최대한 사실적인 내용을 담아내고자 했습니다. 책 내용에는 실명과 함께 그들의 경험과 생각이 담겨 있습니다. 자유를 찾아 목숨을 걸고 한국에 온 것은 크나큰 용기이자 선택입니다. 하지만 한국의 기관은 과연 새터민을 제대로 맞아주고 있는가에 대해 다시 점검해 보아야 합니다. 자유를 찾아온 그들의 인권이 보호받지 못하고 진실이 왜곡되는 현실에서 나약한 그들의 선택을 수면 위로 올려 독자로 하여금 함께 고민에 동참하게 합니다.

북한을 탈출한 사람을 알거나 죽음을 생각한 적이 있거나 그런 위기의 경험을 한 사람, 새터민에 대해 잘 모르거나 관심이 있는 아동 이상의 모든 사람이 읽으면 많은 도움이 될 수 있습니다.

책을 읽고 삶과 죽음의 경계를 넘어선 새터민이 되어 그들이 경험한 어려움은 무엇인지 정리해 보고 책 속의 상황을 한 가지 선택해서 간단한 역할극을 진행해 봅시다. 역할극이 끝난 다음 새터민에게 편지글을 써봅시다.

#새터민 #누가그들을도구로만드는가 #보호받지못한인권

죽음-삶의 의미-어떻게 살 것인가 / 청소년, 2030, 중년, 노년

『숨결이 바람 될 때』

폴 칼라니지, 이종인 옮김, 흐름출판, 2016, 284쪽

이 책은 신경외과 의사로 뇌 손상 환자들을 치료하며 매일매일 죽음과 직면하던 저자가 서른여섯의 나이에 폐암 4기 판정을 받은 이후 남은 삶을 어떻게 살 것인가에 대해 성찰한 2년간의 자전적 기록입니다. 의사이자 환자의 입장에서 자신과 타인의 죽음에 대해 다루는 일은 역설적이게도 살아가는 것에 대한 근본적인 성찰의 기회를 제공합니다. 저자가 책을 마무리 짓지 못하고 세상을 떠난 뒤 에필로그를 써서 책을 완결한 아내 루시의 회고는 독자를 눈물짓게 합니다.

삶에 대해 성찰해 보면 어떻게 죽어갈 것이냐가 아니라 어떻게 살아갈 것인가가 중요하다는 사실은 자명합니다. 현재의 삶을 결단하는 일은 죽음의 시간이 가까이 있는지, 멀리 있든지 달라지지 않습니다. 다만 누구나 맞이하는 죽음이라는 당연한 시간을 망각하기 때문에 현재의 삶에 지쳐 있거나 괴로워하거나 벗어나고 싶을 때가 너무 많습니다. 그러나 죽음을 전제로 지금의 삶을 생각한다면 지금 내게 주어진 삶이 얼마나 소중한지 깨닫게 됩니다.

이 책을 읽으며 나에게 남은 시간을 정해놓고 지금 여기서 내가 할 수 있고 가장 하고 싶은 것이 무엇인지 생각을 나누어보시기 바랍니다. 나와 관계 맺은 모든 사람을 위해, 내가 해낸 모든 일을 위해 지금 여기에서 함께 행복해지는 방법들을 찾아낼 수 있을 것입니다.

#간절한숨결 #젊은의사의마지막순간 #가장소중한것 #어떻게죽을것인가 #삶과죽음에대한성찰

『오늘 내가 살아갈 이유』

위지안, 이현아 옮김, 위즈덤하우스(예담), 2011, 312쪽

서른 살에 세계 100대 명문대 교수가 되어 다양한 활동을 벌이던 저자는 갑작스럽게 말기 암 판정을 받고 절망 속에서 남아있는 사람들에게 자신의 마음을 담아 글을 썼습니다. 저자는 참을 수 없는 고통 속에서 삶이 주는 긍정과 희망에 관한 이야기, 가족에 대한 사랑과 건강 등의 이야기를 담담하게, 때로는 위트 넘치게 담았습니다.

환자가 자신이 병에 걸렸다는 것을 받아들이고 치료를 시작하기까지는 다양한 심리 변화 과정을 겪는다고 합니다. 이러한 과정을 받아들이며 환자는 "어떻게 살 것인가"라는 질문을 스스로에게 던진다고 합니다. 주변에 갑작스러운 병마로 아파하는 분이 있나요? 그렇다면 이 책으로 위로해 주세요.

이 책의 목차는 "첫 번째 이야기 — 삶의 끝에 서서", "두 번째 이야기 — 삶의 끝에서 다시 만난 것들", "세 번째 이야기 — 삶의 끝에 와서야 알게 된 것"으로 구성되어 있습니다. 목차 중에서 자신이 관심 있는 부분을 선택하여 읽어보세요. 어느새 저자의 이야기에서 위로받고 있는 나를 발견하게 될 것입니다.

#운명조차빼앗아가지못한 #삶의끝삶의새로운시작 #불리불기 #삶의끝에서알게된것들

『할아버지의 마지막 여름』

글로리아 그라넬 글, 킴 토레스 그림, 문주선 옮김, 모래알, 2020, 36쪽

우리 할아버지는 나이가 아주 많습니다. 할아버지는 늘 이야기하셨어요. 이만큼 나이가 들면 정신을 바짝 차려야 한다고요. 왜냐하면 어느 날 갑자기 자신도 모르게 머리가 하얗게 세거나 이가 빠질 수도 있기 때문이래요. 여름이면 나를 바다에 데리고 다니던 할아버지에게 정말로 변화가 찾아오기 시작했습니다. 손은 힘을 잃더니 부드러움까지 잃게 되고, 팔다리가 갈수록 쪼그라들었어요. 눈 깜짝할 사이 빛도 잃어 수평선 위의 배들을 셀 수도 없게 되었습니다. 시간이 갈수록 이렇게 하나씩 잃기만 하던 할아버지가 잃어버리면 안 된다고 하신 게 있어요. 그리고 끝까지 그것을 잃지 않는 모습을 보여주셨습니다.

이별의 모습은 너무도 다양해서 한 가지로 정의할 수는 없을 것 같습니다. 주인공처럼 자연스럽게 이별을 준비하기도 하지만 갑작스럽게 이별해야 할 때도 있으니까요. 그 쉽지 않은 이야기를 조금 따뜻한 시선으로 건네볼 수 있습니다.

여러분은 할아버지가 우리에게 끝까지 지키라고 하신 것에 대하여 얼마나 공감하시나요? 또 나라면 끝까지 지켜야 할 것은 무엇이라고 이야기하고 싶으신가요? 한 번쯤 가까운 사람과 우리들의 마지막 여름에 관한 이야기를 나누어 보는 것도 필요할 것 같습니다.

#기억은잃어도 #웃음은잃지않는할아버지 #이별준비 #삶과죽음사이소중한추억 # 그림책

책, 질문에 답하다 tip - 죽음

죽음이라는 말을 금기시하고 부정적인 의미로 받아들이는 이유는 무엇일까요? 아마도 이별을 수반하고 있기 때문이 아닐까 합니다. 나와의 이별, 나를 둘러싼 주변 사람들과의 이별은 다시는 예전처럼 관계를 맺을 수 없다는 두려움으로 볼 수 있습니다.

한 청년이 이모와 함께 연구실을 찾았습니다. 그 청년은 부모님의 이혼, 또래 관계의 어려움, 무엇을 하고 살 것인가에 대한 고민 등 심리적으로 매우 불안한 상태였습니다. 무기력한 모습에 작고 힘이 없는 목소리 '얼마나 힘들까' 하는 마음으로 청년을 만나게 되었습니다. 특히 이 청년은 죽음에 대한 두려운 마음을 이야기했습니다. 조심스러운 마음으로 청년에게 『하루거리』라는 책을 읽게 했습니다.

이 책은 부모 없이 남의 집에서 더부살이하는 순자가 힘이 없어 보이자, 친구들은 순자가 하루거리에 걸렸다고 생각하고 이런저런 방법으로 순자의 병을 고치려고 노력합니다. 순자는 친구들의 정성으로 점차 회복됩니다.

책을 읽은 뒤 청년은 순자가 행복해져서 다행이라고 말했습니다. 나는 청년에게 관련 질문으로 "가장 기억에 남는 장면이 있는지" 물었습니다. 청년은 순자가 죽고 싶어서 가짜 약을 먹고 혼자 누워 있는 장면이 가장 기억에 남는다고 했습니다. "왜 그 장면이 기억에 남았는지" 다시 묻자, 청년은 순자의 마음이 이해된다고 하면서 어디에도 기댈 곳 없는 순자가 안됐다고 했습니다. 그리고 "순자가 옆에 있다면 무슨 말을 해주고 싶은지" 묻자, 청년은 "순자, 너에게 친구들이 있어서 다행이고 네가 살아서 다행이다"라고 말해주고 싶다고 했습니다.

활동으로 자신에게 편지 쓰기를 했습니다.

○○야,

오늘『하루거리』를 읽었어.

순자를 보면서 나를 보는 것 같아서 깜짝 놀랐어.

그리고 순자 옆에 친구들이 있어서 부럽기도 했어.

내 옆에도 좋은 사람과 친구들이 있었으면 좋겠다고 생각했어.

너 옆에도 좋은 사람과 친구들이 있었으면 좋겠어.

그러면 나쁜 생각들은 그만두고 뭐라도 도전해 보고 싶어질 것 같아.

힘내! ○○야.

편지를 쓰고 난 후 청년은 자신의 이야기를 꺼냈습니다. 자신은 늘 혼자이고 자신을 도와줄 사람은 이 세상에 없다고 생각했다고 합니다. 그런데 책을 읽고 순자와 순자 친구의 모습을 보면서 주변을 되돌아보게 되었고 자신이 혼자가 아니라는 것을 알게 되었다고 합니다. 늘 옆에서 자신을 걱정해 주는 엄마, 전화로 안부를 묻는 친구 그리고 가끔 용돈을 보내주시는 이모를 생각해서라도 이제부터 나쁜 생각은 그만두고 뭐라도 도전해 보고 싶다고 합니다.

순자에게 "네가 살아있어서 다행이다"라고 말한 청년은 아마도 자신에게 힘내라고 그리고 살아있어서 다행이라고 순자를 통해 말한 것 같습니다. 오늘도 용기를 내고 있을 청년에게 잘하고 있다고 전하고 싶습니다.

글쓴이 알림

이동희

문학의 치유적 힘에 관심을 갖고 공부했습니다. "책, 마음, 이야기"로 대학교, 도서관, 복지관 등에서 다양한 사람들을 만나고 있습니다.

차은주

어린이도서연구회 회원으로 학교 현장에서 아이들과 함께 좋은 책을 읽고 있습니다.

우진옥

고전문학을 공부하고 스토리텔링과 문학치료 활동을 하면서 더 행복한 삶을 나누고 싶어 즐겁게 연구하고 있습니다.

신영지

문학을 공부하고 대학교에서 문학으로 세상 보는 법과 마음을 보듬는 글쓰기를 가르치고 있습니다. 다문화인과 외국인에게 한국어와 한국문학을 알리는 일도 하고 있습니다.

한준명

고등학교 국어 교사로 읽기와 쓰기의 성장과 치유의 힘에 관심을 가지고 다양한 모임을 하고 있다. 평론과 에세이를 <오마이뉴스>에 기고 중입니다.

이효순

독서치료에 대한 열정으로 도서관이나 복지관에서 아이들에게 독서 수업을 진행했습니다.

황명희

책을 통해 소통하며 도서관과 복지관 등에서 아이들을 만나고 있습니다.

김윤아

도서관과 온라인에서 독서 수업을 진행하면서, 책 속의 세계와 마음의 이야기
에 귀 기울이고 지구를 사랑하는 방법에 대해 고민하는 내러티브테라피스트
입니다.